성도들이 알고 싶어하는 질문 77

목사님, 꼭 가르쳐 주세요

성도들이 알고 싶어하는 질문 77

1판 1쇄 인쇄 2012년 12월 10일
1판 1쇄 발행 2012년 12월 15일

지은이 김상구
발행인 한동인
펴낸곳 (주)기독교문사
등 록 제1- c0062호
주 소 서울 종로구 충신동 5-13
출판부 T. 741-5184~5 F. 744-1634
특판부 T. 744-1633~4 F. 744-1635
도매부 T. 741-5181~3 F. 762-2234
직영서점 기독교문사
서울 종로구 종로 5가 412-2
T. 2266-2117~9 F. 2266-6397

책값은 뒤표지에 있습니다.
ISBN 978-89-466-2182-4

Web www.kclp.co.kr
Mobile-Web m.kclp.co.kr
e-mail kclp@kclp.co.kr

기독교문사는 독자와 함께 기독교 출판문화를 이끌어 가겠습니다.
공급처 기독교문사 도매부 T. 741-5181~3 F. 762-2234

성도들이 알고 싶어하는 질문 77

목사님, 꼭 가르쳐 주세요

기독교문사

책머리에

구원은 믿음의 시작이고, 믿음으로 사는 과정이고, 믿음의 끝이다. 성경은 구원을 위해서 기록되었고, 예수님의 오심과 사심과 죽으심과 부활과 재림은 우리를 구원하시기 위함이다. 교회는 구원을 위해 이 땅에 존재한다.

그러면 구원이 무엇인가? 구원은 믿음으로 얻는데 믿음은 무엇이며, 어떤 것인가? 교회를 다니는 것이 믿음인가? 주님 뜻대로 의롭게 사는 것이 믿음인가? 구원은 받은 것인가, 받아야 할 것인가? 주님을 영접한다는 말은 어떤 의미인가? 예수님을 믿다가 이 세상으로 돌아간 사람은 구원을 받은 것인가, 못 받은 것인가? 성령 충만은 어떤 것이며, 성령 충만을 받는 방법은 무엇인가? 부활은 정말 있는 것인가? 부활이 안 믿어지는 나의 믿음은 거짓인가? 구약에 기록된 방대한 이스라엘 백성의 역사와 아브라함, 이삭, 야곱 등 많은 개인들의 이야기는 오늘 나의 구원과 어떤 관계가 있는가?…

성도들은 참으로 많은 질문들을 가지고 있다. 이런 질문들에 대한 성경적인 대답을 듣고 싶은 것이다.

필자는 29세에 대전제일장로교회 전도사로 사역을 시작하여, 대구 삼덕교회, 씨애틀 한인장로교회, 2003년 미국 로스앤젤레스 지역에 있는 남가주 동신교회에서 은퇴하기까지 목회와 여러 신학대학에서 가르치는 일을 계속하면서 많은 질문을 받으며 이런 질문에 하나님이 무엇이라 대답하고 계신지를 하나님의 말씀에서 찾아보았다.

이 책은 많은 질문들에 대한 답을 성경에서 찾아 저술한 것이다. 아무쪼록 이 책이 독자들에게 구원의 진리가 바로 전달되는 도구가 되기를 바란다.

2012년 봄에

남가주 실비치에서

김상구

Contents

2. 구원에 관한 질문

4. 내세에 관한 (종말론적인) 질문

5. 신앙 생활에 관한 질문

1
성경에 관한 질문

질문 1

성경은 어떻게 구성되어 있는가?

답:

성경은 계명과 복음과 예표로 구성되어 있다(이는 어느 신학자도 구분한 적이 없는 것으로, 저자가 나름대로 구분한 것이다.).

1. 계명

계명은 하나님(주님)이 '~을 하라', '~을 하지 말라' 라고 명령하신 명령형의 말씀이다. 성경에는 많은 계명이 나온다. 이 계명은 순종을 요구한다. 믿음으로 사는 것은 계명에 순종하며 사는 것이다.

2. 복음[1)]

복음은 하나님(주님)이 약속해 주신 말씀이다. 성경에는 계명과 함께 복음이 많이 나온다. 이 복음은 믿음을 요구한다.

창 12:1-3 : "여호와께서 아브람에게 이르시되 너는 너의 본토 친척 아비 집을 떠나 내가 네게 지시할 땅으로 가라 내가 너로 큰 민족을 이루고 네게 복을 주어 네 이름을 창대케 하리니 너는 복의 근원이 될지라 너를 축복하는 자에게는 내가 복을 내리고 너를 저주하는 자에게는 내가 저주하리니 땅의 모든 족속이 너를 인하여 복을 얻을 것이니라 하신지라"

이 말씀에서 하나님이 아브라함에게 "본토 친척 아비 집을 떠나 내가 네게 지시할 땅으로 가라" 하신 것은 계명이다. 그리고 "내가 너로 큰 민족을 이루고 네게 복을 주어 네 이름을 창대케 하리니 너는 복의 근원이 될지라 너를 축복하는 자에게는 내가 복을 내리고 너를 저주하는 자에게는 내가 저주하리니 땅의 모든 족속이 너를 인하여 복을 얻을 것이니라" 하신 것은 하나님의 약속으로 복음이다. 아브라함은 하나님의 명령과 약속을 믿고 순종하여 여호와의 말씀을 따라간다(창 12:4).

히브리서는 이러한 아브라함의 순종을 '믿음'이라고 표현한다.

히 11:8-10 : "믿음으로 아브라함은 부르심을 받았을 때에 순종하여 장래 기업으로 받을 땅에 나갈새 갈 바를 알지 못하고 나갔으며 믿음으로 저가 외방에 있는 것 같이 약속하신 땅에 우거하여 동일한 약속을 유업으로 함께 받은 이삭과 야곱으로 더불어 장막에 거하였으니 이는 하나님의 경영하시고 지으실 터가 있는 성을 바랐음이니라"

믿음으로 사는 것은 하나님의 약속(복음)을 말씀하신 대로 믿고 받아들이는 것이다. 하나님의 약속, 곧 복음은 신실하신(미쁘신) 하나님

---

1) 복음은 헬라 어로 '유앙겔리온' 인데 '기쁜 소식' 을 뜻한다. 이 말이 예수님의 제자들에게는 메시아의 개방을 의미하였다(게르하르트 키텔, 게르하르트 프리드리히 저, 『신약성서 신학사전』, 요단출판사, pp. 310-311).

에게서 나온 것이기 때문에 반드시 이루어진다.

3. 예표

예표는 성경 전체의 약 90%에 달한다. 이 예표는 많은 사건과 역사와 많은 사람들의 이야기와 열국의 흥망성쇠, 예수님의 행적과 제자들의 행적을 말한다. 창조의 사건, 아담의 타락 사건, 바벨탑 사건, 노아의 이야기, 아브라함과 이삭과 야곱, 요셉의 이야기를 지나 이스라엘 백성이 애굽에 살게 된 이야기, 출애굽 사건, 광야 40년 생활, 가나안 정복과 사사 선지자들의 이야기, 열왕의 치세, 예수님의 오심과 죽으심의 사건, 예수님의 부활과 승천, 오순절 사건, 신약에 이어지는 이야기들이 모두 예표다.

이 예표는 첫째로, 깨달음을 요구한다. 우리는 아브라함의 이야기를 통해 믿음이 무엇인지를 깨닫게 되고, 아브라함의 순종을 통해 믿음으로 사는 생활을 배우게 된다. 우리는 이스라엘 백성의 긴 역사를 통해 하나님의 명령에 순종할 때 그들이 받은 복과 하나님의 말씀에 불순종할 때 받은 하나님의 징계를 보며 하나님의 계명에 순종해야 할 것을 깨닫고 배운다.

둘째로, 성경에 나오는 이스라엘 백성의 역사적 예표를 통해 우리는 구원이 어떤 것인지를 깨닫고 배운다. 이스라엘의 역사 속에 구원을 가르쳐 주는 3대 예표가 있는데, 그것은 바로 이스라엘 백성의 출애굽 사건, 성막과 성전의 모형, 이스라엘 백성이 지키는 3대 절기이다(다른 질문에서 자세하게 설명하기로 한다.).

셋째로, 창세기에서 가인과 아벨이 드린 제사로부터 아브라함이 아들 이삭을 제물로 바치려 했던 이야기, 아브라함이 거처를 옮기며 여호와의 이름을 부르는 제사 이야기 등은 구약성경 전체에 계속된다. 이 제사 이야기는 예수님이 그리스도임을 가르쳐 주고, 십자가에서 인류의 죄를 대속하신 구원을 가르쳐 주는 예표들이다.

만일 성경에 "예수님은 구세주다. 예수님을 믿어야 구원받는다. 예수님이 너희의 죄를 다 담당해 주셨다. 예수님을 믿어라."라고만 기록되어 있다면 아무도 예수님을 믿지 않았을 것이다. 우리는 구약과 신약에 나오는 많은 예표들, 예수님이 구세주 예수이심을 가르쳐 주는 많은 예표의 사건을 통해, 그리고 이 예표를 통해 구원을 가르쳐 주는 성령님의 도우심으로 예수님을 구세주로 믿는 믿음에 이르게 된다.

우리는 예표가 아니면 믿음에 이를 수 없고, 믿음으로 사는 것과 구원을 설명할 수 없다. 예수님은 성경의 모든 말씀이 예수님을 가르쳐 주는 것이라고 말씀하셨다.

요 5:39 : "너희가 성경에서 영생을 얻는 줄 생각하고 성경을 상고하거니와 이 성경이 곧 내게 대하여 증거하는 것이로다"

성경은 계명, 복음, 예표로 구성되어 있고, 우리는 예표를 통해 구원의 진리를 깨닫게 되며, 예표를 통해 계명에 순종하는 믿음의 생활을 배우게 된다.

질문 2

창세기에는 아담이 가인과 아벨과 셋을 낳은 것으로 기록되어 있는데, 4장에 보면 가인이 아벨을 죽이고 하나님께 징벌을 받아 도망갈 때 자기를 죽일까 하여 두려워한 사람들이 있다. 이 사람들은 누구인가?

답 :

성경은 구원과 그리스도를 가르쳐 주기 위해 기록되었다.

요 5:39 : "너희가 성경에서 영생을 얻는 줄 생각하고 성경을 상고하거니와 이 성경이 곧 내게 대하여 증거하는 것이로다"
요 20:31 : "오직 이것을 기록함은 너희로 예수께서 하나님의 아들 그리스도이심을 믿게 하려 함이요 또 너희로 믿고 그 이름을 힘입어 생명을 얻게 하려 함이니라"

그래서 성경은 구원에 초점이 맞추어진다. 성경에는 창조 이야기가 나오지만 창조를 가르치기 위한 것은 아니다. 창조 이야기는 하나님의 형상대로 지음 받은 인간이 죄를 범함으로 죽음에 이르게 되고, 이런 인간을 구원하시는 하나님의 사랑을 설명하기 위해 기록되었다. 그래서 성경에는 구원에 관계되지 않는 것은 생략되었다. 창조 때부터 예수님 때까지의 연대를 계산하는 것이나 지구의 나이를 계산하는 것, 아담이 낳은 자녀가 가인과 아벨과 셋, 세 사람뿐이면 사람은 어떻게 번식했느냐 하는 등의 질문이 모두 이렇게 성경에서 구원에 관계되지 않은, 많은 부분이 생략된 사실을 무시하는 데서 오는 질문인 것이다.

창세기에는 아담이 낳은 자녀로 가인, 아벨, 셋만 기록되어 있고 아담이 얼마나 더 많은 딸과 아들을 낳았는지는 생략되어 있다. 왜냐하면 이것은 구원을 가르쳐 주는 데 필요하지 않기 때문이다.

가인이 아벨을 죽이고 도망하며 두려워한 사람도 바로 이러한 사람이라고 생각된다.

질문 3

성경에는 아브라함과 그 후손의 이야기, 이스라엘 백성의 역사가 기록되어 있고, 사탄의 말과 살인하는 이야기, 시아버지와 며느리가 부적절한 관계를 갖는 이야기 등이 나오는데 이 말들이 어떻게 하나님의 말씀이 되는가?

답 :

'말' (언어)은 한 사람의 생각을 다른 사람에게 전해 주는 도구 혹은 수단이다. 우리는 자기의 생각을 전하는 데 주로 소리 혹은 글자를 사용한다. 청각장애인들은 수화를 의사소통의 수단으로 사용한다. 바다를 항해하는 배들은 깃발로 신호를 주고받는다. 소리가 들리지 않기 때문에 신호로 의사를 전달하는 것이다. 그런데 말은 말하는 사람의 생각이 듣는 사람에게 전달되어야 말이 된다. 아무리 큰 소리로 말을 해도 듣는 사람이 알아들을 수 없는 말로 한다면 그것은 말이 아닌 소리에 그칠 뿐이다.

성경이 하나님의 말씀인 것은, 하나님은 하나님의 생각을 성경을 통해서 우리에게 전하시기 때문이다. 하나님은 하나님의 생각을 인간에게 전하시기 위해 구약은 히브리 어를, 신약은 헬라 어를 사용하셨다. 하나님은 하나님의 생각을 사람에게 전하기 위해 이스라엘 백성의 이야기, 이스라엘의 역사적인 사건들, 이스라엘 백성과 그 주변 국가들의 역사를 사용하신다.

미국 사람이 한국 사람에게 자기의 생각을 전달하려면 한국 사람이 알아들을 수 있도록 한국어를 사용해야 하고, 한국에서 일어난 사건들을 통해서 말해야 한다. 대학생이 유치원생에게 자기의 생각을 전하려면 유치원생이 알아들을 수 있는 말, 유치원생이 사용하는 말로 유치원생이 이해할 수 있도록 이야기해야 한다.

이처럼 하나님이 말씀하실 때에도 하나님의 말로 말씀하시면 사람이 알아들을 수가 없기 때문에 하나님은 사람의 말인 히브리 어, 헬라 어를 사용하셨고, 사람의 사건인 이스라엘 백성의 이야기를 쓰신다. 이스라엘 백성이 간음하는 이야기를 통해 간음하지 말라고 가르치시고, 이스라엘 백성의 흥망성쇠와 아브라함과 그 후손의 성공과 실패 이야기를 통해 사람이 어떻게 살아야 할 것인지를 전달하신다. 성경에 나오는 마귀의 말을 통해 하나님은 우리에게 어떻게 마귀를 대적해야 하는지를 가르치신다.

성경이 하나님의 말씀인 이유는 성경을 통해서 하나님이 하나님의 생각을 우리에게 전하시기 때문이다. 따라서 우리는 아브라함 이야기를 통해 하나님의 생각을 읽어야 하고, 성경에 나오는 사건과 역사를 통해 그 뒤에 있는 하나님의 생각을 찾을 수 있어야 한다. 우리에게 기록된 문자 뒤에 있는 하나님의 말씀을 듣게 하시는 분은 성령님이다.

그렇다 하더라도 어떻게 사람이 기록한 글을 하나님의 말씀이라고 하는가 하는 문제가 발생하는데, 여기에 영감설이 유대교로부터 현대 신학자들에게까지 이어져 내려온다.

영감설에는 구술설, 부분영감설, 기계적 영감설(축자영감설), 전체 영감설(목적영감설) 등이 있다. 그러나 성경 자체가 성경의 저자가 하나님이심을 증명한다.

딤후 3:16-17 : "모든 성경은 하나님의 감동으로 된 것으로 교훈과 책망과 바르게 함과 의로 교육하기에 유익하니 이는 하나님의 사람으로 온전케 하며 모든 선한 일을 행하기에 온전케 하려 함이니라"
벧후 1:21 : "예언은 언제든지 사람의 뜻으로 낸 것이 아니요 오직 성령의 감동하심을 입은 사람들이 하나님께 받아 말한 것임이니라"

그리고 예수님 스스로가 구약성경을 일점일획이라도 없어지지 아니할 권위 있는 것으로 인정하셨다.

마 5:17-18 : "내가 율법이나 선지자나 폐하러 온 줄로 생각지 말라 폐하러 온 것이 아니요 완전케 하려 함이로라 진실로 너희에게 이르노니 천지가 없어지기 전에는 율법의 일점 일획이라도 반드시 없어지지 아니하고 다 이루리라"
눅 16:17 : "그러나 율법의 한 획이 떨어짐보다 천지의 없어짐이 쉬우리라"
요 10:34-36 : "예수께서 가라사대 너희 율법에 기록한바 내가 너희를 신이라 하였노라 하지 아니하였느냐 성경은 폐하지 못하나니 하나님의 말씀을 받은 사람들을 신이라 하셨거든 하물며 아버지께서 거룩하게 하사 세상에 보내신 자가 나는 하나님 아들이라 하는 것으로 너희가 어찌 참람하다 하느냐"

또 사도들은 자신들의 말이 자신들에게서 나온 것이 아니라 성령님의 감동임을 강조하고 있다.

행 2:29-32 : "형제들아 내가 조상 다윗에 대하여 담대히 말할 수 있노니 다윗이 죽어 장사되어 그 묘가 오늘까지 우리 중에 있도다 그는 선지자라 하나님이 이미 맹세하사 그 자손 중에서 한 사람을 그 위에 앉게 하리라 하심을 알고 미리 보는 고로 그리스도의 부활하심을 말하되 저가 음부에 버림이 되지 않고 육신이 썩음을 당하지 아니하시리라 하더니 이 예수를 하나님이 살리신지라 우리가 다 이 일에 증인이로다"

고전 2:13 : "우리가 이것을 말하거니와 사람의 지혜의 가르친 말로 아니하고 오직 성령의 가르치신 것으로 하니 신령한 일은 신령한 것으로 분별하느니라"

고전 14:37 : "만일 누구든지 자기를 선지자나 혹 신령한 자로 생각하거든 내가 너희에게 편지한 것이 주의 명령인 줄 알라"

갈 1:11-12 : "형제들아 내가 너희에게 알게 하노니 내가 전한 복음이 사람의 뜻을 따라 된 것이 아니라 이는 내가 사람에게서 받은 것도 아니요 배운 것도 아니요 오직 예수 그리스도의 계시로 말미암은 것이라"

살전 2:13 : "이러므로 우리가 하나님께 쉬지 않고 감사함은 너희가 우리에게 들은바 하나님의 말씀을 받을 때에 사람의 말로 아니하고 하나님의 말씀으로 받음이니 진실로 그러하다 이 말씀이 또한 너희 믿는 자 속에서 역사하느니라"

질문 4

성경에는 많은 비과학적인 사건이 기록되어 있다. 죽은 사람이 살아나고, 처녀가 잉태하여 아이를 낳고, 생선 두 마리와 빵 다섯 개로 5천 명이 먹고 열두 바구니가 남는 등의 기사는 과학으로 설명이 안 된다. 성경은 비과학적인 책인가?

답 :

성경은 비과학적인 책이 아니고 초과학적인 책이다. 과학이 발전하면 성경의 진리는 더 명쾌하게 증명이 된다. 초과학적인 진리는 과학을 포함하는 것은 물론, 과학이 못 미치는 한계를 넘어선 과학이다. 영생의 진리, 죽어도 사는 구원을 가르쳐 주는 것이 성경의 중심이다. 과학은 아무리 발달해도 죽음 이후의 세계, 영생의 세계를 알 수 없다. 그래서 영생의 진리를 말하는 성경은 과학을 초월한다.

성경은 지식으로가 아니라 믿음으로 받도록 요구한다. 천지를 하나님이 말씀으로 창조하셨다는 것은 지식으로 알 수 있는 것이 아니고 믿음으로만 알 수 있는 것이다. 처녀 마리아가 성령으로 잉태한 일, 오병이어로 5천 명을 먹이고 열두 광주리가 남은 기적은 과학으로 설명되지 않지만 천지를 창조하시고 주장하시는 전지전능하신 하나님에게는 아주 쉬운 일이다.

성경을 통해 말씀하시는 하나님은 과학을 넘어선 전능하신 분이다. 성경이 과학적이라면 성경은 인간의 지식을 넘어서지 못하고, 영원한 생명도 없게 된다. 영생하는 진리, 구원의 진리를 가르치는 성경은 과학을 넘어서는 초과학적 진리이다. 성경이 초과학적인 진리이기 때문에 성경은 영원하고 불변하는 것이다.

히 11:3 : "믿음으로 모든 세계가 하나님의 말씀으로 지어진 줄을 우리가 아나니 보이는 것은 나타난 것으로 말미암아 된 것이 아니니라"

성경은 초과학적인 진리이기 때문에 성경에 구원과 영생과 부활의 진리가 있는 것이다.

2

구원에 관한 질문

질문 1

원죄가 무엇인가? 원죄는 나와 무슨 상관이 있는가? 인류의 시조 아담과 하와가 지은 죄를 왜 내가 책임져야 하는가? 왜 나는 원죄 때문에 영원한 멸망과 심판을 받게 되었는가? 왜 우리는 태어날 때부터 원죄를 가지고 태어나야 하는가? 교회에서는 원죄를 인류의 조상 아담과 하와가 범한 죄라고만 가르쳐 준다. 정말 원죄는 무엇이며, 어떤 것인가?

답:

원죄란 아담과 하와가 지은 죄의 책임이 오늘 내게 있다는 것이 아니다. 원죄는 아담과 하와가 지은 죄의 결과로 내가 세상에 태어날 때부터 생명과 함께 죽음을 가지고 태어나게 된 상태를 말한다.

하나님이 아담과 하와를 창조하셨을 때 하나님의 형상대로 창조하셨기 때문에(창 1:27) 그들은 하나님같이 영생할 수 있는 존재였다.[2] 그러나 아담이 선악과를 먹으므로 하나님이 말씀하신 대로 정녕 죽고 말았다.

창 2:17 : "선악을 알게 하는 나무의 실과는 먹지 말라 네가 먹는 날에는 정녕 죽으리라"
창 3:6 : "여자가 그 나무를 본즉 먹음직도 하고 보암직도 하고 지혜롭게 할 만큼 탐스럽기도 한 나무인지라 여자가 그 실과를 따먹고 자기와 함께한 남편에게도 주매 그도 먹은지라"

아담이 범죄하므로 그의 영, 영혼이 죽었다. 아담은 선악과를 먹으므로 그의 영이 죽었지만 그 후에 가인과 아벨과 셋 등 인류의 조상들을 낳고 930세까지 살았다.

여기서 아담이 선악과를 먹으므로 죽었다는 것은 아담의 영이 죽은 것으로, 아담은 그 영이 죽게 됨으로 하나님의 영과 분리되어 심판을 받아 죽음에 이르게 된다. 아담은 선악과를 먹으므로 영적으로 죽었고, 혼(인격, 마음, 정신)이 죽었고, 그리고 마침내 육이 죽게 된다(창 3:19).

아담이 범죄하여 그 영이 죽은 후에 인류가 번식하게 되므로 아담 이후의 인류는 태어날 때부터 영이 죽은 상태로 태어나게 되었는데, 이것이 원죄다. 원죄는 아담이 지은 죄의 책임을 그 후손이 지는 것이 아니고 아담이 지은 죄의 결과로 아담을 통해 번식한 모든 인류가 영원한 생명을 잃어버렸고, 그래서 인류가 영의 죽음, 혼의 죽음, 육의 죽음을 다 갖게 된 것이다. 성경에는 세 가지 죽음이 나온다.

첫째는 영적 죽음이다. 영적 죽음은 하나님의 영과 사람의 영이 분

2) 존 칼빈 저, 김문제 역, 『기독교강요』 1권, 세종문화사, p. 355. 매튜 헨리는 이 구절을 이렇게 해석한다. "이 동산에는 특별한 두 나무가 있었다. 땅에는 그와 같은 나무들이 없었다. 그 한 나무는 '동산 가운데 있는 생명나무' 였다. 이 나무는 아담에게 그가 무죄한 상태로 계속 순종만 하면 창조주가 베푸는 은혜로 말미암아 장수와 행복을, 더 나아가서는 불멸과 영원한 축복까지 받게 될 것을 보증하는 징표와 인증이 되도록 계획된 것이었다. 아담은 이 나무의 열매를 먹고 또 영원히 살 수도 있었을 것이다" (『디럭스바이블CD』).

리되는 것으로, 영이 존재하기는 하지만 그 영이 하나님과 화목이 깨어진 상태를 말한다.

엡 2:1 : "너희의 허물과 죄로 죽었던 너희를 살리셨도다"
골 2:13 : "또 너희의 범죄와 육체의 무할례로 죽었던 너희를 하나님이 그와 함께 살리시고 우리에게 모든 죄를 사하시고"

에베소 교인들과 골로새 교인들은 구원받기 전에 죽어 있었던 사람들로, 그들이 죽어 있었던 것은 그들의 육신이 아닌 영혼이 죽어 있었던 것이다. 구원받지 못한 사람은 영, 영혼이 있기는 하지만 그 영은 죽은 영혼이다(영과 영혼은 성경에서 같은 말로 사용된다.).

눅 15:24 : "이 내 아들은 죽었다가 다시 살아났으며 내가 잃었다가 다시 얻었노라 하니 저희가 즐거워하더라"
눅 15:32 : "이 네 동생은 죽었다가 살았으며 내가 잃었다가 얻었기로 우리가 즐거워하고 기뻐하는 것이 마땅하다 하니라"

이 말씀은 주님께서 집을 나갔다가 돌아온 작은아들(죽었다가 산 자)을 비유로 말씀하신 것이다. 이 비유에서 아버지는 하나님이요, 작은아들은 사람으로, 아버지를 떠난 아들은 죽은 아들로 표현되고, 아버지께 돌아온 아들은 죽었다가 다시 살아났다고 표현된다.

여기서 '죽었다' 라는 말도 영적 죽음을 뜻하는 말일 뿐 결코 작은아들이 육신적으로 죽었던 것은 아니다. 영적으로 죽는 것은 영혼이 없어지는 것이 아니고 영, 영혼은 있지만 영혼이 하나님의 영과 원죄로 분리되는 것이다. 이렇게 하나님과 분리된 영이 곧 죽은 영혼으로, 이

것이 영적 죽음이다.

마 8:21-22 : "제자 중에 또 하나가 가로되 주여 나로 먼저 가서 내 부친을 장사하게 허락하옵소서 예수께서 가라사대 죽은 자들로 저희 죽은 자를 장사하게 하고 너는 나를 좇으라 하시니라"

이 말씀에서 아버지가 죽은 것은 육신이 죽은 육의 죽음이지만 이 아버지를 장사 지내라고 명령받은 죽은 자들은 영적으로 죽은 자들이다. 육적으로 죽은 사람은 결코 다른 사람을 장사 지낼 수 없다.

둘째는 육신의 죽음이다. 아담은 범죄 후 그 육신이 흙으로 돌아가는 심판을 받는데 이것이 원죄로, 모든 인간이 태어날 때부터 가지고 태어나는 육신의 죽음이다(창 3:19).

셋째는 제2의 사망이다.

계 20:12-15 : "또 내가 보니 죽은 자들이 무론 대소하고 그 보좌 앞에 섰는데 책들이 펴 있고 또 다른 책이 펴졌으니 곧 생명책이라 죽은 자들이 자기 행위를 따라 책들에 기록된 대로 심판을 받으니 바다가 그 가운데서 죽은 자들을 내어주고 또 사망과 음부도 그 가운데서 죽은 자들을 내어주매 각 사람이 자기의 행위대로 심판을 받고 사망과 음부도 불못에 던지우니 이것은 둘째 사망 곧 불못이라 누구든지 생명책에 기록되지 못한 자는 불못에 던지우더라"

이 사망은 구원받은 사람들, 곧 생명책에 그 이름이 기록되어 있는 성도들 이외의 모든 사람, 즉 죽은 자들과 심판 때 살아 있는 모든 사람들이 심판 주 되신 주님 앞에서 심판을 받아 영원한 불못에 빠지게 되는 죽음이다.

원죄에 대한 정리

원죄는 아담이 죄를 지은 결과로, 모든 인류에게 죽음과 심판이 있고, 하나님과 화목이 깨져 하나님과 원수 된 상태로 생존하는 것이다. 모든 인류는 영적 죽음을 가진 타락한 아담의 후손으로 태어났기 때문에 태어날 때부터 죽음과 심판 아래 태어난다. 이것은 사람이 노예의 자녀로 태어나면 노예가 되고, 흑인의 자녀로 태어나면 흑인이 되는 것과 같고, 짐승이 돼지에게서 태어나면 돼지가 되고, 개에게서 태어나면 개가 되는 것과 같은 것이다.

모든 인류는 원죄 때문에 영생을 잃어버렸고, 태어날 때부터 정죄 아래 태어난다. 이것이 원죄다.

요 3:18 : "저를 믿는 자는 심판을 받지 아니하는 것이요 믿지 아니하는 자는 하나님의 독생자의 이름을 믿지 아니하므로 벌써 심판을 받은 것이니라"
롬 3:23 : "모든 사람이 죄를 범하였으매 하나님의 영광에 이르지 못하더니"
롬 5:12 : "이러므로 한 사람으로 말미암아 죄가 세상에 들어오고 죄로 말미암아 사망이 왔나니 이와 같이 모든 사람이 죄를 지었으므로 사망이 모든 사람에게 이르렀느니라"
롬 5:18 : "그런즉 한 범죄로 많은 사람이 정죄에 이른 것 같이"

질문 2

아담이 범죄할 것을 아신 하나님께서 왜 선악과를 에덴 동산에 창조하셨는가?

답 :

성경은 선과 악을 알게 하는 나무가 에덴 동산에 있었고, 하나님께서 아담에게 그 나무의 열매를 먹는 날에는 정녕 죽으리라고 말씀하셨으나 아담이 이 열매를 먹어 죽게 된 사건만을 기록하고 있다(창 2장).

그러면 하나님은 왜 선악과를 에덴 동산에 두셨을까?

첫째, 에덴 동산은 하나님이 창조하셔서 아담에게 통치를 위임한 하나님의 동산이다. 하나님의 동산에 하나님의 주권이 행사되어야 한다. 하나님의 주권이 곧 하나님의 법이다. 이 법이 곧 선악과다.

둘째, 모든 법에는 허용, 곧 자유와 권리가 있고, 동시에 금지와 구속(拘束)의 요소가 있다. 에덴 동산에서 아담에게 모든 과일을 먹어라, 다스려라 말씀하신 것은 허용이요, 자유다. 그리고 동산 중앙에 있는 선악을 알게 하는 나무의 열매는 먹지 말라 하신 것은 금지요, 구속이다. 법에 있는 허용에는 권리가 보장되고, 법에 있는 금지에는 형벌이 따른다. 선악과는 하나님이 하나님의 동산에 필연적으로 두신 하나님의 법이다. 아담이 이 하나님의 말씀, 하나님의 법(성경에서 하나님의 말씀은 곧 하나님의 법이다.)을 지켰다면 에덴 동산에서 영생할 수 있었지만 아담이 이 법을 지키지 않고 선악과를 먹으므로 하나님의 법대로 정녕 죽게 된다.

셋째, 하나님은 법을 가진 공의의 하나님이시다(스 9:15, 느 9:8, 시 119:137, 145:17, 렘 12:1, 애 1:18, 단 9:14, 요 17:25, 딤후 4:8, 요일 2:29, 3:7, 계 16:5). 하나님이 왜 에덴 동산에 선악과를 두셨는가 하는 질문은 왜 에덴 동산이 하나님의 동산이며, 왜 하나님이 공의의 하나님인가 하는 질문과 같은 것이다. 에덴 동산은 하나님이 창조하신 하나님의 동산이었기 때문에 하나님의 법, 곧 선악과가 있어야 했다.[3)]

---

3) 『매튜 헨리 주석』 창 2:16-17(『디럭스바이블CD』)

1. 이성과 자유 의지를 지닌 피조물로서의 인간에 대한 하나님의 권위(16절). 여호와 하나님은 이제 인류의 조상, 인류의 대표자로서 서 있는 인간에 대해 그가 조금 전에 자연을 선물로 받은 것처럼 그 자신과 그의 모든 후손을 위해 이번에는 율법을 받아들이도록 명하셨다. 이성 없는 피조물들은 각기 본능을 가지고 있으나 사람은 합리적인 봉사를 할 수 있도록 창조되었기 때문에 창조주로서의 하나님의 명령뿐만 아니라 왕과 주로서의 명령도 받았다.

2. 사람에게 그가 마땅히 해야 할 바를 규정하는 이 권위의 특별한 법률(17절).

1) '동산 각종 나무의 실과는 네가 임의로 먹을 수 있다' 는 허락의 말씀 속에서 하나님은 그에게 그의 현재의 행복을 확정해 주셨다. 이것은 그에게 자유를 허락하시는 말씀일 뿐만 아니라 순종을 조건으로 그에게 생명을, 영원한 생명을 보증해 주시는 말씀이었다.

2) 하나님은 이 명령을 위반하면 그의 모든 행복을 몰수한다는 조건으로 그의 순종을 시험하셨다. "아담은 이것을 알아라. 너는 지금 너의 선한 행실 때문에 현재의 상태를 누리고 있다. 너는 조건부로 낙원에 있는 것이다. 지키고 순종하라. 여기서 다음 두 가지를 살펴보자.

(1) 아담은 불순종하면 죽을 것이라는 위협적인 경고를 받았다. 여기서 다음 세 가지를 생각해 보자. 첫째, 순결한 상태에 있던 아담조차도 위협의 두려움을 느꼈다. 둘째, 그가 위협받은 형벌은 죽음이었다. 셋째, 이것은 죄의 즉각적인 결과로서 오는 것이라고 경고되었다.

(2) 아담은 '선악을 알게 하는 나무' 의 실과를 먹지 말라는 실정법을 통하여 시험을 받았다. 이에 대해 다음 두 가지 이유를 들 수 있다. 첫째, 이 법이 순전히 입법자의 뜻에서 나왔기 때문이다. 둘째, 이 법이 사람의 타락한 본성 속에 있는 죄의 커다란 두 근원인 육신과 마음의 소욕을 억제하기 때문이다.

질문 3

원죄는 어떻게 해결할 수 있는가?

답 :

원죄는 예수님을 믿어야만 용서받아 해결된다. 이것이 믿음으로 구원 얻는 진리이다. 예수님을 믿지 않고는 영생을 얻을 수가 없다. 성경이 영생의 길로 가르쳐 주는 한 가지는 예수 그리스도를 믿음으로 영생을 얻는다는 것이다.

1. 믿어야만 영생을 얻을 수 있다

요 3:15 : "이는 저를 믿는 자마다 영생을 얻게 하려 하심이니라"

요 3:16 : "하나님이 세상을 이처럼 사랑하사 독생자를 주셨으니 이는 저를 믿는 자마다 멸망치 않고 영생을 얻게 하려 하심이니라"

요 3:36 : "아들을 믿는 자는 영생이 있고 아들을 순종치 아니하는 자는 영생을 보지 못하고 도리어 하나님의 진노가 그 위에 머물러 있느니라"

요 5:24 : "내가 진실로 진실로 너희에게 이르노니 내 말을 듣고 또 나 보내신 이를 믿는 자는 영생을 얻었고 심판에 이르지 아니하나니 사망에서 생명으로 옮겼느니라"
요 6:40 : "내 아버지의 뜻은 아들을 보고 믿는 자마다 영생을 얻는 이것이니 마지막 날에 내가 이를 다시 살리리라 하시니라"
요 6:47 : "진실로 진실로 너희에게 이르노니 믿는 자는 영생을 가졌나니"

믿음으로 영생을 얻는 길이 곧 원죄로 잃어버렸던 영원한 생명을 다시 찾는 길이요, 이 길이 사망에서 건짐 받는 길이고, 이것이 구원이다.

2. 믿음으로 영생 얻고 구원받는 길이 다른 말로 의롭다 하심을 받는 칭의(稱義)의 길이다

성경은 믿음만이 칭의를 얻는 유일한 길이라고 가르쳐 준다.

롬 3:23-28 : "모든 사람이 죄를 범하였으매 하나님의 영광에 이르지 못하더니 그리스도 예수 안에 있는 구속으로 말미암아 하나님의 은혜로 값 없이 의롭다 하심을 얻은 자 되었느니라 이 예수를 하나님이 그의 피로 인하여 믿음으로 말미암는 화목 제물로 세우셨으니 이는 하나님께서 길이 참으시는 중에 전에 지은 죄를 간과하심으로 자기의 의로우심을 나타내려 하심이니 곧 이 때에 자기의 의로우심을 나타내사 자기도 의로우시며 또한 예수 믿는 자를 의롭다 하려 하심이니라 그런즉 자랑할 데가 어디뇨 있을 수가 없느니라 무슨 법으로냐 행위로냐 아니라 오직 믿음의 법으로니라 그러므로 사람이 의롭다 하심을 얻는 것은 율법의 행위에 있지 않고 믿음으로 되는 줄 우리가 인정하노라"
롬 4:5 : "일을 아니할지라도 경건치 아니한 자를 의롭다 하시는 이를 믿는 자에게는 그의 믿음을 의로 여기시나니"
롬 5:1 : "그러므로 우리가 믿음으로 의롭다 하심을 얻었은즉 우리 주 예수 그리스도로 말미암아 하나님으로 더불어 화평을 누리자"

갈 2:16 : "사람이 의롭게 되는 것은 율법의 행위에서 난 것이 아니요 오직 예수 그리스도를 믿음으로 말미암는 줄 아는 고로 우리도 그리스도 예수를 믿나니 이는 우리가 율법의 행위에서 아니고 그리스도를 믿음으로서 의롭다 함을 얻으려 함이라 율법의 행위로서는 의롭다 함을 얻을 육체가 없느니라"

3. 오직 믿음으로만 구원을 얻는다

믿음 외에는 구원의 길, 원죄에서 해방되는 길이 없다. 믿음만이 구원의 길이다.

행 16:30-31 : "저희를 데리고 나가 가로되 선생들아 내가 어떻게 하여야 구원을 얻으리이까 하거늘 가로되 주 예수를 믿으라 그리하면 너와 네 집이 구원을 얻으리라 하고"
롬 10:9-10 : "네가 만일 네 입으로 예수를 주로 시인하며 또 하나님께서 그를 죽은 자 가운데서 살리신 것을 네 마음에 믿으면 구원을 얻으리니 사람이 마음으로 믿어 의에 이르고 입으로 시인하여 구원에 이르느니라"
엡 2:8-9 : "너희가 그 은혜를 인하여 믿음으로 말미암아 구원을 얻었나니 이것이 너희에게서 난 것이 아니요 하나님의 선물이라 행위에서 난 것이 아니니 이는 누구든지 자랑치 못하게 함이니라"

원죄는 예수 그리스도를 믿음으로 해결된다.

질문 4

믿음이 무엇인가? 어떻게 하는 것이 믿는 것인가? 교회에 출석하는 것이 예수님을 믿는 것인가? 예수님의 말씀대로 선하게 살아가는 것이 믿는 것인가? 예수님을 믿는다고 하면서 '정말 내가 구원받아 영생할 수 있을까?' 하고 의심이 생기면 영생이 없어지고 구원받지 못하는가? 구원을 받으려면 얼마나 진실하게 믿어야 하는가? 내 믿음이 구원받을 만한 믿음인가 아닌가를 재어 보는 기준은 무엇인가?

답 :

1. 믿음은 예수님을 영접하는 것이다

아담의 범죄로 인류의 죽음이 시작되었다. 이 죽음은 육체적인 죽음이 아니라 그의 영혼이 하나님의 영과 분리되는 영적 죽음으로, 예수님을 믿음으로 영생을 얻게 되는 것이다. 믿는다는 것은 죽음 속에 하나님의 생명이 들어오는 것이다. 예수님은 길이요, 진리요, 생명이시다(요 14:6). 예수님을 믿는 것이 예수님을 영접하는 것이요, 예수님을 영접하는 것이 생명을 영접하는 것이다. 아담이 범죄하므로 그 영혼이 하나님의 영과 분리되어 아담은 물론 아담을 통해 이 세상에 태어난 모든 사람에게 죽음이 왔다. 이제 그 영혼이 죽어 있는 사람이 하나님 자신이신 예수님(삼위일체 되신 성자 예수님은 곧 하나님이시다.)을 영접할 때 그 영혼에 하나님이 영접되므로 하나님과 그의 영혼이 하나가 되고, 죽음은 없어지고 영생을 얻게 되는 것이다. 그래서 성경은 믿음을 예수님을 영접하는 것이라 말하고, 믿으면 구원 얻어 예수님이 내 안에, 내가 예수님 안에 있는 것이라 말한다.

요 1:1-3 : "태초에 말씀이 계시니라 이 말씀이 하나님과 함께 계셨으니 이 말씀은 곧 하나님이시니라 그가 태초에 하나님과 함께 계셨고 만물이 그로 말미암아 지은바 되었으니 지은 것이 하나도 그가 없이는 된 것이 없느니라"

요 1:10-13 : "그가 세상에 계셨으며 세상은 그로 말미암아 지은바 되었으되 세상이 그를 알지 못하였고 자기 땅에 오매 자기 백성이 영접지 아니하였으나 영접하는 자 곧 그 이름을 믿는 자들에게는 하나님의 자녀가 되는 권세를 주셨으니 이는 혈통으로나 육정으로나 사람의 뜻으로 나지 아니하고 오직 하나님께로서 난 자들이니라"

고전 3:16 : "너희가 하나님의 성전인 것과 하나님의 성령이 너희 안에 거하시는 것을 알지 못하느뇨"

고후 13:5 : "너희가 믿음에 있는가 너희 자신을 시험하고 너희 자신을 확증하라 예수 그리스도께서 너희 안에 계신 줄을 너희가 스스로 알지 못하느냐 그렇지 않으면 너희가 버리운 자니라"

갈 2:20 : "내가 그리스도와 함께 십자가에 못 박혔나니 그런즉 이제는 내가 산 것이 아니요 오직 내 안에 그리스도께서 사신 것이라 이제 내가 육체 가운데 사는 것은 나를 사랑하사 나를 위하여 자기 몸을 버리신 하나님의 아들을 믿는 믿음 안에서 사는 것이라"

요일 4:15-16 : "누구든지 예수를 하나님의 아들이라 시인하면 하나님이 저 안에 거하시고 저도 하나님 안에 거하느니라 하나님이 우리를 사랑하시는 사랑을 우리가 알고 믿었노니 하나님은 사랑이시라 사랑 안에 거하는 자는 하나님 안에 거하고 하나님도 그 안에 거하시느니라"

예수님을 믿을 때 하나님이(그리스도가) 그 안에 거하시고, 그가 하나님(그리스도) 안에 거하게 된다. 예수님을 믿으면 죽음(원죄)이 물러가고 영원한 생명이신 예수님이 내 안에 거하시게 된다. 그래서 예수님을 믿으면 영생을 얻는 것이다. 믿음은 예수님을 영접하는 것이다.

2. 예수님을 영접하는 것은 예수님을 그리스도(구세주, 메시아)로 받아들이고, 입으로 예수님을 그리스도라고 시인하는 것이다

예수님을 영접한다는 말은 예수님을 믿는다는 말로, 예수님을 영접하는 것은 성경 전체가 가르쳐 주는 진리, 곧 예수님이 그리스도라고 하는 복음을 "예" 하고 받아들이는 것, "아멘" 하고 받아들이는 것이다.

롬 10:10-13 : "사람이 마음으로 믿어 의에 이르고 입으로 시인하여 구원에 이르느니라 성경에 이르되 누구든지 저를 믿는 자는 부끄러움을 당하지 아니하리라 하니 유대인이나 헬라인이나 차별이 없음이라 한 주께서 모든 사람의 주가 되사 저를 부르는 모든 사람에게 부요하시도다 누구든지 주의 이름을 부르는 자는 구원을 얻으리라"

예수님을 믿는 것은 예수님을 구세주로 "예", "아멘" 하고 받아들이는 것이다. 아래의 사건과 성경 말씀이 믿음이 어떤 것인지를 가르쳐 준다.

1) 오순절에 3천 명의 예수님의 제자가 생김

행 2:36-41 : "그런즉 이스라엘 온 집이 정녕 알지니 너희가 십자가에 못 박은 이 예수를 하나님이 주와 그리스도가 되게 하셨느니라 하니라 저희가 이 말을 듣고 마음에 찔려 베드로와 다른 사도들에게 물어 가로되 형제들아 우리가 어찌할꼬 하거늘 베드로가 가로되 너희가 회개하여 각각 예수 그리스도의 이름으로 세례를 받고 죄 사함을 얻으라 그리하면 성령을 선물로 받으리니 이 약속은 너희와 너희 자녀와 모든 먼데 사람 곧 주 우리 하나님이 얼마든지 부르시는 자들에게 하신 것이라 하고 또 여러 말로 확증하며 권하여 가로되 너희가 이 패역한 세대에서 구원을 받으라 하니 그 말을 받는 사람들은 세례를 받으매 이 날에 제자의 수가 삼천이나 더하더라"

사도행전 2장은 오순절 사건 이야기로, 베드로의 설교와 그 결과로 예수님 승천 후 3천 명의 제자가 생겨 이 땅에 교회가 시작된 사건을 기록하고 있다.

여기서 베드로의 설교의 결론은 "이스라엘 온 집이 정녕 알지니 너희가 십자가에 못 박은 이 예수를 하나님이 주와 그리스도가 되게 하셨느니라" 한 것으로, 예수님을 그리스도라고 한 것이다. 그리고 이 베드로의 설교를 듣고, 예수님이 그리스도시라는 말을 받아들인 사람들은 모두 세례를 받고 그리스도의 제자가 된다.

이 말씀은 믿음이 바로 예수님을 그리스도로 "예" 하고 받아들이는 것임을 가르쳐 준다. 오순절에 탄생한 3천 명의 제자가 한 일은 예수님을 그리스도로 시인하고 받아들인 것, 그리고 그 증거로 세례를 받은 것뿐이다. 예수님을 그리스도로 받아들이는 것이 예수님을 영접하는 것(요 1:12)이요, 이것이 마음으로 믿는 것(롬 10:10)이다. 그리고 그들이 세례를 받은 것은 입으로 예수님을 그리스도라고 시인한 것이다(롬

10:10). 이 일에 성령님이 역사하신다.

예수님을 믿는 것은 예수님을 그리스도로 "예" 하고 받아들이는 것이다.

2) 에디오피아의 내시가 예수님을 믿음

행 8:26-38 : "주의 사자가 빌립더러 일러 가로되 일어나서 남으로 향하여 예루살렘에서 가사로 내려가는 길까지 가라 하니…성령이 빌립더러 이르시되 이 병거로 가까이 나아가라 하시거늘 빌립이 달려가서 선지자 이사야의 글 읽는 것을 듣고 말하되 읽는 것을 깨닫느뇨 대답하되 지도하는 사람이 없으니 어찌 깨달을 수 있느뇨 하고 빌립을 청하여 병거에 올라 같이 앉으라 하니라 읽는 성경 귀절은 이것이니 일렀으되 저가 사지로 가는 양과 같이 끌리었고 털 깎는 자 앞에 있는 어린 양의 잠잠함과 같이 그 입을 열지 아니하였도다 낮을 때에 공변된 판단을 받지 못하였으니 누가 가히 그 세대를 말하리요 그 생명이 땅에서 빼앗김이로다 하였거늘 내시가 빌립더러 말하되 청컨대 묻노니 선지자가 이 말 한 것이 누구를 가리킴이뇨 자기를 가리킴이뇨 타인을 가리킴이뇨 빌립이 입을 열어 이 글에서 시작하여 예수를 가르쳐 복음을 전하니 길 가다가 물 있는 곳에 이르러 내시가 말하되 보라 물이 있으니 내가 세례를 받음에 무슨 거리낌이 있느뇨 (없음) 이에 명하여 병거를 머물고 빌립과 내시가 둘 다 물에 내려가 빌립이 세례를 주고"

이 말씀은 에디오피아의 내시가 예루살렘에서 유월절을 지키고 고국으로 돌아가는 중 광야에서 빌립을 만나 예수님을 영접하게 된 사건을 기록하고 있다.

사마리아 성에서 전도하던 빌립을 성령님이 광야로 나가게 하시고, 빌립은 광야에서 에디오피아 내시를 만나 이사야서 53장에 기록된 고난의 종 예수님에 대하여 설명해 준다. 내시는 빌립이 전한 복음을 받아들여 예수님을 영접하고 세례를 받는다.

예수님을 믿는 것은 예수님이 그리스도라고 하는 복음을 "예" 하고 받는 것이다. 이 일에 성령님이 역사하신다.

3) 고넬료와 그 가족이 예수님을 그리스도로 영접함

행 10:34-38 : "베드로가 입을 열어 가로되 내가 참으로 하나님은 사람의 외모를 취하지 아니하시고 각 나라 중 하나님을 경외하며 의를 행하는 사람은 하나님이 받으시는 줄 깨달았도다 만유의 주 되신 예수 그리스도로 말미암아 화평의 복음을 전하사 이스라엘 자손들에게 보내신 말씀 곧 요한이 그 세례를 반포한 후에 갈릴리에서 시작되어 온 유대에 두루 전파된 그것을 너희도 알거니와 하나님이 나사렛 예수에게 성령과 능력을 기름 붓듯 하셨으매 저가 두루 다니시며 착한 일을 행하시고 마귀에게 눌린 모든 자를 고치셨으니 이는 하나님이 함께 하셨음이라…우리를 명하사 백성에게 전도하되 하나님이 산 자와 죽은 자의 재판장으로 정하신 자가 곧 이 사람인 것을 증거하게 하셨고 저에 대하여 모든 선지자도 증거하되 저를 믿는 사람들이 다 그 이름을 힘입어 죄 사함을 받는다 하였느니라 베드로가 이 말 할 때에 성령이 말씀 듣는 모든 사람에게 내려오시니 베드로와 함께 온 할례 받은 신자들이 이방인들에게도 성령 부어 주심을 인하여 놀라니 이는 방언을 말하며 하나님 높임을 들음이러라 이에 베드로가 가로되 이 사람들이 우리와 같이 성령을 받았으니 누가 능히 물로 세례 줌을 금하리요 하고 명하여 예수 그리스도의 이름으로 세례를 주라 하니라 저희가 베드로에게 수일 더 유하기를 청하니라"

사도행전 10장은 고넬료와 그 가족이 성령을 받아 예수님을 믿은 사건을 기록하고 있다. 이 말씀에서 베드로를 고넬료의 집으로 보내신 분은 성령님이다. 베드로가 고넬료의 집에서 설교한 결론은 예수님이 산 자와 죽은 자의 재판장이시요, 그를 믿는 사람들은 죄 사함을 받아 구원을 얻는다는 것으로, 예수님이 그리스도라는 것이다. 고넬료와 그 가족들은 이 말씀을 그대로 받아들여 믿는 자가 되었다.

예수님을 믿는 것은 예수님이 그리스도라고 하는 복음을 "예" 하고 받아들이는 것이다. 이 일에 성령님이 역사하신다.

4) 빌립보 옥사장이 예수님을 믿음

행 16:25-40 : "밤중쯤 되어 바울과 실라가 기도하고 하나님을 찬미하매 죄수들이 듣더라 이에 홀연히 큰 지진이 나서 옥터가 움직이고 문이 곧 다 열리며 모든 사람의 매인 것이 다 벗어진지라 간수가 자다가 깨어 옥문들이 열린 것을 보고 죄수들이 도망한 줄 생각하고 검을 빼어 자결하려 하거늘 바울이 크게 소리질러 가로되 네 몸을 상하지 말라 우리가 다 여기 있노라 하니 간수가 등불을 달라고 하며 뛰어 들어가 무서워 떨며 바울과 실라 앞에 부복하고 저희를 데리고 나가 가로되 선생들아 내가 어떻게 하여야 구원을 얻으리이까 하거늘 가로되 주 예수를 믿으라 그리하면 너와 네 집이 구원을 얻으리라 하고 주의 말씀을 그 사람과 그 집에 있는 모든 사람에게 전하더라 밤 그 시에 간수가 저희를 데려다가 그 맞은 자리를 씻기고 자기와 그 권속이 다 세례를 받은 후 저희를 데리고 자기 집에 올라가서 음식을 차려주고 저와 온 집이 하나님을 믿었으므로 크게 기뻐하니라"

이 말씀은 빌립보 감옥의 간수와 그 가족들이 예수님을 믿게 된 사건이다. 빌립보 감옥의 간수와 그 가족들이 예수님을 믿은 것은 바울과 실라가 전한 복음을 받아들인 것이다.

예수님을 믿는 것은 예수가 그리스도임을 "예" 하고 받아들이는 것이다. 이 일에 바울과 실라가 밤중에 찬송한 일이 있고, 하나님이 옥에 지진이 나게 하여 옥문이 열리고 바울과 실라를 얽어맨 쇠사슬이 풀린 사건이 나온다. 이 믿음의 사건에 하나님, 성령님이 역사하셨다.

예수님을 영접한다는 것은 오순절 사건, 에디오피아 내시 사건, 고넬료 사건, 빌립보 간수 사건에서처럼 단순하게 예수님이 그리스도라고 하는 복음을 "예" 하고 받아들이는 것이다.

예수님을 믿을 때 하나님이(그리스도가) 그 안에 거하시게 되고, 그가 하나님(그리스도) 안에 거하게 된다. 예수님을 믿으면 죽음(원죄)이 물러가고 영원한 생명이신 예수님이 내 안에 거하시게 된다. 그래서 믿으면 영생을 얻는 것이다.

예수님을 영접한다는 말, 다른 말로 예수님을 믿는다는 말은 성경 전체가 가르쳐 주는 진리를, 곧 예수님이 그리스도라고 하는 복음을 "예" 하고 받아들이는 것, "아멘" 하고 받아들이는 것이다.

믿음은 예수님을 구세주 그리스도로 영접하는 것이다.

질문 5

예수님을 믿은 후에도 영생과 부활, 구원이 의심이 나는데 그러면 구원을 받지 못한 것인가?

답 :

예수님을 믿어 구원을 얻는 것은 원죄에서 해방되어 예수 그리스도와 하나가 되는 것으로, 칭의(稱義)를 얻고, 중생(重生)하고, 하나님의 자녀가 되는 것이다. 이것은 죄인이 법적으로 하나님 앞에서 의인으로 변화되고, 죽을 사람이 영생을 얻은 사람으로 변화되고, 사람의 자녀가 하나님의 자녀로 변화되는 것으로, 예수님을 믿기 전과 완전히 다른 신분을 얻는 것이다.

내가 김 씨의 자녀로 태어나면 내가 내 부모를 내 부모가 아니라고 의심을 한다 해도 내가 김 씨의 자녀라는 사실은 변하지 않는다. 내가 김 씨의 자녀로 태어나서 못된 죄를 짓고 아버지가 나를 호적에서 빼어 버려도 나는 여전히 김 씨의 자녀다. 태어날 때 정해진 신분은 세상의 어떤 일로도 바뀌지 않는다. 우리는 아담의 후손으로 태어날 때 죄인의 신분으로 태어났다. 그러나 우리가 예수님을 믿을 때 우리는 하나님의 자녀 되는 신분과 권세를 얻은 것이다.

요 1:10-13 : "그가 세상에 계셨으며 세상은 그로 말미암아 지은바 되었으되 세상이 그를 알지 못하였고 자기 땅에 오매 자기 백성이 영접지 아니하였으나 영접하는 자 곧 그 이름을 믿는 자들에게는 하나님의 자녀가 되는 권세를 주셨으니 이는 혈통으로나 육정으로나 사람의 뜻으로 나지 아니하고 오직 하나님께로서 난 자들이니라"

우리가 믿음으로 받은 구원과 영생은 영원한 것으로, 세상의 어떤 것도 빼앗지 못한다.[4)]

요 10:28-29 : "내가 저희에게 영생을 주노니 영원히 멸망치 아니할 터이요 또 저희를 내 손에서 빼앗을 자가 없느니라 저희를 주신 내 아버지는 만유보다 크시매 아무도 아버지 손에서 빼앗을 수 없느니라"

예수님을 믿어 얻은 구원은 영생이요, 영원한 것이며, 어떤 죄, 어떤 조건도 영생을 빼앗지 못하고, 죽음도 영생을 빼앗지 못한다.[5)]

그래서 구원받은 성도의 죽음은 영원한 죽음이 아니라 부활할 때까지 잠자는 것이요, 그 영혼은 육체와 분리되지만 영원한 하나님 아버

---

4) 『매튜 헨리 주석』 요 10:28-(『다럭스바이블CD』) . 인간은 살아 있는 영혼이므로 예비된 행복은 바로 생명이다. 인간은 불멸의 영혼을 가지고 있으므로 예비된 복은 또한 영원한 생명이다. 영원한 생명은 불멸의 영혼에겐 지복, 최고의 복이며 선이다. "내가 저희에게 영생을 주노니", 즉 영원한 생명은 예수 그리스도의 값없는 은혜로 주어지는 것이다. 그는 그것을 미래에 주시는 것이 아니라 바로 지금 주신다. 예수 그리스도께서는 영원한 생명의 확증을 주신다. 즉 씨앗 속에서, 발아 속에서, 그리고 싹 안에서 하늘나라를 주신다. 목자이신 예수 그리스도는 이러한 행복에 이르도록 자기를 따르는 양들의 안전과 보전을 책임져 주신다. 영원히 멸망치 아니할 터이요 말씀이 영원히 폐하여지지 않는 것처럼 예수 그리스도의 양들은 영원히 멸망치 아니할 것이다.

지의 집에 가는 것이다.

요 14:1-3 : "너희는 마음에 근심하지 말라 하나님을 믿으니 또 나를 믿으라 내 아버지 집에 거할 곳이 많도다 그렇지 않으면 너희에게 일렀으리라 내가 너희를 위하여 처소를 예비하러 가노니 가서 너희를 위하여 처소를 예비하면 내가 다시 와서 너희를 내게로 영접하여 나 있는 곳에 너희도 있게 하리라"
고후 5:8 : "우리가 담대하여 원하는 바는 차라리 몸을 떠나 주와 함께 거하는 그것이라"
살전 4:13-14 : "형제들아 자는 자들에 관하여는 너희가 알지 못함을 우리가 원치 아니하노니 이는 소망 없는 다른 이와 같이 슬퍼하지 않게 하려 함이라 우리가 예수의 죽었다가 다시 사심을 믿을진대 이와 같이 예수 안에서 자는 자들도 하나님이 저와 함께 데리고 오시리라"

영생은 한번 얻으면 그 누구도 빼앗지 못하는 것이다. 죽음도 빼앗지 못한다. 믿음으로 구원을 얻는 것은 그 신분이 죄인에서 의인으로, 사람의 자녀가 하나님의 자녀로, 죽고 심판받을 사람이 영생하고 심판을 이기는 사람으로 변화되는 것이기 때문에 예수님을 믿은 후에 의심하거나 죄를 짓는 것은 그 사람의 구원과는 아무런 상관이 없다. 한번 얻은 구원은 영원한 것이다.

5) 『미전풍, 마이어 신구약 성경강해(CD)』의 요한복음 10장 28절에는 주의 양이 받는 세 가지 특권이 기록되어 있다. 즉 영원한 생명이 주어지는 것, 결코 멸망하지 않는 것, 사람에게도, 마귀에게도 결코 빼앗기는 일이 없는 것이다. 참으로 그리스도에 속한 자는 안전하다. 그들은 그리스도의 손안에 있을 뿐 아니라 아버지이신 하나님의 손안에도 있다. 그것은 아버지 하나님과 그리스도는 하나이시기 때문이다. "너희 생명이 그리스도와 함께 하나님 안에 감취었음이니라"(골 3:3). 여기에 이중의 보호가 있다. 양들은 멀리 떠나 방황하며, 기쁨이나 위로를 잃고, 암흑과 폭풍을 만날지도 모른다. 그러나 그리스도는 책임을 가지고서 그들을 찾아내고, 집으로 데리고 돌아와 주신다. 우리와 예수님의 관계는 우리와 아버지 하나님과의 관계를 의미하고 있다는 것도 또한 진실이다.

질문 6

예수님을 믿을 때 어떤 신분의 변화가 생기는가?

답 :

예수님을 믿을 때, 예수님을 주로 영접할 때 우리는 세 가지가 변화된다. 그것은 바로 칭의(稱義), 중생(重生), 하나님의 자녀 됨이다.

1. 칭의

우리가 예수님을 믿어 구원받으면 죄인인 우리가 의인(義人)이 되는 것이 아니고 우리는 죄인 그대로 있지만 하나님이 우리를 의인으로 인정해 주신다. 이것이 칭의이다.

롬 3:23-28 : "모든 사람이 죄를 범하였으매 하나님의 영광에 이르지 못하더니 그리스도 예수 안에 있는 구속으로 말미암아 하나님의 은혜로 값 없이 의롭다 하심을 얻은 자 되었느니라 이 예수를 하나님이 그의 피로 인하여 믿음으로 말미암는 화목 제물로 세우셨으니 이는 하나님께서 길이 참으시는 중에 전에 지은 죄를 간과하심으로 자기의 의로우심을 나타내려 하심이니 곧 이 때에 자기의 의로우심을 나타내사 자기도 의로우시며 또한 예수 믿는 자를 의롭다 하려 하심이니라 그런즉 자랑할 데가 어디뇨 있을 수가 없느니라 무슨 법으로냐 행위로냐 아니라 오직 믿음의 법으로니라 그러므로 사람이 의롭다 하심을 얻는 것은 율법의 행위에 있지 않고 믿음으로 되는 줄 우리가 인정하노라"

롬 5:1 : "그러므로 우리가 믿음으로 의롭다 하심을 얻었은즉 우리 주 예수 그리스도로 말미암아 하나님으로 더불어 화평을 누리자"

갈 2:16 : "사람이 의롭게 되는 것은 율법의 행위에서 난 것이 아니요 오직 예수 그리스도를 믿음으로 말미암는 줄 아는 고로 우리도 그리스도 예수를 믿나니 이는 우리가 율법의 행위에서 아니고 그리스도를 믿음으로서 의롭다 함을 얻으려 함이라 율법의 행위로서는 의롭다 함을 얻을 육체가 없느니라"

믿음만이 우리가 하나님 앞에 의롭다 함을 받는 오직 한 길이다. 행위로 의롭다 함을 받을 수 없고, 율법을 지킴으로 하나님 앞에 의롭다 함을 받을 수 없다. 그리스도를 믿는 믿음만이 의롭다 함을 받는 길이다.

우리가 예수님을 믿어 칭의를 받아도 우리는 아직 죄인 그대로 있지만 믿음으로 하나님 앞에 의롭다고 인정받는 신분의 변화를 받는다.

2. 중생과 하나님의 자녀 됨(중생은 성도가 하나님의 자녀가 되는 것이다)

사람은 모두 아담의 후손으로(원죄를 가진 죄인으로), 아버지, 어머니를 통해 이 땅에 누구누구의 자녀로 태어난다. 그런데 사람 누구누구의 자녀가 예수님을 믿을 때 하나님의 자녀가 된다. 사람의 자녀가 하나님의 자녀가 되는 신분을 얻는 것이다. 이것이 중생이다.

요 1:10-13 : "그가 세상에 계셨으며 세상은 그로 말미암아 지은바 되었으되 세상이 그를 알지 못하였고 자기 땅에 오매 자기 백성이 영접지 아니하였으나 영접하는 자 곧 그 이름을 믿는 자들에게는 하나님의 자녀가 되는 권세를 주셨으니 이는 혈통으로나 육정으로나 사람의 뜻으로 나지 아니하고 오직 하나님께로서 난 자들이니라"

롬 8:16-17 : "성령이 친히 우리 영으로 더불어 우리가 하나님의 자녀인 것을 증거하시나니 자녀이면 또한 후사 곧 하나님의 후사요 그리스도와 함께한 후사니 우리가 그와 함께 영광을 받기 위하여 고난도 함께 받아야 될 것이니라"

사람의 자녀가 예수님을 믿음으로 하나님의 자녀가 되는 것이 중생이요, 이것이 믿음으로 얻는 신분의 변화다. 믿음 밖에서 사람들은 영원한 죄인이요, 죽음을 가진 자요, 죽음 후에 영원한 심판을 받을 사람들이다. 믿음만이 이런 신분을 구원 얻은 신분으로 바꿀 수 있다.

믿음으로 얻은 신분의 변화(칭의, 중생, 하나님의 자녀 됨)된 구원은 그 사람 자신도, 세상의 어떤 것도, 죄도, 마귀도, 죽음도 빼앗지 못한다. 믿는 자에게 신분의 변화를 주신 분이 하나님이요(요 10:28), 예수님이 그리스도로 성도의 모든 죄와 죽음과 심판을 책임지시고 대신해 주셨기 때문이다.

사람이 믿음으로 의롭다 함을 얻어 신분이 변화된 것은 그 사람의 과거의 죄악에서 뿐 아니라 그 사람이 미래에 지을 모든 죄에서도 의롭다 함을 얻는 것이다.

롬 8:33-37 : "누가 능히 하나님의 택하신 자들을 송사하리요 의롭다 하신 이는 하나님이시니 누가 정죄하리요 죽으실 뿐 아니라 다시 살아나신 이는 그리스도 예수시니 그는 하나님 우편에 계신 자요 우리를 위하여 간구하시는 자시니라 누가 우리를 그리스도의 사랑에서 끊으리요 환난이나 곤고나 핍박이나 기근이나 적신이나 위험이나 칼이랴 기록된바 우리가 종일 주를 위하여 죽임을 당케 되며 도살할 양 같이 여김을 받았나이다 함과 같으니라 그러나 이 모든 일에 우리를 사랑하시는 이로 말미암아 우리가 넉넉히 이기느니라"

믿음으로 의롭다 함을 얻는 것, 즉 칭의(justification)는 그 사람이 지을 미래의 죄까지 모두 사함을 받는 것으로, 누구도 그를 다시 송사할 수 없고, 정죄할 수 없다.

롬 6:6-9 : "우리가 알거니와 우리 옛 사람이 예수와 함께 십자가에 못 박힌 것은 죄의 몸이 멸하여 다시는 우리가 죄에게 종 노릇 하지 아니하려 함이니 이는 죽은 자가 죄에서 벗어나 의롭다 하심을 얻었음이니라 만일 우리가 그리스도와 함께 죽었으면 또한 그와 함께 살 줄을 믿노니 이는 그리스도께서 죽은 자 가운데서 사셨으매 다시 죽지 아니하시고 사망이 다시 그를 주장하지 못할 줄을 앎이로라"

고후 5:14-17 : "그리스도의 사랑이 우리를 강권하시는도다 우리가 생각건대 한 사람이 모든 사람을 대신하여 죽었은즉 모든 사람이 죽은 것이라 저가 모든 사람을 대신하여 죽으심은 산 자들로 하여금 다시는 저희 자신을 위하여 살지 않고 오직 저희를 대신하여 죽었다가 다시 사신 자를 위하여 살게 하려 함이니라 그러므로 우리가 이제부터는 아무 사람도 육체대로 알지 아니하노라 비록 우리가 그리스도도 육체대로 알았으나 이제부터는 이같이 알지 아니하노라 그런즉 누구든지 그리스도 안에 있으면 새로운 피조물이라 이전 것은 지나갔으니 보라 새것이 되었도다"

그리스도가 부활하시므로 다시는 사망이 그리스도를 주장하지 못하게 된 것 같이 우리의 옛사람이 그리스도의 십자가에 못 박히므로 믿음으로 구원받은 후의 성도의 삶은 새로운 피조물의 삶으로 육체대로, 다시 말해 육체가 짓는 죄대로 심판받지 아니하게 되었다.

칭의의 범위는 과거, 현재, 미래를 다 포함한다.

질문 7

구원받으면 신분이 변화되어 그 어떤 것도 구원을 뺏을 수 없고 심판받지도 않게 되는데 왜 구원받은 성도가 성경 말씀대로 살아야 하는가? 성도가 구원받은 후 죄를 범하면 어떻게 되는가?

답 :

칭의와 중생과 하나님의 자녀 된 범위는 과거, 현재, 미래를 모두 포함한다. 구원받은 성도가 범하는 죄는 이미 의인(義認) 된 아래, 칭의받은 후의 범죄이기 때문에 정죄나 심판의 대상이 아니고 징계의 대상이 된다.

예수님을 믿어 얻은 신분의 변화, 곧 칭의와 중생과 하나님의 자녀 된 것은 세상의 어떤 것도 빼앗거나 무효화할 수 없지만, 이 구원은 영적으로 받은 구원이므로 성도는 이 구원 후 다시 그 인격(혼)이 구원받아야 하고 육체가 구원받아야 한다. 그러나 이 말에 믿음으로 받은 구원이 불완전한가 하는 오해가 있어서는 안 된다.

예수님을 믿는 것은 예수님이 내 속에 영접되는 것이요, 예수님이 십자가에서 완성하신 구원은 완전한 것이기 때문에 믿음으로 구원받은 것은 완전한 것이다. 영적으로 구원받은 후 혼이 성화되어야 하고 육체가 부활해야 하는 것은 믿음 안에 다 포함된 것이다.

아담으로 말미암아 죄와 사망, 곧 영적 죽음과 혼적 죽음, 육적 죽음이 왔고, 예수님으로 말미암아 영적 생명, 혼적 생명, 육적 생명이 다 구원된다. 성도가 구원받은 후 하나님의 말씀을 순종하며 살아야 하고 죄와 싸우며 성화되어야 하는 것은 또 다른 구원을 얻기 위해서가 아니라 구원을 받았기 때문에 구원받은 사람으로 살아야 하는 것이기 때문이다.

왕자로 태어난 사람은 그의 인격과 상관없이 신분이 왕자다. 그러나 왕자로 태어나면 왕자답게 살아야 할 의무와 책임이 있다. 구원받은 성도는 구원받은 성도로 살아야 할 책임이 있고, 이것이 말씀과 성령님께 순종하는 성화요, 성도는 이 성화의 과정을 거쳐 영화(상급 얻는 구원)에까지 이르러야 한다. 이 뜻을 잘 이해하려면 세 가지 구원을 알아야 한다.

질문 8

세 가지 구원은 어떤 것인가?

답:

구원에는 믿음으로 받는 영적 구원과 성령님께 순종함으로 받는 혼적 구원(성화—인격의 구원)과 그리스도의 재림으로 받게 될 육체의 구원(영화)이 있다. 이 세 가지 구원을 정리하면 다음과 같다.

(1) 과거—받은 구원—은혜로 오직 믿음으로—신분의 변화—영적 구원—일회적 구원—하나님의 자녀 됨
(2) 현재—받는 구원—성령님께 순종으로—인격의 변화—혼적 구원—점진적 구원—성화
(3) 미래—받을 구원—그리스도의 재림으로—육체의 변화—육적 구원—단회적 구원—영화

성도는 하나님의 은혜로 그가 믿을 때(이 믿음은 하나님이 주시는

은혜다.) 오직 믿음으로 구원을 받았다. 이것이 받은 구원이다. 이 구원은 죄인이 의인의 신분, 사람이 하나님의 자녀가 되는 신분을 얻는 것으로, 이 구원은 그 사람의 신분이 변화되는 것이다. 이 구원은 영적 구원, 곧 하나님과 원수 되었던 그 사람의 영이 하나님의 영과 화목하게 되는 영적 구원이다. 이 받은 구원은 칭의와 중생과 하나님의 자녀 되는 것으로, 믿음으로 한 번에 이루어지는 일회적 구원이다.

이렇게 구원받은 성도는 다시 말씀과 성령님께 순종하는 생활로 구원을 이루어 가게 되는데 이 구원이 받는 구원이요, 성화다. 이 구원은 그의 인격이 그리스도의 인격으로 점점 변화되는 것으로, 일생 동안 이루어지는 점진적 구원이다. 이것은 성도의 혼이 구원되는 혼적 구원이다.

마지막 구원은 그리스도가 재림하실 때 죽었던 성도는 부활하고, 살아 있는 성도는 변화를 받아 신령한 부활체로 그 육체가 변화를 받는 것인데 이것은 미래에 받을 구원이다. 이 구원이 영화이다.

받은 구원, 받는 구원, 받을 구원, 이 세 가지 구원이 성도에게 있는 3대 구원이다. 이후의 질문들은 각 구원을 여러 가지 형태의 질문을 통해 대답하고 있다.

질문 9

받은 구원은 어떤 것인가?

답 :

받은 구원은 칭의 받고, 중생하고, 하나님의 자녀 되는 것으로, 이 구원은 오직 믿음으로만 가능하고, 전적으로 하나님이 주신 은혜로 받는 것이다. 이 받은 구원이 신분의 변화이다. 이 구원이 영적 구원으로, 믿음으로 사람이 하나님과 화목한 관계를 회복하고, 원죄로 잃어버렸던 영생을 얻는 것이다. 이 구원은 영적으로 하나님과 완전하게 하나로 화목한 관계가 회복되는 것이다. 이 받은 구원, 영적 구원은 일회적으로 이루어지는 구원이다. 이것은 내가 한국에서 태어나면 한국 사람(국민)이 되고, 아무개의 자녀가 되는 것이 일회적으로 이루어지는 것과 같다.

고전 12:3 : "그러므로 내가 너희에게 알게 하노니 하나님의 영으로 말하는 자는 누구든지 예수를 저주할 자라 하지 않고 또 성령으로 아니하고는 누구든지 예수를 주시라 할 수 없느니라"

엡 2:14-18 : "그는 우리의 화평이신지라 둘로 하나를 만드사 중간에 막힌 담을 허시고 원수 된 것 곧 의문에 속한 계명의 율법을 자기 육체로 폐하셨으니 이는 이 둘로 자기의 안에서 한 새 사람을 지어 화평하게 하시고 또 십자가로 이 둘을 한 몸으로 하나님과 화목하게 하려 하심이라 원수 된 것을 십자가로 소멸하시고 또 오셔서 먼 데 있는 너희에게 평안을 전하고 가까운 데 있는 자들에게 평안을 전하셨으니 이는 저로 말미암아 우리 둘이 한 성령 안에서 아버지께 나아감을 얻게 하려 하심이라"

이 구원은 오직 믿음으로, 은혜로 되는 것으로, 이 구원에 성령님이 역사하신다. 오순절에 3천 명이 믿게 된 사건에도 성령님이 역사하셨고, 고넬료의 식구들이 믿게 된 사건에도 성령님이 역사하셨으며, 에디오피아 내시가 빌립을 통해 예수님을 믿게 된 사건에도 성령님이 역사하셨고, 빌립보 감옥의 간수와 그 식구들이 예수님을 믿은 사건에도 성령님이 역사하셨다.

베드로가 예수님을 그리스도로 고백했을 때 주님은 베드로에게 "바요나 시몬아 네가 복이 있도다 이를 네게 알게 한 이는 혈육이 아니요 하늘에 계신 내 아버지시니라"(마 16:17)라고 말씀하셨다. 내가 예수님을 믿는 것이 아니고 성령님이, 하늘에 계신 아버지 하나님이 나로 하여금 예수님을 믿도록 인도하셔서 내가 예수님을 믿게 되는 것이다.

성경은 거듭해서 이 받은 구원은 전적으로 믿음으로 되는 것이라고 말한다.

롬 3:23-28 : "모든 사람이 죄를 범하였으매 하나님의 영광에 이르지 못하더니 그리스도 예수 안에 있는 구속으로 말미암아 하나님의 은혜로 값 없이 의롭다 하심을 얻은 자 되었느니라 이 예수를 하나님이 그의 피로 인하여 믿음으로 말미암는 화목 제물로 세우셨으니 이는 하나님께서 길이 참으시는 중에 전에 지은 죄를 간과하심으로 자기의 의로우심을 나타내려 하심이니 곧 이 때에 자기의 의로우심을 나타내사 자기도 의로우시며 또한 예수 믿는 자를 의롭다 하려 하심이니라 그런즉 자랑할 데가 어디뇨 있을 수가 없느니라 무슨 법으로냐 행위로냐 아니라 오직 믿음의 법으로니라 그러므로 사람이 의롭다 하심을 얻는 것은 율법의 행위에 있지 않고 믿음으로 되는 줄 우리가 인정하노라"

롬 5:1 : "그러므로 우리가 믿음으로 의롭다 하심을 얻었은즉 우리 주 예수 그리스도로 말미암아 하나님으로 더불어 화평을 누리자"

갈 2:16 : "사람이 의롭게 되는 것은 율법의 행위에서 난 것이 아니요 오직 예수 그리스도를 믿음으로 말미암는 줄 아는 고로 우리도 그리스도 예수를 믿나니 이는 우리가 율법의 행위에서 아니고 그리스도를 믿음으로서 의롭다 함을 얻으려 함이라 율법의 행위로서는 의롭다 함을 얻을 육체가 없느니라"

엡 2:8-9 : "너희가 그 은혜를 인하여 믿음으로 말미암아 구원을 얻었나니 이것이 너희에게서 난 것이 아니요 하나님의 선물이라 행위에서 난 것이 아니니 이는 누구든지 자랑치 못하게 함이니라"

질문 **10**

영적 구원, 혼적 구원이란 말에서 영과 영혼, 영과 혼은 어떻게 구분되는가?

답 :

'영'은 헬라 어로 '프뉴마'이고, '혼'(네페쉬)은 '영혼'(프시케)과 동의어로 같은 뜻으로 사용되며, 뚜렷한 구별 없이 사용되었다. 구약의 히브리 어에서는 '영혼'을 말할 때 사람의 개체를 말하는 경우가 많으며(시 104:1, 146:1), 성경에는 영과 혼을 구분하지 않고 영혼이란 말이 많이 사용되고, 영과 혼은 같은 뜻으로 교대적으로 사용되기도 한다.

마태복음 6장 25절의 "그러므로 내가 너희에게 이르노니 목숨을 위하여 무엇을 먹을까 무엇을 마실까 몸을 위하여 무엇을 입을까 염려하지 말라 목숨이 음식보다 중하지 아니하며 몸이 의복보다 중하지 아니하냐", 마태복음 10장 28절의 "몸은 죽여도 영혼은 능히 죽이지 못하는 자들을 두려워하지 말고 오직 몸과 영혼을 능히 지옥에 멸하시는 자를 두려워하라"에서 사람을 '혼'(목숨)과 '몸'으로 부르고 있고, 죽음은 종종 육체에서 혼이 떠나는 것으로 묘사된다.

창 35:18 : "그가 죽기에 임하여 그 혼이 떠나려 할 때에 아들의 이름은 베노니라 불렀으나 그 아비가 그를 베냐민이라 불렀더라"
왕상 17:21 : "그 아이 위에 몸을 세 번 펴서 엎드리고 여호와께 부르짖어 가로되 나의 하나님 여호와여 원컨대 이 아이의 혼으로 그 몸에 돌아오게 하옵소서 하니"
시 31:5 : "내가 나의 영을 주의 손에 부탁하나이다 진리의 하나님 여호와여 나를 구속하셨나이다"
눅 23:46 : "예수께서 큰 소리로 불러 가라사대 아버지여 내 영혼을 아버지 손에 부탁하나이다 하고 이 말씀을 하신 후 운명하시다"
행 7:59-60 : "저희가 돌로 스데반을 치니 스데반이 부르짖어 가로되 주 예수여 내 영혼을 받으시옵소서 하고 무릎을 꿇고 크게 불러 가로되 주여 이 죄를 저들에게 돌리지 마옵소서 이 말을 하고 자니라"

영과 혼을 대조해 보면, 영은 사람 안에 있는 영적 요소로 하나님의 영과 연합되어 몸을 통제하는 원리로, 그리고 혼은 인간 안에 있는 감정-마음의 요소로 구분해 볼 수 있다. 그러나 영과 혼을 엄격하게 구분하는 것은 무모하다. "사람은 영을 가지고 있으나(has) 실상은 혼이다(is)"라는 말을 생각할 필요가 있다. 데살로니가전서 5장 23절과 히브리서 4장 12절에 영, 혼, 육의 분명한 표현이 나오지만 영과 혼이 같은 뜻으로 사용된 성경 구절도 우리는 기억해야 한다.

70인역에서도 루아흐(רוח, 생기=영)를 프뉴마(πνευμα, 영)로 번역하면서 하나님의 행동적 능력과 힘으로 표현하고 있다. 이 프뉴마는 나중에 네페쉬(נפש, φυχη, 프시케, 혼)와 같은 뜻으로 사용된다.

질문 11

예수님을 믿고도 중생하지 못한 사람이 있는가? 중생과 믿음은 다른 것인가?

답:

예수님을 믿는 것이 곧 중생하는 것이다. 칭의 받고, 중생하고, 하나님의 자녀가 되는 것은 예수님을 믿은 결과 일회적으로 즉시 함께 얻은 것으로, 이것이 받은 구원, 곧 신분의 변화이다. 예수님을 믿는 성도에게 중생했는가 하는 질문은 내가 김 씨 가문의 아들로 태어나서 "내가 김 씨의 아들이다."라고 말했는데, "네 성이 김이냐?" 하고 묻는 것과 같은 것으로, 잘못된 것이다.

내가 예수님을 믿는다고 했는데 당신 중생했느냐 하는 질문은 중생을 특별한 성령 체험, 곧 방언하는 은사와 같은 것으로 오해하는 데서 나온 질문이다. 예수님을 믿는 사람들은 모두 중생한 하나님의 자녀이다.

요 1:10-13 : "그가 세상에 계셨으며 세상은 그로 말미암아 지은바 되었으되 세상이 그를 알지 못하였고 자기 땅에 오매 자기 백성이 영접지 아니하였으나 영접하는 자 곧 그 이름을 믿는 자들에게는 하나님의 자녀가 되는 권세를 주셨으니 이는 혈통으로나 육정으로나 사람의 뜻으로 나지 아니하고 오직 하나님께로서 난 자들이니라"

질문 12

구약성경에도 예수님을 믿고 구원을 얻는 진리를 가르쳐 주는 말씀이 있는가?

답 :

구약성경뿐 아니라 성경 전체가 믿음과 구원을 가르쳐 주는 말씀이다. 예수께서 이렇게 말씀하셨다.

> **요 5:39 : "너희가 성경에서 영생을 얻는 줄 생각하고 성경을 상고하거니와 이 성경이 곧 내게 증거하는 것이로다"**

구약성경 전체가 예수님을 증거한다. 우리는 이것을 예표라 말한다. 구약성경은 많은 사건, 많은 이야기를 통해 믿음과 구원과 예수 그리스도를 가르쳐 준다. 이스라엘 백성의 출애굽 역사는 구원을 아주 선명한 도표처럼 믿음으로 받은 구원, (말씀과 훈련으로) 성화받아 가는 구원, 하나님이 축복하신 땅에 가서 사는 받을 구원을 잘 가르쳐 준다.

이스라엘 백성의 출애굽 역사를 도표로 그리면 아래와 같다.

애굽		시내 광야		가나안
주인 : 바로 왕 이스라엘 : 바로 왕의 노예 해방 : 유월절 양의 피 모세의 말을 하나님의 말씀으로 받음(믿음)	홍해	주인 : 하나님 이스라엘:하나님의 백성 구원 : 십계명과 성막 하나님의 특별보호, 불기둥, 구름 기둥	요단강	주인 : 하나님 이스라엘 : 하나님의 자녀 구원 : 하나님과 동행
받은 구원		**받는 구원**		**받을 구원**

1. 출애굽 사건

1) 애굽에서의 이스라엘 백성

애굽에서 이스라엘 백성은 바로 왕의 노예로, 바로의 명령에 절대 순종만 요구되었다. 애굽에서 이스라엘 백성은 아들을 낳으면 죽이라는 명령에까지 복종해야 하는 노예였다. 이처럼 구원받기 전의 우리는 죄와 사망의 노예였다(엡 2:2, 롬 5:2, 5:14, 6:17).

그런데 이스라엘 백성이 애굽에서 해방된다. 이스라엘 백성의 해방은 하나님 편에서 시작된다. 하나님은 이스라엘 백성을 해방하시기 위해 시내 산에서 모세를 만나 바로 왕과 이스라엘 백성 앞으로 내려 보내시고, 모세를 통해 애굽 백성에게 열 가지 재앙을, 이스라엘 백성 앞에 열 가지 기적을 행하신다.

하나님이 애굽에 내린 열 가지 재앙은 물이 피로 변하는 것과 개구리, 이, 파리, 짐승의 피부병, 독종, 우박, 메뚜기, 흑암, 초태생의 죽음이다. 성경 연구가들은 이 재앙이 약 9개월에 걸쳐 일어났던 것으로 추측하고 있다. 마지막 재앙은 애굽에서 처음 낳은 아들과 짐승의 첫 새

끼가 다 죽는 것이다. 이스라엘 백성은 이 초태생의 죽음에서 벗어나고 애굽에서 해방되기 위해 모세의 명령을 따라 문설주와 문인방에 흠 없는 양의 피를 칠했다. 이스라엘 백성은 모세의 말을 하나님의 말로 받고 믿어 흠 없는 양을 잡아 그 피를 문설주와 문인방에 발랐다.

그 밤에 모세의 말대로 사망의 천사가 애굽을 두루 행하며 모든 초태생들, 짐승들의 첫 새끼와 첫아들을 다 죽일 때 바로 왕의 첫아들로부터 모든 장관의 아들, 모든 백성의 아들과 짐승들의 첫 새끼가 다 죽었다. 그러나 흠 없는 유월절 양의 피가 문설주에 칠해진 이스라엘 백성의 집은 사망의 천사가 뛰어넘어(pass over, 踰越) 모든 장자와 초태생이 죽지 않았다. 이 사건으로 바로 왕은 강퍅한 마음을 접고 이스라엘 백성을 해방하도록 명을 내리고, 애굽 사람들은 이스라엘 백성에게 은금 등의 패물을 주며 애굽에서 나가 주기를 요청하므로 이스라엘 백성은 마침내 애굽에서 해방된다.

사망의 천사가 애굽의 모든 초태생을 칠 때 초태생을 죽이느냐 살리느냐의 기준은 어느 집에 얼마나 더 착하고 선한 사람이 있느냐 하는 사람의 선, 불선이 아니고, 그 집에 유월절 양의 피가 칠해졌느냐 안 칠해졌느냐 하는 것이었다. 예수님이 이 유월절 양이시다. 그래서 고린도전서 5장 7절에 "우리의 유월절 양 곧 그리스도께서 희생이 되셨느니라"라고 말씀한다.

이 사건이 담고 있는 중요한 몇 가지 사항이 있다.

(1) 모세를 통해 애굽에 내린 열 가지 재앙 중 앞의 아홉 가지 재앙은 이스라엘 백성으로 하여금 모세의 말을 하나님의 말로 받고 믿게 하기 위한 예표적인 사건이었다. 만일 모세가 애굽에 있는 이스라엘 백성에게 불쑥 나타나 "하나님이 너희를 애굽에서 해방시키실 것이다. 오늘

밤 자기 전에 너희는 모두 흠 없는 양을 잡아 그 피를 문지방과 문인방에 칠하여라. 그리하면 사망의 천사가 애굽을 두루 행하며 모든 초태생을 죽일 때 유월절 양의 피가 칠해진 집은 뛰어넘어가 모든 초태생이 살게 되고, 그렇지 않은 애굽 백성의 집에는 초태생이 다 죽게 되어 바로가 너희를 해방시켜 줄 것이다."라고 말했다면 이스라엘 백성은 한 사람도 모세의 말을 따르지 않았을 것이다.

모세의 말은 누구의 머리로도 이해되지 않는 말이었다. 이 말이 바로 지금부터 2천여 년 전 갈보리 십자가에 달리신 그리스도의 보혈을 믿는 자에게 죽어도 사는 영원한 생명, 구원을 주신다는 말과 꼭 같은 것이다.

애굽에 있는 이스라엘 백성이 모세의 말대로 흠 없는 양을 잡아 그 피를 문설주와 문인방에 바르도록 하기 위해 하나님은 이 기적 이전에 아홉 가지 기적을 모세를 통해 먼저 보여 주셨다. 이스라엘 백성은 유월절 사건 이전에 아홉 가지 기적을 보면서 모세의 말을 곧 하나님의 말로 받게 된다. 그래서 그들은 유월절 밤에 모세의 말대로 유월절 양의 피를 문인방과 문설주에 발라 초태생이 구원되고, 결국 애굽의 노예에서 구원된다.

예수님이 그리스도로 이 땅에 오시기 전, 예수님이 십자가에 달려 죽으심으로 그 피로 우리의 죄를 다 해결해 주시기 전에 하나님은 이 유월절 사건의 예표와 많은 다른 예표들을 주셨다. 이 유월절 사건과 모든 예표가 우리로 예수님을 믿게 하여 죄와 사망에서 우리를 구원해 주시기 위해서인 것이다.

(2) 유월절 양의 피로 이스라엘 백성이 애굽에서 은혜로 구원된 것같이 우리는 예수 그리스도의 보혈의 은혜로 구원되는 것이다.

이스라엘 백성이 애굽에서 해방되기 위해 모세의 말을 하나님의 말씀으로 받아 흠 없는 양을 잡아 그 피를 문설주에 바른 것 같이 우리는 구원받기 위해 성경을 하나님의 말씀으로 받아 예수님을 그리스도로 믿어야 한다. 애굽에서 이스라엘 백성이 모세의 말을 하나님의 말로 받아 유월절 양의 피를 문설주에 칠한 것이 믿음이라면, 오늘 우리에게는 예수님을 구세주로 시인하고 받는 것이 믿음이다.

이스라엘 백성이 애굽에서 유월절 양의 피로 공짜로 해방된 사건은 오늘 우리가 은혜로, 그리스도의 피로, 믿음으로 구원됨을 예표로 보여 준다. 이스라엘 백성의 애굽에서의 구원은 받은 구원을 가르쳐 주는 예표다.

2) 시내 광야에서의 이스라엘 백성

이스라엘 백성이 애굽에서 해방되어 출애굽할 때에 애굽의 경계를 벗어나는 길에 홍해가 가로막혀 있었다. 그러나 이 홍해도 하나님이 모세를 통해 마른 땅으로 갈라 주심으로 이스라엘 백성은 바다를 육지 같이 건널 수 있었다. 받은 구원은 모두가 하나님 편에서 이루어진 은혜인 것이다.

출애굽한 이스라엘 백성은 시내 광야에서 40년을 지낸다. 이 광야에서 이스라엘 백성은 하나님이 인도하시는 하나님의 백성이었다.

(1) 광야에서 이스라엘 백성이 지켜야 할 법은 십계명과 모세를 통해 주신 하나님의 규례였다.

광야에서 이스라엘 백성이 지켜야 할 십계명과 규례는 구원받은 성도가 이 땅에서 성화되기 위해 하나님의 말씀에 순종해야 하는 것을 가르쳐 준다.

애굽에서의 구원이 하나님 편에서 다 이루어 주신 것인 데 반해 광야에서 이스라엘 백성은 매일 하나님의 명령과 규례를 좇아가야 했다. 이것은 믿음으로 구원받은 성도가 일생을 통해 매일 하나님의 말씀에 순종하며 살아야 하는 성화를 가르쳐 주는 것이다.

(2) 광야에서 이스라엘 백성은 성막을 중심으로 성막에서 하나님을 만나며 생활한다.

모세가 시내 산에 올라가 하나님께 받은 것은 십계명과 성막을 짓는 설계도였다. 출애굽기는 이스라엘 백성이 광야에서 성막을 완성하여 지성소에 하나님의 법궤를 들여놓는 사건까지를 기록한다.

이 성막을 중심으로 하나님이 백성들에게 자신의 임재를 불 기둥과 구름 기둥을 통해 보여 주셨다. 이스라엘 백성은 이 성막을 통해 하나님을 만났다. 하나님이 성막에서 이스라엘 백성을 만나신다고 이렇게 말씀하신다.

출 20:24 : "내게 토단을 쌓고 그 위에 너의 양과 소로 너의 번제와 화목제를 드리라 내가 무릇 내 이름을 기념하게 하는 곳에서 네게 강림하여 복을 주리라"

출 25:8, 17 : "내가 그들 중에 거할 성소를 그들을 시켜 나를 위하여 짓되 정금으로 속죄소를 만들되 장이 이 규빗 반, 광이 일 규빗 반이 되게 하고"

출 25:18-22 : "금으로 그룹 둘을 속죄소 두 끝에 쳐서 만들되 한 그룹은 이 끝에, 한 그룹은 저 끝에 곧 속죄소 두 끝에 속죄소와 한 덩이로 연하게 할지며 그룹들은 그 날개를 높이 펴서 그 날개로 속죄소를 덮으며 그 얼굴을 서로 대하여 속죄소를 향하게 하고 속죄소를 궤 위에 얹고 내가 네게 줄 증거판을 궤 속에 넣으라 거기서 내가 너와 만나고 속죄소 위 곧 증거궤 위에 있는 두 그룹 사이에서 내가 이스라엘 자손을 위하여 네게 명할 모든 일을 네게 이르리라"

출 29:42-46 : "이는 너희가 대대로 여호와 앞 회막문에서 늘 드릴 번제라 내가 거기서 너희와 만나고 네게 말하리라 내가 거기서 이스라엘 자손을 만나리니 내 영광을 인하여 회막이 거룩하게 될찌라 내가 그 회막과 단을 거룩하게 하며 아론과 그 아들들도 거룩하게 하여 내게 제사장 직분을 행하게 하며 내가 이스라엘 자손 중에 거하여 그들의 하나님이 되리니 그들은 내가 그들의 하나님 여호와로서 그들 중에 거하려고 그들을 애굽 땅에서 인도하여 낸 줄을 알리라 나는 그들의 하나님 여호와니라"
출 30:6 : "그 단을 증거궤 위 속죄소 맞은편 곧 증거궤 앞에 있는 장 밖에 두라 그 속죄소는 내가 너와 만날 곳이며"

하나님은 성경의 여러 곳에서 이와 같이 성막, 제단을 통해서 이스라엘 백성을 만나시며, 그들에게 말씀하시고, 그들에게 복을 주시리라 말씀하신다. 이스라엘 백성에게 성막은 하나님과 만나고, 기도하고, 교제하며, 용서와 축복을 받는 장소였다. 구원받은 성도에게 제단, 곧 교회는 성화의 중심이 된다. 성도는 구원받은 후 제단 중심으로 살아야 하나님을 계속하여 만나며 성화된다.

(3) 광야에서 불 기둥과 구름 기둥은 이스라엘 백성을 보호하시는 하나님의 손길이었다.

하나님은 이스라엘 백성에게 구름 기둥, 불 기둥으로 함께하셨다. 구원받은 성도에게 하나님은 성령으로 늘 함께하심으로 보호하신다. 광야에서의 이스라엘 백성의 생활은 구원받은 후 성도가 이 땅에서 받아 가는 구원, 곧 성화를 예표로 보여 준다.

광야에서 이스라엘 백성은 여러 번 넘어지고 많이 범죄한다. 구원받은 성도들도 세상에서 사는 동안 많이 넘어지고 많이 범죄한다. 그러나 하나님의 징계와 성도의 회개, 하나님의 끊임없는 사랑과 보호를 통해 마침내 구원으로 나아간다.

3) 가나안 땅에서의 이스라엘 백성

가나안 땅에서 하나님은 이스라엘 백성의 왕이 되어 주시고, 이스라엘 백성은 하나님의 자녀로 살게 된다. 이것은 성도가 부활하여 영원 천국에 들어가 하나님과 더불어 영생하게 될 받을 구원을 예표로 보여 주는 것이다.

출애굽 사건은 믿음으로 구원 얻는 진리를, 받은 구원(애굽에서 유월절 양의 피로 해방됨)과 받는 구원(광야에서 성막과 십계명 중심의 생활), 받을 구원(젖과 꿀이 흐르는 가나안 땅에서의 생활)이 어떤 것인지를 그림처럼 보여 준다.

2. 성막과 성전

하나님의 구원 계획의 예표는 모세가 시내 산에 올라가 하나님으로부터 받은 성막의 구조에서도 볼 수 있다. 이스라엘 백성은 하나님께서 모세를 통해 주신 설계도대로 성막을 지었고, 후에 솔로몬도 이 성막의 설계도를 기본으로 성전을 지었다. 성막의 구조는 아래와 같다.

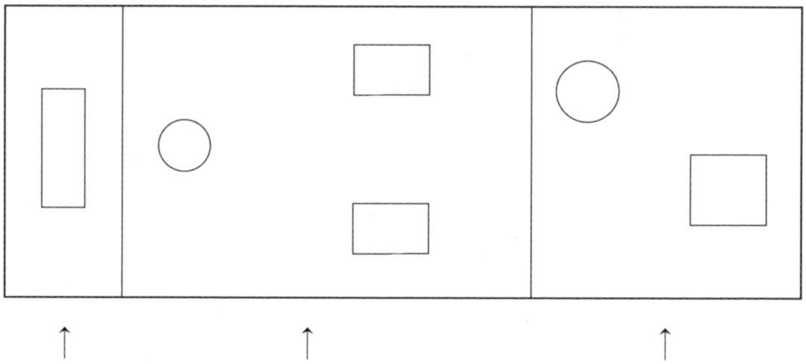

지성소(언약궤)
(받을 구원)

성소(떡상, 향로, 등대)
(받는 구원)

외소(물두멍, 번제단)
(받은 구원)

1) 외 소

외소에는 두 가지 중요한 것이 있었다. 첫째가 물두멍, 곧 물을 담아 놓는 큰 그릇이다. 이것은 놋을 쳐서 만든 것으로, 제사장이 제사를 드리기 전에 손발을 씻는 물이 담겨 있는 그릇이다.

출 30:18 : "너는 물두멍을 놋으로 만들고 그 받침도 놋으로 만들어 씻게 하되 그것을 회막과 단 사이에 두고 그 속에 물을 담으라"

둘째는 번제단으로, 이 번제단에서 이스라엘 백성의 죄를 대신하여 흠 없는 소나 양이나 염소가 피를 흘리며 죽게 되고, 이 희생 제물 전부 혹은 그 일부가 태워지는 곳이다.

출 40:6 : "또 번제단을 회막의 성막 문 앞에 놓고"
출 40:29-32 : "또 회막의 성막 문 앞에 번제단을 두고 번제와 소제를 그 위에 드리니 여호와께서 모세에게 명하신 대로 되니라 그가 또 물두멍을 회막과 단 사이에 두고 거기 씻을 물을 담고 자기와 아론과 그 아들들이 거기서 수족을 씻되 그들이 회막에 들어갈 때와 단에 가까이 갈 때에 씻었으니 여호와께서 모세에게 명하신 대로 되니라"

외소는 예수 그리스도가 십자가에서 피 흘려 죽으심으로 인류의 죄가 대속된 것을 예표로 가르쳐 준다. 외소는 받은 구원을 가르쳐 주는 예표다.

2) 성 소

성소에는 세 가지 중요한 것이 있다. 곧 떡상과 향로와 등대다. 떡상은 진설병을 두는 곳이다.

출 25:23-30 : "너는 조각목으로 상을 만들되 장이 이 규빗, 광이 일 규빗, 고가 일 규빗 반이 되게 하고 정금으로 싸고 주위에 금테를 두르고 그 사면에 손바닥 넓이만한 턱을 만들고 그 턱 주위에 금으로 테를 만들고 그것을 위하여 금고리 넷을 만들어 그 네 발 위 네 모퉁이에 달되 턱 곁에 달라 이는 상 멜 채를 꿸 곳이며 또 조각목으로 그 채를 만들고 금으로 싸라 상을 이것으로 멜 것이니라 너는 대접과 숟가락과 병과 붓는 잔을 만들되 정금으로 만들지며 상 위에 진설병을 두어 항상 내 앞에 있게 할지니라"

이 진설병은 매 안식일에 새것을 가져다가 놓아야 하며, 제사장만이 먹을 수 있다.

레 24:5-9 : "너는 고운 가루를 취하여 떡 열둘을 굽되 매 덩이를 에바 십분 이로 하여 여호와 앞 순결한 상 위에 두 줄로 한 줄에 여섯씩 진설하고 너는 또 정결한 유향을 그 매 줄 위에 두어 기념물로 여호와께 화제를 삼을 것이며 항상 매 안식일에 이 떡을 여호와 앞에 진설할지니 이는 이스라엘 자손을 위한 것이요 영원한 언약이니라 이 떡은 아론과 그 자손에게 돌리고 그들은 그것을 거룩한 곳에서 먹을지니 이는 여호와의 화제 중 그에게 돌리는 것으로서 지극히 거룩함이니라 이는 영원한 규례니라"

성소의 진설병은 구원받은 성도가 생명의 양식으로 먹어야 할 말씀을 예표한다.

벧전 1:23 : "너희가 거듭난 것이 썩어질 씨로 된 것이 아니요 썩지 아니할 씨로 된 것이니 하나님의 살아 있고 항상 있는 말씀으로 되었느니라"
벧전 2:2 : "갓난 아이들 같이 순전하고 신령한 젖을 사모하라 이는 이로 말미암아 너희로 구원에 이르도록 자라게 하려 함이라"
벧전 2:9 : "오직 너희는 택하신 족속이요 왕 같은 제사장들이요 거룩한 나라요 그의 소유된 백성이니 이는 너희를 어두운 데서 불러 내어 그의 기이한 빛에 들어가게 하신 자의 아름다운 덕을 선전하게 하려 하심이라"

구원받은 성도는 왕 같은 제사장이다. 제사장인 성도가 이 땅에서 성화, 곧 받는 구원을 이루어 가려면 반드시 매 안식일에 제단에 나와 제단에 차려진 진설병, 새 떡을 먹어야 한다. 즉 새 말씀을 들어야 한다.

그리고 향로는 성소 안에서 항상 향을 사르는 기구로, 24시간 매일 향이 올라가야 한다.

출 30:1-8 : "너는 분향할 단을 만들지니 곧 조각목으로 만들되 장이 일 규빗, 광이 일 규빗으로 네모 반듯하게 하고 고는 이 규빗으로 하며 그 뿔을 그것과 연하게 하고 단 상면과 전후 좌우면과 뿔을 정금으로 싸고 주위에 금테를 두를지며 금테 아래 양편에 금고리 둘을 만들되 곧 그 양편에 만들지니 이는 단을 메는 채를 꿸 곳이며 그 채를 조각목으로 만들고 금으로 싸고 그 단을 증거궤 위 속죄소 맞은편 곧 증거궤 앞에 있는 장 밖에 두라 그 속죄소는 내가 너와 만날 곳이며 아론이 아침마다 그 위에 향기로운 향을 사르되 등불을 정리할 때에 사를지며 또 저녁때 등불을 켤 때에 사를지니 이 향은 너희가 대대로 여호와 앞에 끊지 못할지며"

이 향로는 성도가 구원받은 이후 성화의 생활에서 매일 쉬지 않고 해야 하는 기도를 상징하는 예표다.

계 5:7 : "어린 양이 나아와서 보좌에 앉으신 이의 오른손에서 책을 취하시니라 책을 취하시매 네 생물과 이십사 장로들이 어린 양 앞에 엎드려 각각 거문고와 향이 가득한 금 대접을 가졌으니 이 향은 성도의 기도들이라"
계 8:2-4 : "내가 보매 하나님 앞에 시위한 일곱 천사가 있어 일곱 나팔을 받았더라 또 다른 천사가 와서 제단 곁에 서서 금 향로를 가지고 많은 향을 받았으니 이는 모든 성도의 기도들과 합하여 보좌 앞 금단에 드리고자 함이라 향연이 성도의 기도와 함께 천사의 손으로부터 하나님 앞으로 올라가는지라"

구원받은 성도가 성화, 곧 받는 구원을 이루어 가려면 성소의 향로에서 향이 항상 올라가야 하는 것 같이 이 땅에서 쉬지 말고 기도해야 한다. 그래서 하나님은 이렇게 명하신다.

살전 5:17 : "쉬지 말고 기도하라"

등대는 성소 안을 밝혀 주는 일곱 등잔이 일곱 가지 위에 놓여 있는 기구로, 이 등잔에 늘 불이 켜져 있어서 빛을 발해야 한다.

출 25:31-40 : "너는 정금으로 등대를 쳐서 만들되…전부를 정금으로 쳐 만들고 등잔 일곱을 만들어 그 위에 두어 앞을 비추게 하며 그 불집게와 불똥 그릇도 정금으로 만들지니 등대와 이 모든 기구를 정금 한 달란트로 만들되 너는 삼가 이 산에서 네게 보인 식양대로 할지니라"

이 등잔의 불을 밝히는 기름이 감람나무유, 곧 올리브유로, 이 기름과 빛은 성도가 구원받은 후 늘 성령의 기름을 공급받아 빛의 생활을 하여야 할 것을 가르쳐 준다.

레 24:1-4 : "여호와께서 모세에게 일러 가라사대 이스라엘 자손에게 명하여 감람을 찧어 낸 순결한 기름을 켜기 위하여 네게로 가져오게 하고 끊이지 말고 등잔불을 켤지며 아론은 회막안 증거궤 장 밖에서 저녁부터 아침까지 여호와 앞에 항상 등잔불을 정리할지니 너희 대대로 지킬 영원한 규례라 그가 여호와 앞에서 순결한 등대 위의 등잔들을 끊이지 않고 정리할지니라"

성도는 구원받은 후 거룩한 성도로 살아가기 위해(성령 충만의 생활) 성소 안의 등대가 24시간 빛을 발해야 하는 것 같이 쉬지 않고 기도해야 한다.

성경에서 기름 부음은 성령님의 역사를 상징한다(삼상 16:13). 성소 안의 등대는 성도가 구원받은 후 기도를 통한 성화를 가르쳐 주는 예표가 된다.

성소 안에 있는 떡상과 향로와 등대는 모두 구원받은 이후 성도가 이 땅에서 이루어 가야 할 성화, 곧 받는 구원을 가르쳐 주는 예표다.

3) 지성소

지성소에는 하나님의 언약궤(증거궤, 법궤)가 들어 있다.

출 25:10-22 : "그들은 조각목으로 궤를 짓되 장이 이 규빗 반, 광이 일 규빗 반, 고가 일 규빗 반이 되게 하고 너는 정금으로 그것을 싸되 그 안팎을 싸고 윗가로 돌아가며 금테를 두르고 금고리 넷을 부어 만들어…내가 네게 줄 증거판을 궤 속에 둘지며 정금으로 속죄소를 만들되 장이 이 규빗 반, 광이 일 규빗 반이 되게 하고 금으로 그룹 둘을 속죄소 두 끝에 쳐서 만들되 한 그룹은 이 끝에, 한 그룹은 저 끝에 곧 속죄소 두 끝에 속죄소와 한 덩이로 연하게 할지며 그룹들은 그 날개를 높이 펴서 그 날개로 속죄소를 덮으며 그 얼굴을 서로 대하여 속죄소를 향하게 하고 속죄소를 궤 위에 얹고 내가 네게 줄 증거판을 궤 속에 넣으라 거기서 내가 너와 만나고 속죄소 위 곧 증거궤 위에 있는 두 그룹 사이에서 내가 이스라엘 자손을 위하여 네게 명할 모든 일을 네게 이르리라"

언약궤를 덮는 덮개가 속죄소로, 이 지성소 안에 있는 속죄소가 하나님이 임재하셔서 모세와 이스라엘 백성에게 말씀하시는 곳이다(출

25:21-22, 30:6, 민 7:89).

지성소는 성도가 부활하여 하나님의 장막이 있는 곳에서 하나님과 함께 거하게 될 받을 구원, 영원한 천국을 예표로 보여 준다.

성막의 세 부분, 즉 외소와 성소와 지성소는 각각 받은 구원, 받는 구원, 받을 구원을 예표로 가르쳐 준다. 우리 주 예수님은 성전의 주인 되시며, 이 성전에서 드려지는 제사의 제물을 통해 예수께서 십자가에서 대속의 제물로 돌아가실 것을 예표로 가르쳐 준다.

3. 이스라엘 백성이 지키는 3대 절기

이스라엘 백성이 지키는 3대 절기는 유월절(무교절), 오순절(칠칠절), 초막절(수장절)이다(신 16:16, 대하 8:13).

1) 유월절

이 절기는 이스라엘 백성이 애굽에서 해방된 날을 기념하는 절기이다. 유월절에 이스라엘 백성은 모세의 말을 하나님의 말로 받아 흠 없는 양을 잡아 그 피를 문지방과 문설주에 칠한다. 이날 밤에 애굽 사람들의 모든 초태생이 죽고, 바로의 장자도 죽는다. 그 후에 바로는 강퍅한 마음을 돌이켜 이스라엘 백성을 해방한다. 이스라엘 백성이 애굽에서 해방된 것은 유월절 양이 피를 흘렸기 때문이요, 성도가 구원을 얻게 된 것은 그리스도가 십자가에서 피를 흘리셨기 때문이다. 예수님이 바로 우리의 유월절 양이시다(고전 5:7).

이 유월절은 우리가 예수님의 보혈의 은혜로, 믿음으로 받은 구원을 예표로 가르쳐 준다.

출 12:3-14 : "너희는 이스라엘 회중에게 고하여 이르라 이 달 열흘에 너희 매인이 어린 양을 취할지니 각 가족대로 그 식구를 위하여 어린 양을 취하되…너희 어린 양은 흠 없고 일년 된 수컷으로 하되 양이나 염소 중에서 취하고 이 달 십사일까지 간직하였다가 해 질 때에 이스라엘 회중이 그 양을 잡고 그 피로 양을 먹을 집 문 좌우 설주와 인방에 바르고 그 밤에 그 고기를 불에 구워 무교병과 쓴 나물과 아울러 먹되…이것이 여호와의 유월절이니라 내가 그 밤에 애굽 땅에 두루 다니며 사람과 짐승을 무론하고 애굽 나라 가운데 처음 난 것을 다 치고 애굽의 모든 신에게 벌을 내리리라 나는 여호와로라 내가 애굽 땅을 칠 때에 그 피가 너희의 거하는 집에 있어서 너희를 위하여 표적이 될지라 내가 피를 볼 때에 너희를 넘어가리니 재앙이 너희에게 내려 멸하지 아니하리라 너희는 이 날을 기념하여 여호와의 절기를 삼아 영원한 규례로 대대에 지킬지니라"

신 16:1-3 : "아빕월을 지켜 네 하나님 여호와의 유월절 예식을 행하라 이는 아빕월에 네 하나님 여호와께서 밤에 너를 애굽에서 인도하여 내셨음이라 여호와께서 그 이름을 두시려고 택하신 곳에서 우양으로 네 하나님 여호와께 유월절 제사를 드리되…이같이 행하여 너의 평생에 항상 네가 애굽 땅에서 나온 날을 기억할 것이니라"

2) 오순절

이 절기는 유월절 이후 50일째부터 7일간 지키는 절기로, 이스라엘 백성이 가나안 땅에 들어가 그 땅의 소산으로 양식을 먹으며 첫 추수를 감사하는 절기이다. 이 오순절이 초실절이요, 칠칠절이다.

출 34:22 : "칠칠절 곧 맥추의 초실절을 지키고 가을에는 수장절을 지키라"

오순절에 이스라엘 백성은 밀의 첫 수확을 감사하며 맥추절을 지켰다. 이 오순절은 성도가 구원받은 후 범사에 먼저 하나님께 감사하며 살아가는 성화를 예표로 가르쳐 준다.

오순절에 보혜사 성령님이 강림하셨다(행 2:1-4). 오순절은 성도가 구원받은 후 이 땅에서 성령님의 인도를 따라 감사하며 성화되는 받는 구원을 예표로 가르쳐 준다.

3) 초막절

이 절기는 이스라엘 백성이 마지막 추수를 마치고 알곡과 가라지를 갈라 알곡은 창고에 쌓고, 가라지는 불살라 버리는 추수 감사절기이다. 수장절이라고도 한다.

출 23:16 : "맥추절을 지키라 이는 네가 수고하여 밭에 뿌린 것의 첫 열매를 거둠이니라 수장절을 지키라 이는 네가 수고하여 이룬 것을 연종에 밭에서부터 거두어 저장함이니라"

신 16:13-15 : "너희 타작 마당과 포도주 틀의 소출을 수장한 후에 칠일 동안 초막절을 지킬 것이요 절기를 지킬 때에는 너와 네 자녀와 노비와 네 성중에 거하는 레위인과 객과 고아와 과부가 함께 연락하되 네 하나님 여호와께서 택하신 곳에서 너는 칠일 동안 네 하나님 여호와 앞에서 절기를 지키고 네 하나님 여호와께서 네 모든 물산과 네 손을 댄 모든 일에 복 주실 것을 인하여 너는 온전히 즐거워할지니라"

이 초막절은 주님이 지상에 재림하신 후 흰 보좌 위에 앉으셔서 생명책에 이름이 없는 모든 사람들을 심판하셔서 영원한 지옥에 던져 넣고, 구원받은 사람을 영원한 천국으로 영접하시는 받을 구원을 예표로 가르쳐 준다.

이스라엘 백성이 지키는 3대 절기인 유월절, 오순절, 초막절은 우리에게 받은 구원, 받는 구원, 받을 구원을 예표로 가르쳐 준다.

4. 구약성경 전체에 나오는 제사들

구약성경의 창세기부터 말라기까지 계속해서 제사에 관한 교훈과 명령과 사건들이 나온다. 구약의 이 모든 제사는 예수님이 우리의 죄를 대속하심으로 우리를 구원으로 인도하시는 구원을 가르쳐 주는 것이다.

구약성경에 나오는 번제, 소제, 속죄제, 화목제, 속건제의 제물은 곡물제사인 소제를 제외하고는(소제에는 소금과 향유가 들어가는데, 여기서 소금은 그리스도를 통한 생명의 언약을 상징한다.) 모두 흠 없는 양이나 소가 피를 흘려 제물이 되었다. 이렇게 제사에 흠 없는 제물이 피를 흘린 것은, 죄 없으신 예수님이 우리의 죄를 위해 십자가에서 보혈을 흘려 주심으로 우리를 구원으로 인도할 것을 예표로 가르쳐 준다.

예수님은 우리의 죄를 담당하신 흠 없는 제물이시다.

요 1:29 : "이튿날 요한이 예수께서 자기에게 나아오심을 보고 가로되 보라 세상 죄를 지고 가는 하나님의 어린 양이로다"
고전 5:7 : "너희는 누룩 없는 자인데 새 덩어리가 되기 위하여 묵은 누룩을 내어버리라 우리의 유월절 양 곧 그리스도께서 희생이 되셨느니라"
골 1:20-23 : "그의 십자가의 피로 화평을 이루사 만물 곧 땅에 있는 것들이나 하늘에 있는 것들을 그로 말미암아 자기와 화목케 되기를 기뻐하심이라 전에 악한 행실로 멀리 떠나 마음으로 원수가 되었던 너희를 이제는 그의 육체의 죽음으로 말미암아 화목케 하사 너희를 거룩하고 흠 없고 책망할 것이 없는 자로 그 앞에 세우고자 하셨으니"
요일 4:10 : "사랑은 여기 있으니 우리가 하나님을 사랑한 것이 아니요 오직 하나님이 우리를 사랑하사 우리 죄를 위하여 화목제로 그 아들을 보내셨음이니라"

애굽에서 바로 왕의 노예로 살던 이스라엘 백성을 해방하기 위해 유월절 양이 죽어 그 피가 문설주와 문인방에 발라졌다. 이스라엘 백성은 출애굽 후 대대손손이 유월절을 지켜야 한다.

고린도전서 5장 7절에서는 예수님의 죽음을 유월절 양의 죽음이라 말씀한다.

막 14:12 : "무교절의 첫날 곧 유월절 양 잡는 날에 제자들이 예수께 여짜오되 우리가 어디로 가서 선생님으로 유월절을 잡수시게 예비하기를 원하시나이까 하매"

유대 인의 한 날은 해가 지면서부터 시작해서 다음날 해가 질 때까지이다. 예수님이 제자들과 마지막 유월절 만찬을 드시고 겟세마네 동산에서 기도하시고, 체포당하시고, 재판을 받으시고, 십자가를 지고 운명하신 것이 태양력으로는 목요일 저녁에서 금요일 저녁까지 이틀간의 일이지만 유대력으로는 유월절(목요일 저녁 해가 진 때부터 금요일 저녁 해가 지기까지, 양 잡는 날) 한 날에 다 이루어진 것이다.

예수님이 유월절에 죽으신 것은 예수님이 우리를 죄와 사망에서 구원해 주시는 유월절 양이심을 매우 정확하게 가르쳐 주는 것이다. 예수님이 십자가에서 죽으신 날이 유월절 양을 잡는 날이다. 예수님이 이루시는 구원이 애굽에서 이스라엘 백성을 해방시킨 유월절과 소름이 끼치도록 무서운 통일성을 가진다.

구약성경에 나오는 제사와 절기 제사가 모두 예수님의 구원을 가르쳐 주는 것이다. 예수님을 믿는 것은 예수님의 죽음의 효력이 내 효력이 되는 것이다. 이것이 대속의 죽음의 원리이다. 민수기 21장에 나오는 놋뱀 사건은 예수님을 믿고 구원받는 진리를 매우 잘 가르쳐 준다.

질문 13

민수기에서 불뱀에게 물린 사람이 장대에 달린 놋뱀을 쳐다보면 살아난 것은 어떤 의미인가?

답 :

민수기 21장에 보면 이스라엘 백성이 계속 원망하여 하나님이 그들에게 불뱀을 보내 물게 하시고, 모세가 하나님께 기도하여 하나님께서 놋으로 뱀을 만들어 높은 장대에 매달아 세우게 하셔서, 불뱀에게 물린 사람이 이 놋뱀만 쳐다보면 그 독이 없어져 살게 하셨다.

그런데 예수님은 이 놋뱀과 자신이 십자가에서 죽으실 것을 동일시하시며 이렇게 말씀하신다.

요 3:14-15 : "모세가 광야에서 뱀을 든 것 같이 인자도 들려야 하리니 이는 저를 믿는 자마다 영생을 얻게 하려 하심이니라"
요 12:32-33 : "내가 땅에서 들리면 모든 사람을 내게로 이끌겠노라 하시니 이렇게 말씀하심은 자기가 어떠한 죽음으로 죽을 것을 보이심이러라"

민수기 21장의 놋뱀 사건은 예수 그리스도의 십자가 사건을 예표한 사건으로, 놋뱀 사건은 우리가 십자가에 달리신 예수님을 믿음으로 구원을 얻는 진리를 잘 가르쳐 준다.

첫째, 광야에서 불뱀에게 물린 사람이 살아나는 길은 놋뱀을 쳐다보는 길뿐이었다. 이 길은 모세의 말을 하나님의 말로 받아들이는 믿음의 길이다. 불뱀에게 물린 사람들이 놋뱀을 쳐다보면 낫는다는 것은 지식이나 상식으로는 이해할 수 없는 말이다. 2천 년 전 십자가에 달려 돌아가신 예수님의 보혈과 죽음이 우리의 죄를 정하게 씻어 주어 우리가 예수님을 구주로 믿으면 영생을 얻는다는 복음도 이와 같이 사람의 지식이나 상식으로 믿어지지 않는 말이다.

둘째, 광야에서 불뱀에게 물린 사람에게 이러이러하게 생긴 풀을 뜯어 그 진액을 상처에 바르면 독이 없어진다고 모세가 말했다면 이 말은 믿을 수 있는 말이었다. 그러나 불뱀의 독이 지금 온몸에 퍼져 죽어가고 있는데 장대에 높이 달린 놋뱀만 쳐다보면 독이 없어진다는 말은 인간이 가진 상식과 지식으로는 이해할 수 없는 말이었다.

오늘 세상 사람들에게 누구든 일생 동안 천 가지 선행을 행하거나 일억 원 상당의 구제를 하면 하나님이 그의 죄를 용서해 주셔서 구원받을 수 있다고 말하는 것은, 예수님을 믿기만 하면 모든 죄가 하나님 앞에서 다 용서받고 구원받는다는 말보다 훨씬 믿기 쉬운 말이다.

셋째, 광야에서 불뱀에게 물린 사람이 살아나는 길은 그것이 머리로 믿어지든 안 믿어져서 의심이 나든, 장대에 달린 놋뱀을 쳐다보는 것 오직 한 가지 길이었던 것 같이 오늘 세상 사람들이 하나님 앞에 그 죄를 용서받고 구원받는 길은 지식으로 믿어지지 않아도 십자가에 달려 죽으신 예수님이 내 구세주이시라는 복음을 "예" 하고 받는 길뿐이다.

넷째, 광야에서 들려진 놋뱀과 예수님의 십자가 죽음을 예수님이 친히 동일시하신 것은, 믿음으로 구원 얻는 길에서 믿음의 사건이 지식을 넘어선 것임을 가르쳐 준다. 광야에서 불뱀에게 물려 죽을 때 구원을 주는 믿음은 놋뱀을 쳐다보는 것이었고, 오늘 우리가 죄와 사망에서 구원되는 길은 십자가를 쳐다보는 믿음이다.

질문 14

예수님 이전 사람들은 어떻게 구원을 받는가? 오늘날에도 예수님을 알지 못하는 사람들이 있는데 이들은 어떻게 구원을 받는가?

답 :

구원에 관한 대답은 하나님만 하실 수 있다. 구원에 관한 대답은 성경만이 할 수 있다. 누가 구원을 받았다 못 받았다 하는 말은 성경에 기록된 대로 해야 한다.

예수님 이전의 사람들과 복음이 전해지기 전 사람들의 구원에 관하여는 성경 말씀 두 곳을 보아야 한다.

행 17:30-31 : "알지 못하던 시대에는 하나님이 허물치 아니하셨거니와 이제는 어디든지 사람을 다 명하사 회개하라 이는 정하신 사람으로 하여금 천하를 공의로 심판할 날을 작정하시고 이에 저를 죽은 자 가운데서 다시 살리신 것으로 모든 사람에게 믿을만한 증거를 주셨음이니라 하니라"

롬 2:13-15 : "하나님 앞에서는 율법을 듣는 자가 의인이 아니요 오직 율법을 행하는 자라야 의롭다 하심을 얻으리니 (율법 없는 이방인이 본성으로 율법의 일을 행할 때는 이 사람은 율법이 없어도 자기가 자기에게 율법이 되나니 이런 이들은 그 양심이 증거가 되어 그 생각들이 서로 혹은 송사하며 혹은 변명하여 그 마음에 새긴 율법의 행위를 나타내느니라)"

이 말씀들은 예수님 이전 사람들의 구원의 조건은 믿음이 아니라 양심이라는 것을 가르쳐 준다. 그러면 예수님 이전 혹은 지금도 복음을 전혀 알지 못하는 사람이 양심대로 살면 구원을 얻느냐 하는 질문에 대한 답은 '모른다' 하는 것이다.

성경은 예수님 이전에 유대 인들의 심판 기준은 율법이요, 예수님 이후 이방인들의 심판 기준은 믿음이라고 분명하게 가르쳐 준다.

행 4:11-12 : "이 예수는 너희 건축자들의 버린 돌로서 집 모퉁이의 머릿돌이 되었느니라 다른 이로서는 구원을 얻을 수 없나니 천하 인간에 구원을 얻을 만한 다른 이름을 우리에게 주신 일이 없음이니라 하였더라"

롬 3:20-26 : "그러므로 율법의 행위로 그의 앞에 의롭다 하심을 얻을 육체가 없나니 율법으로는 죄를 깨달음이니라 이제는 율법 외에 하나님의 한 의가 나타났으니 율법과 선지자들에게 증거를 받은 것이라 곧 예수 그리스도를 믿음으로 말미암아 모든 믿는 자에게 미치는 하나님의 의니 차별이 없느니라…이 예수를 하나님이 그의 피로 인하여 믿음으로 말미암는 화목 제물로 세우셨으니 이는 하나님께서 길이 참으시는 중에 전에 지은 죄를 간과하심으로 자기의 의로우심을 나타내려 하심이니 곧 이 때에 자기의 의로우심을 나타내사 자기도 의로우시며 또한 예수 믿는 자를 의롭다 하려 하심이니라"

질문 15

대속의 원리는 무엇인가?

답 :

대속의 원리는 예수님이 받으신 모든 고난, 즉 체포당하심과 재판받으심과 멸시당하심과 십자가에 죽으심과 장사 지냄과 음부에까지 내려가심이 모두 우리를 구원하시기 위해 우리를 대신하는 사건임을 말한다.

성경이 가르쳐 주는 불같이 명확한 진리 몇 가지가 있다.

첫째, 아담 이후 온 인류가 죄 아래 태어나 다 정죄되었고, 죽음과 심판 아래 있다.

둘째, 예수님이 그리스도로 우리의 죄를 대신 담당하심으로 예수님을 그리스도로 믿는 사람은 죄와 사망과 심판에서 해방되었다.

셋째, 이 구원에 이르는 길이 믿음이다. 예수님이 우리의 죄를 대신하셨으므로 예수님 안에 있는 사람, 예수님을 믿는 사람에게는 영생이 주어졌고, 사망에서 생명으로 옮겨졌으며, 심판에 이르지 않게 되었다. 그래서 성경은 이렇게 말씀한다.

> **요 5:24** : "내가 진실로 진실로 너희에게 이르노니 내 말을 듣고 또 나 보내신 이를 믿는 자는 영생을 얻었고 심판에 이르지 아니하나니 사망에서 생명으로 옮겼느니라"

대속의 원리에는 예수님의 대속의 고난이 우리의 모든 죄를 하나님 앞에서 가려지게 해 주신 가리움의 원리, 우리의 죄의 빚(원죄)을 예수님의 대속적 죽음이 다 갚아 주신 보상의 원리, 우리의 모든 죄를 예수님이 대신하신 대신의 원리가 있다.

1. 가리움의 원리

아담과 하와가 하나님 앞에 범죄한 후 그들은 생령의 상태에서("여호와 하나님이 흙으로 사람을 지으시고 생기를 그 코에 불어 넣으시니 사람이 생령이 된지라", 창 2:7) 육체가 되어(창 6:3) 자신들의 수치스러운 부분, 곧 하체를 보게 된다. 그리고 그들은 무화과나무 잎으로 하체를 가린다. 그러나 무화과나무 잎이 말라 부스러지면 그들은 또다시 무화과나무 잎으로 하체를 가려야 했다. 이런 아담과 하와에게 하나님이 가죽옷을 지어 입히신다("여호와 하나님이 아담과 그 아내를 위하여 가죽옷을 지어 입히시니라", 창 3:21).

여기서 하나님이 아담과 하와에게 가죽옷을 지어 입히신 뜻은 다음과 같다.

첫째, 아담과 하와의 힘으로는 그 수치를 가릴 수 없었기 때문이다. 인간은 자기의 행위로 하나님 앞에 수치를 가릴 수 없다. 인간의 선행은 아담이 지어 입은 무화과나무 잎과 같다.

둘째, 아담과 하와의 수치를 가릴 옷은 하나님이 지어 주신 옷이라야 한다는 것이다. 인간의 선행, 인간 세계의 성자들, 즉 석가모니, 마호메트, 공자, 소크라테스의 옷은 다 사람이 만든 것으로, 잠시 인간의 수치를 가려 주는 무화과나무 잎으로 만든 옷이다. 하나님이 지어 주신 옷, 하나님에게서 오신 분은 오직 예수님 한 분이다. 예수님은 하나님이 친히 이 땅에 보내신 유일하신 분이다.

요 8:42 : "예수께서 가라사대 하나님이 너희 아버지였으면 너희가 나를 사랑하였으리니 이는 내가 하나님께로 나서 왔음이라 나는 스스로 온 것이 아니요 아버지께서 나를 보내신 것이니라"

이 말씀에서 아담과 하와에게 하나님이 지어 입히신 옷은 가죽옷으로, 이 가죽은 양가죽이요, 양이 가죽옷이 되기 위해 피를 흘렸으니 이 옷이 예수님이라고 해석을 하는 사람도 있다. 이는 크게 잘못된 것은 아니다. 그러나 이 말씀에서 핵심은 사람이 지어 입은 옷은 수치를 가릴 수 없고, 하나님이 지어 입히신 옷만이 아담과 하와의 수치를 가려 줄 수 있었다는 것으로, 이 말은 이 세상의 어떤 것도, 이 세상의 누구도 하나님이 보내 주신 독생자 예수님 외에는 그 죄를 가릴 수 없다는 것이다.

셋째, 예수님은 우리의 모든 죄를 가려 주시는 우리의 옷, 하나님이 지어 주신 옷이다.

갈 3:26-27 : "너희가 다 믿음으로 말미암아 그리스도 예수 안에서 하나님의 아들이 되었으니 누구든지 그리스도와 합하여 세례를 받은 자는 그리스도로 옷입었느니라"

갈라디아서 3장 26-27절의 "너희가 다 믿음으로 말미암아 그리스도 예수 안에서 하나님의 아들이 되었으니 누구든지 그리스도와 합하여 세례를 받은 자는 그리스도로 옷입었느니라"라는 말씀은 우리가 예수님을 믿어 하나님의 자녀가 된 것, 곧 구원받은 것을 그리스도로 옷입었다고 말한다. 여기서 그리스도는 우리의 죄를 가려 주시는 옷으로, 창세기 3장에서 하나님이 아담과 하와를 위해 지어 주신 가죽옷인 것이다.

롬 13:12-14 : "밤이 깊고 낮이 가까왔으니 그러므로 우리가 어두움의 일을 벗고 빛의 갑옷을 입자 낮에와 같이 단정히 행하고 방탕과 술 취하지 말며 음란과 호색하지 말며 쟁투와 시기하지 말고 오직 주 예수 그리스도로 옷입고 정욕을 위하여 육신의 일을 도모하지 말라"

로마서 13장 14절 말씀도 예수님을 우리가 구원받은 후 입어야 할 옷으로 표현한다("오직 주 예수 그리스도로 옷입고 정욕을 위하여 육신의 일을 도모하지 말라"). 아담에게 하나님이 지어 입히신 가죽옷이 바로 예수님으로, 예수님이 우리의 죄를 하나님 앞에 가려 주는 옷임을 가르쳐 준다.

성경은 예수님이 우리의 죄를 가려 주시는 옷이라고 말씀하고 약속한다. 우리가 예수님을 믿는다는 것은 우리가 예수님이라는 하나님이 지어 주신 옷, 내 죄를 가려 주시는 그리스도라는 옷을 입는 것이다.

2. 보상의 원리

옛날에는 사람이 노예의 자녀로 태어나면 노예가 되었고, 빚을 지고 갚지 못할 경우에도 노예가 되었다. 우리는 모두 아담의 죄의 노예가 된 후 아담으로 인해 출생하므로 날 때부터 죄와 사망의 노예다.

딤전 2:5-6 : "하나님은 한 분이시요 또 하나님과 사람 사이에 중보도 한 분이시니 곧 사람이신 그리스도 예수라 그가 모든 사람을 위하여 자기를 속전으로 주셨으니 기약이 이르면 증거할 것이라"

노예의 신분에서 해방되려면 속전을 치러야 했다. 예수님은 우리를 죄와 사망의 노예에서 해방시키신 속전이다. 예수님이 우리의 죗값을 모두 지불하셨다. 그리하여 우리는 그리스도의 피 값으로 속죄받았고, 구원받았고, 그리스도의 것이 되었다.

고전 6:20 : "값으로 산 것이 되었으니 그런즉 너희 몸으로 하나님께 영광을 돌리라"
고전 7:23 : "너희는 값으로 사신 것이니 사람들의 종이 되지 말라"
갈 3:13 : "그리스도께서 우리를 위하여 저주를 받은바 되사 율법의 저주에서 우리를 속량하셨으니 기록된바 나무에 달린 자마다 저주 아래 있는 자라 하였음이라"
갈 4:5 : "율법 아래 있는 자들을 속량하시고 우리로 아들의 명분을 얻게 하려 하심이라"
벧전 2:9 : "오직 너희는 택하신 족속이요 왕 같은 제사장들이요 거룩한 나라요 그의 소유된 백성이니 이는 너희를 어두운 데서 불러 내어 그의 기이한 빛에 들어가게 하신 자의 아름다운 덕을 선전하게 하려 하심이라"

성경은 예수님이 우리의 모든 죗값을 지불하신 속전이 되셨고, 우리는 그리스도가 자신의 피 값으로 우리를 사신 하나님의 백성, 그리스도의 소유가 되었다고 말씀한다. 그리스도가 우리의 모든 죗값을 보상해 주셨다. 그러므로 우리는 이제 더 이상 죄의 노예가 아니다.

믿음은 예수님을 그리스도로 받는 것이요, 이것은 예수님이 내 죄를 보상해 주신 사실을 받아들이는 것이다.

3. 대신의 원리

요 5:39 : "너희가 성경에서 영생을 얻는 줄 생각하고 성경을 상고하거니와 이 성경이 곧 내게 대하여 증거하는 것이로다"

성경의 모든 사건, 모든 말씀은 예수님에 대한 증거로, 예수님이 그리스도임을 가르쳐 준다. 구약성경에 나오는 많은 제사의 사건들이 예수님이 우리의 죄를 대신하심을 증거하는 것이다. 이스라엘 백성이 범죄하여 하나님을 만날 수 없을 때, 흠 없는 희생 제물이 대신 피를 흘리고 죽는 제사를 통해 하나님은 죄 있는 이스라엘 백성을 만나시고 용서하시게 된다. 구약의 모든 제사의 제물은 예수님을 상징하는 것으로, 예수님이 우리의 죄를 대신 담당하실 것을 가르쳐 준다.

1) 예수님이 우리의 죄를 담당해 주셨고, 대신 해결해 주셨다.

롬 4:25 : "예수는 우리 범죄함을 위하여 내어줌이 되고 또한 우리를 의롭다 하심을 위하여 살아나셨느니라"
롬 5:6-8 : "우리가 아직 연약할 때에 기약대로 그리스도께서 경건치 않은 자를 위하여 죽으셨도다 의인을 위하여 죽는 자가 쉽지 않고 선인을 위하여 용감히 죽는 자가 혹 있거니와 우리가 아직 죄인 되었을 때에 그리스도께서 우리를 위하여 죽으심으로 하나님께서 우리에게 대한 자기의 사랑을 확증하셨느니라"
고전 15:3 : "내가 받은 것을 먼저 너희에게 전하였노니 이는 성경대로 그리스도께서 우리 죄를 위하여 죽으시고"

고후 5:14 : "그리스도의 사랑이 우리를 강권하시는도다 우리가 생각건대 한 사람이 모든 사람을 대신하여 죽었은즉 모든 사람이 죽은 것이라"

고후 5:21 : "하나님이 죄를 알지도 못하신 자로 우리를 대신하여 죄를 삼으신 것은 우리로 하여금 저의 안에서 하나님의 의가 되게 하려 하심이니라"

갈 1:4 : "그리스도께서 하나님 곧 우리 아버지의 뜻을 따라 이 악한 세대에서 우리를 건지시려고 우리 죄를 위하여 자기 몸을 드리셨으니"

벧전 2:24 : "친히 나무에 달려 그 몸으로 우리 죄를 담당하셨으니 이는 우리로 죄에 대하여 죽고 의에 대하여 살게 하려 하심이라 저가 채찍에 맞음으로 너희는 나음을 얻었나니"

벧전 3:18 : "그리스도께서도 한번 죄를 위하여 죽으사 의인으로서 불의한 자를 대신하셨으니 이는 우리를 하나님 앞으로 인도하려 하심이라 육체로는 죽임을 당하시고 영으로는 살리심을 받으셨으니"

2) 그리스도의 죽음은 우리를 대신한 죽음이다.

그리스도는 죄가 없으신 분이지만(히 4:15), 우리의 죄를 대신하여 죽으심으로 우리를 죄와 사망에서 해방하신 것이다. 이사야 선지자는 앞으로 오실 메시아, 그리스도에 대하여 이렇게 말한다.

사 53:4-11 : "그는 실로 우리의 질고를 지고 우리의 슬픔을 당하였거늘 우리는 생각하기를 그는 징벌을 받아서 하나님에게 맞으며 고난을 당한다 하였노라 그가 찔림은 우리의 허물을 인함이요 그가 상함은 우리의 죄악을 인함이라 그가 징계를 받음으로 우리가 평화를 누리고 그가 채찍에 맞음으로 우리가 나음을 입었도다 우리는 다 양 같아서 그릇 행하여 각기 제 길로 갔거늘 여호와께서는 우리 무리의 죄악을 그에게 담당시키셨도다…그가 곤욕과 심문을 당하고 끌려 갔으니 그 세대 중에 누가 생각하기를 그가 산 자의 땅에서 끊어짐은 마땅히 형벌 받을 내 백성의 허물을 인함이라 하였으리요 그는 강포를 행치 아니하였고 그 입에 궤사가 없었으나 그 무덤이 악인과 함께 되었으며 그 묘실이 부자와 함께 되었도다 여호와께서 그로 상함을 받게 하시기를 원하사 질고를 당케 하셨은즉 그 영혼을 속건제물로 드리기에 이르면…나의 의로운 종이 자기 지식으로 많은 사람을 의롭게 하며 또 그들의 죄악을 친히 담당하리라"

하나님은 예수님의 고난과 십자가가 죄인인 우리를 대신할 것을 이사야 선지자를 통해 말씀하셨다.

히브리서 9장에서 하나님은 이렇게 말씀하신다.

히 9:11-14 : "그리스도께서 장래 좋은 일의 대제사장으로 오사 손으로 짓지 아니한 곧 이 창조에 속하지 아니한 더 크고 온전한 장막으로 말미암아 염소와 송아지의 피로 아니하고 오직 자기 피로 영원한 속죄를 이루사 단번에 성소에 들어가셨느니라 염소와 황소의 피와 및 암송아지의 재로 부정한 자에게 뿌려 그 육체를 정결케 하여 거룩케 하거든 하물며 영원하신 성령으로 말미암아 흠 없는 자기를 하나님께 드린 그리스도의 피가 어찌 너희 양심으로 죽은 행실에서 깨끗하게 하고 살아계신 하나님을 섬기게 못하겠느뇨"

예수 그리스도의 십자가의 속죄제는 우리의 죄를 단번에 깨끗하게 하신 것이요, 이 예수님의 속죄제로 우리는 영생을 얻게 된 것이다. 이것이 대속의 원리요, 이 대속의 원리는 믿음으로 받아들이는 사람에게만 유효한 것이다. 그래서 믿음으로 구원받는 것이요, 믿음 밖의 사람은 여전히 죽음과 심판 아래 있는 것이다.

3) 예수님이 받으신 재판은 우리의 모든 죄를 대신하신 것이다.

예수님이 우리의 죄를 대신하여 받으신 재판에는 대제사장 가야바 앞에서의 종교 재판, 빌라도 법정의 국법 재판, 무리 앞에 조롱을 받은 민속법 재판의 세 가지가 있다.

(1) 대제사장 가야바 앞에서의 재판

마 26:57-68 : "예수를 잡은 자들이 끌고 대제사장 가야바에게로 가니 거기 서기관과 장로들이 모여 있더라…대제사장이 가로되 내가 너로 살아 계신 하나님께 맹세하게 하노니 네가 하나님의 아들 그리스도인지 우리에게 말하라 예수께서 가라사대 네가 말하였느니라 그러나 내가 너희에게 이르노니 이 후에 인자가 권능의 우편에 앉은 것과 하늘 구름을 타고 오는 것을 너희가 보리라 하시니 이에 대제사장이 자기 옷을 찢으며 가로되 저가 참람한 말을 하였으니 어찌 더 증인을 요구하리요 보라 너희가 지금 이 참람한 말을 들었도다 생각이 어떠하뇨 대답하여 가로되 저는 사형에 해당하니라 하고 이에 예수의 얼굴에 침 뱉으며 주먹으로 치고 혹은 손바닥으로 때리며 가로되 그리스도야 우리에게 선지자 노릇을 하라 너를 친 자가 누구냐 하더라"

예수님이 대제사장 가야바 앞에서 받은 재판은 종교법, 유대법에 의한 재판으로, 예수님은 이 재판에서 하나님을 모욕한 참람죄로 사형을 언도받는다. 예수님은 내가 지은 종교법 상의 최고의 형벌인 사형죄를 대신하여 정죄되셨다.

(2) 빌라도 법정의 재판

마 27:11-14 : "예수께서 총독 앞에 섰으매 총독이 물어 가로되 네가 유대인의 왕이냐 예수께서 대답하시되 네 말이 옳도다 하시고 대제사장들과 장로들에게 고소를 당하되 아무 대답도 아니하시는지라 이에 빌라도가 이르되 저희가 너를 쳐서 얼마나 많은 것으로 증거하는지 듣지 못하느냐 하되 한마디도 대답지 아니하시니 총독이 심히 기이히 여기더라"

> 마 27:22-26 : "빌라도가 가로되 그러면 그리스도라 하는 예수를 내가 어떻게 하랴 저희가 다 가로되 십자가에 못 박혀야 하겠나이다 빌라도가 가로되 어찜이뇨 무슨 악한 일을 하였느냐 저희가 더욱 소리질러 가로되 십자가에 못 박혀야 하겠나이다 하는지라 빌라도가 아무 효험도 없이 도리어 민란이 나려는 것을 보고 물을 가져다가 무리 앞에서 손을 씻으며 가로되 이 사람의 피에 대하여 나는 무죄하니 너희가 당하라 백성이 다 대답하여 가로되 그 피를 우리와 우리 자손에게 돌릴지어다 하거늘 이에 바라바는 저희에게 놓아주고 예수는 채찍질하고 십자가에 못 박히게 넘겨주니라"

예수님은 빌라도에게 로마 국법에 의한 재판을 받는다. 빌라도는 예수님이 무죄하심을 알면서도 민란이 일어날 것을 두려워하여 죄 없으신 예수님에게 로마법 최고의 형벌인 십자가에 못 박는 사형을 언도한다.

예수님은 내가 범하는 국법 앞의 최고의 죄를 대신하여 정죄당하신다.

(3) 무리 앞에서 온갖 조롱을 받으신 재판

> 마 27:27-31 : "이에 총독의 군병들이 예수를 데리고 관정 안으로 들어가서 온 군대를 그에게로 모으고 그의 옷을 벗기고 홍포를 입히며 가시 면류관을 엮어 그 머리에 씌우고 갈대를 그 오른손에 들리고 그 앞에서 무릎을 꿇고 희롱하여 가로되 유대인의 왕이여 평안할지어다 하며 그에게 침 뱉고 갈대를 빼앗아 그의 머리를 치더라 희롱을 다한 후 홍포를 벗기고 도로 그의 옷을 입혀 십자가에 못 박으려고 끌고 나가니라"

예수님은 사형을 언도받고 다시 군인들 앞에 끌려가 옷을 벗기고, 가시로 만든 관을 쓰고, 뺨 맞고 침 뱉음을 당하고, 채찍에 맞으신다. 사형을 언도받은 사람을 모욕하며 희롱하는 것은 파렴치한 죄를 범한 치한에게 행했던 불문법의 재판이다. 예수님은 내가 범한 파렴치죄까지 대신하여 정죄당하신다.

예수님은 내가 범한 종교법 앞의 죄, 국법 앞의 죄, 파렴치죄까지 대신하여 재판받고 정죄당하셨다. 우리는 예수님 안에서 이 모든 죄를 용서받아 정죄에서 완전하게 해방된다.

롬 8:1-2 : "그러므로 이제 그리스도 예수 안에 있는 자에게는 결코 정죄함이 없나니 이는 그리스도 예수 안에 있는 생명의 성령의 법이 죄와 사망의 법에서 너를 해방하였음이라"

롬 8:33-34 : "누가 능히 하나님의 택하신 자들을 송사하리요 의롭다 하신 이는 하나님이시니 누가 정죄하리요 죽으실 뿐 아니라 다시 살아나신 이는 그리스도 예수시니 그는 하나님 우편에 계신 자요 우리를 위하여 간구하시는 자시니라"

4) 예수님은 내가 죽어서 가야 할 음부에까지 대신 가신다.

시 16:10 : "이는 내 영혼을 음부에 버리지 아니하시며 주의 거룩한 자로 썩지 않게 하실 것임이니이다"

엡 4:9-10 : "올라가셨다 하였은즉 땅 아랫 곳으로 내리셨던 것이 아니면 무엇이냐 내리셨던 그가 곧 모든 하늘 위에 오르신 자니 이는 만물을 충만케 하려 하심이니라"

벧전 3:18-19 : "그리스도께서도 한번 죄를 위하여 죽으사 의인으로서 불의한 자를 대신하셨으니 이는 우리를 하나님 앞으로 인도하려 하심이라 육체로는 죽임을 당하시고 영으로는 살리심을 받으셨으니 저가 또한 영으로 옥에 있는 영들에게 전파하시니라"

벧전 4:4-6 : "이러므로 너희가 저희와 함께 그런 극한 방탕에 달음질하지 아니하는 것을 저희가 이상히 여겨 비방하나 저희가 산 자와 죽은 자 심판하기를 예비하신 자에게 직고하리라 이를 위하여 죽은 자들에게도 복음이 전파되었으니 이는 육체로는 사람처럼 심판을 받으나 영으로는 하나님처럼 살게 하려 함이니라"

5) 그리스도가 음부에 내려가셨다는 신앙 고백은 사도신경 중 "아퀼레이안의 사도신경(AD 390)" 에서 최초로 발견된다. 그리고 후에 로마형의 사도신경에서 다시 "장사 지내시고 음부에 내려가셨다" 라고 표현되어 있다.

예수님은 우리의 죄를 대신하여 재판받아 정죄당하셨고, 우리 대신 십자가에서 죽으셨으며, 우리 대신 음부에까지 가셨다. 예수님이 우리의 모든 죄를 대신해 주셨다는 것이 복음이요, 성경의 선포요, 약속이다.

결국 우리가 예수님을 믿는다는 것은 이렇게 예수님이 우리의 죄를 다 가리어 주셨고, 보상해 주셨고, 대신해 주셨다고 하는 복음을 "예" 하고 받아들이는 것이다.

질문 16

히브리서 11장에 나오는 "믿음은 바라는 것들의 실상이요 보지 못하는 것들의 증거"라는 말씀과 예수님을 영접하는 믿음과는 어떤 연관성이 있는가?

답 :

히브리서 11장은 믿음장으로, 믿음을 바라는 것들의 실상이요, 보지 못한 것들의 증거라고 정의한다. 그리고 계속하여 믿음의 예를 들면서 바라는 것의 실상이 어떤 것이며, 보지 못한 것들의 증거가 어떤 것인지를 설명한다.

믿음은 하나님의 말씀, 하나님의 약속을 환영하므로 바라는 것들의 실상이 이루어지고, 보지 못한 것들의 증거가 이루어진다.

히 11:13 : "이 사람들은 다 믿음을 따라 죽었으며 약속을 받지 못하였으되 그것들을 멀리서 보고 환영하며 또 땅에서는 외국인과 나그네로라 증거하였으니"

히브리서 11장에서 믿음의 선진들의 믿음을 설명하면서 믿음을 하나님의 말씀을 환영, 곧 "예" 하고 받아들이는 것이라고 한다.

히브리서 11장에 나오는 아브라함과 사라의 믿음은 어떤 것인가? 창세기 17장을 보면 하나님께서 아브라함의 나이 99세 때 사라를 통해 복의 근원이 되는 아들을 주리라 약속하시지만 아브라함은 이 약속을 믿지 못하고 이스마엘이나 잘살게 해 달라고 말한다.

창 17:1-7 : "아브람의 구십구세 때에 여호와께서 아브람에게 나타나서 그에게 이르시되 나는 전능한 하나님이라 너는 내 앞에서 행하여 완전하라 내가 내 언약을 나와 너 사이에 세워 너로 심히 번성케 하리라 하시니 아브람이 엎드린대 하나님이 또 그에게 일러 가라사대 내가 너와 내 언약을 세우니 너는 열국의 아비가 될지라 이제 후로는 네 이름을 아브람이라 하지 아니하고 아브라함이라 하리니 이는 내가 너로 열국의 아비가 되게 함이니라 내가 너로 심히 번성케 하리니 나라들이 네게로 좇아 일어나며 열왕이 네게로 좇아 나리라 내가 내 언약을 나와 너와 네 대대 후손의 사이에 세워서 영원한 언약을 삼고 너와 네 후손의 하나님이 되리라"

창 17:15-19 : "하나님이 또 아브라함에게 이르시되 네 아내 사래는 이름을 사래라 하지 말고 그 이름을 사라라 하라 내가 그에게 복을 주어 그로 네게 아들을 낳아주게 하며 내가 그에게 복을 주어 그로 열국의 어미가 되게 하리니 민족의 열왕이 그에게서 나리라 아브라함이 엎드리어 웃으며 심중에 이르되 백세 된 사람이 어찌 자식을 낳을까 사라는 구십세니 어찌 생산하리요 하고 아브라함이 이에 하나님께 고하되 이스마엘이나 하나님 앞에 살기를 원하나이다 하나님이 가라사대 아니라 네 아내 사라가 정녕 네게 아들을 낳으리니 너는 그 이름을 이삭이라 하라 내가 그와 내 언약을 세우리니 그의 후손에게 영원한 언약이 되리라"

창세기 18장에 보면 사라도 하나님이 그에게 아들을 주실 것이라고 하신 약속을 믿지 못하고 속으로 비웃는다.

창 18:9-15 : "그들이 아브라함에게 이르되 네 아내 사라가 어디 있느냐 대답하되 장막에 있나이다 그가 가라사대 기한이 이를 때에 내가 정녕 네게로 돌아오리니 네 아내 사라에게 아들이 있으리라 하시니 사라가 그 뒤 장막 문에서 들었더라 아브라함과 사라가 나이 많아 늙었고 사라의 경수는 끊어졌는지라 사라가 속으로 웃고 이르되 내가 노쇠하였고 내 주인도 늙었으니 내게 어찌 낙이 있으리요 여호와께서 아브라함에게 이르시되 사라가 왜 웃으며 이르기를 내가 늙었거늘 어떻게 아들을 낳으리요 하느냐 여호와께 능치 못한 일이 있겠느냐 기한이 이를 때에 내가 네게로 돌아오리니 사라에게 아들이 있으리라 사라가 두려워서 승인치 아니하여 가로되 내가 웃지 아니하였나이다 가라사대 아니라 네가 웃었느니라"

아브라함이 100세, 사라가 90세 때에 사라의 경수가 끊어지고 아브라함은 생식 능력을 잃은 상태에서 하나님이 자신들을 통해 아들을 낳게 하신다고 할 때 그들은 믿지 않고 비웃었으며, 사라는 비웃지 않았다고 거짓말까지 한다. 그런데 창세기 21장을 보면 아브라함은 사라를 통해 아들 이삭을 얻게 된다.

창 21:1-3 : "여호와께서 그 말씀대로 사라를 권고하셨고 여호와께서 그 말씀대로 사라에게 행하셨으므로 사라가 잉태하고 하나님의 말씀하신 기한에 미쳐 늙은 아브라함에게 아들을 낳으니 아브라함이 그 낳은 아들 곧 사라가 자기에게 낳은 아들을 이름하여 이삭이라 하였고"

아브라함이 사라를 통하여 낳은 아들 이삭은 기적으로 하늘에서 떨어진 아들이 아니다. 이삭은 아브라함과 사라의 정상적인 육체 관계를 통해 잉태하여 생산한 아들이다. 아브라함도, 사라도 하나님이 아들을 주신다고 했을 때 불신하고 비웃었지만 아브라함은 하나님의 말씀을 좇아 사라와 육체 관계를 시도했고, 그때 아브라함과 사라의 생식 능력이 회복되어 사라는 잉태하게 된다. 아브라함은 이후에 후처 그두라를 취하여 6남매를 더 얻는다(창 25:1-2).

믿음은 곧 머리나 지식으로 믿어지지 않는 말씀이라 할지라도 하나님의 말씀을 환영하고 좇아가는 순종이다. 믿음은 하나님의 약속을 환영하고 받는 것이요, 그래서 내 지식을 물리치고 하나님의 말씀대로 좇아가는 것이다(창 12:4). 이런 믿음의 결과가 바라는 것의 실상으로, 보지 못한 것의 증거로 아브라함과 사라에게 아들 이삭이 주어진다.

오늘 우리에게 믿음은 하나님의 약속, 곧 예수님이 그리스도시요, 예수님을 믿으면 죽어도 살고 영생을 얻는다는 약속을 환영하는 것이다. 믿는 사람과 안 믿는 사람의 차이는, 믿는 사람은 영생하는 나라, 부활을 보았고, 안 믿는 사람은 영생, 하나님의 나라를 못 보았다는 것이 아니다. 믿는 사람도 안 믿는 사람도 똑같이 영생하는 하나님 나라를 못 보았지만 믿는 사람은 영생의 약속을 환영하는 사람들이고, 안 믿는 사람은 하나님의 약속을 지식으로 이해할 수 없다고 거절하는 사람들이다.

히브리서 11장에 나오는 믿음의 선진들인 아벨, 에녹, 노아, 아브라함은 영생의 나라를 약속받았을 뿐 모두 그 영생을 이 땅에서 받은 것은 아니었다. 그러나 그들은 이 땅에서 이 하나님의 약속을 환영하였다. 이렇게 마음으로 하나님의 약속을 받는 것이 환영이요, 이것이 곧 믿음이다.

우리를 구원하는 믿음은 지식으로 아는 믿음이 아니고 예수님이 그리스도, 곧 예수님이 내 구세주가 되셨다는 복음을 마음으로 받는 믿음이다. 이스라엘 백성이 애굽에서 해방되던 날, 이스라엘 백성이 유월절 양의 피를 그 문인방과 문설주에 바른 것은 유월절 양의 피를 문인방과 문설주에 바르면 죽을 초태생이 살 수 있고, 죄 없는 초태생도 이 유월절 양의 피가 없으면 죽는다는 모세의 말을 머리로 받고 지식으로 믿어 순종한 것이 아니다. 그들은 이 사건 전에 이미 아홉 가지 기적을 보았기 때문에 모세의 말이 그들의 지식에 맞지 않아도 하나님의 말씀으로 믿고 받게 된다. 그래서 그들은 모세의 말대로 유월절 밤에 흠 없는 양을 잡아 그 피를 문의 인방과 설주에 발랐고, 그래서 그 밤에 사망의 천사가 애굽을 행하며 모든 초태생을 죽일 때 하나님의 약속대로 사망의 천사가 유월절 양의 피를 바른 집에는 들어가지 않고 넘어갔다. 그리하여 이스라엘 백성의 초태생, 장자는 하나도 죽지 않았고, 애굽의 초태생, 모든 장자는 바로 왕의 첫아들로부터 모두 죽었으며, 강퍅한 바로 왕은 이스라엘 백성을 해방하게 된다. 이 유월절 사건은 믿음이 어떤 것인지를 잘 보여 준다.

우리를 구원하는 믿음은 하나님의 말씀, 곧 하나님의 약속(예수님이 구세주로 믿음 안에 영생이 있다는 복음)이 머리로, 이성으로 믿어지지 않아도 그것을 받아들여 환영하는 것이다. 이것이 곧 예수님을 믿음으로 영접하는 것이다.

히브리서에서는 믿음을 바라는 것들에 대한 하나님의 약속(영생), 보지 못한 것들(영생)을 환영("예")함으로 그 실상과 증거를 갖는 것이라 말한다.

질문 17

믿음으로 구원받은 증거는 무엇인가?

답 :

어떤 사람은 확신이 있어야 구원받은 것이라 말하고, 어떤 사람은 믿음의 체험, 성령의 체험이 있어야 구원받은 것이라고 말한다. 또 어떤 사람은 하나님의 말씀대로 선하게 살아야 구원을 받는다고 말한다. 그러나 성경 어디에도 확신으로 구원을 받는다거나 신령한 체험으로 구원을 받는다거나 선행으로 구원을 받는다는 말은 없다. 성경은 믿음만이 구원을 받는 길이라고 거듭해서 말한다.

그러나 여기에 문제가 있다. 예수님을 믿고, 그래서 예수님을 구세주로 영접하고, 시인하고, 오랫동안 교회 다니며 충성했음에도 불구하고 사람이 죽어도 부활하여 영생을 얻는다는 복음이 자꾸 의심이 나는 것이다. 우리가 구원받은 증거가 무엇인가?

우리는 중생의 증거를 사람이 갖는 확신에서 찾으면 안 된다. 확신은 언젠가 의심으로 변할 수도 있기 때문이다. 구원의 증거는 지식에서도 찾을 수 없다. 인간의 지식은 죽음 다음의 일에 전혀 무지하기 때문이다. 구원의 증거를 특별한 경험, 즉 방언을 할 수 있다거나 어떤 환상을 본 것에서 찾아도 안 된다. 이런 특별한 경험은 구원받은 사람에게 모두 똑같이 있는 것도 아니고, 똑같은 것도 아니기 때문이다.

믿음으로 구원받은 증거는 천지가 없어져도 일점일획도 없어지지 않는 하나님의 말씀 안에 있다. 중생의 증거는 우리가 예수님을 믿을 때 중생했고 하나님의 자녀가 되었다고 하시는 하나님의 말씀(성경 말씀)보다 더 확실한 것은 없다. 아래의 말씀들은 우리가 믿음으로 구원받은 증거를 확실하게 해 준다.

요 1:12-13 : "영접하는 자 곧 그 이름을 믿는 자들에게는 하나님의 자녀가 되는 권세를 주셨으니 이는 혈통으로나 육정으로나 사람의 뜻으로 나지 아니하고 오직 하나님께로서 난 자들이니라"

요 5:24 : "내가 진실로 진실로 너희에게 이르노니 내 말을 듣고 또 나 보내신 이를 믿는 자는 영생을 얻었고 심판에 이르지 아니하나니 사망에서 생명으로 옮겼느니라"

요 6:47-48 : "진실로 진실로 너희에게 이르노니 믿는 자는 영생을 가졌나니 내가 곧 생명의 떡이로라"

요 10:28-29 : "내가 저희에게 영생을 주노니 영원히 멸망치 아니할 터이요 또 저희를 내 손에서 빼앗을 자가 없느니라 저희를 주신 내 아버지는 만유보다 크시매 아무도 아버지 손에서 빼앗을 수 없느니라"

요 15:16 : "너희가 나를 택한 것이 아니요 내가 너희를 택하여 세웠나니 이는 너희로 가서 과실을 맺게 하고 또 너희 과실이 항상 있게 하여 내 이름으로 아버지께 무엇을 구하든지 다 받게 하려 함이니라"

롬 5:1 : "그러므로 우리가 믿음으로 의롭다 하심을 얻었은즉 우리 주 예수 그리스도로 말미암아 하나님으로 더불어 화평을 누리자"

롬 10:10-13 : "사람이 마음으로 믿어 의에 이르고 입으로 시인하여 구원에 이르느니라 성경에 이르되 누구든지 저를 믿는 자는 부끄러움을 당하지 아니하리라 하니 유대인이나 헬라인이나 차별이 없음이라 한 주께서 모든 사람의 주가 되사 저를 부르는 모든 사람에게 부요하시도다 누구든지 주의 이름을 부르는 자는 구원을 얻으리라"

고전 12:3 : "그러므로 내가 너희에게 알게 하노니 하나님의 영으로 말하는 자는 누구든지 예수를 저주할 자라 하지 않고 또 성령으로 아니하고는 누구든지 예수를 주시라 할 수 없느니라"

갈 2:16 : "사람이 의롭게 되는 것은 율법의 행위에서 난 것이 아니요 오직 예수 그리스도를 믿음으로 말미암는 줄 아는 고로 우리도 그리스도 예수를 믿나니 이는 우리가 율법의 행위에서 아니고 그리스도를 믿음으로서 의롭다 함을 얻으려 함이라 율법의 행위로서는 의롭다 함을 얻을 육체가 없느니라"

엡 2:8-9 : "너희가 그 은혜를 인하여 믿음으로 말미암아 구원을 얻었나니 이것이 너희에게서 난 것이 아니요 하나님의 선물이라 행위에서 난 것이 아니니 이는 누구든지 자랑치 못하게 함이니라"

(요일 5:10-13, 롬 3:23-30, 8:16-17)

하나님은 거듭해서 믿는 사람이 구원을 얻어 하나님의 자녀가 되었다고 말씀한다. 우리가 믿음으로 구원을 받았으므로 영생을 얻었고, 하나님의 자녀가 되었고, 심판에 이르지 않게 되었고, 부활 영생하게 된 것이다.

우리는 내 부모가 정말 나의 부모라는 사실을 증명할 수 없다. 나를 잉태하고 낳아 주신 분이 지금의 내 부모인지 확인할 수 없다. 나는 어디서 주워 온 자식일 수도 있다. 내가 내 부모의 자녀라는 것을 가장 확실하게, 가장 바로 아는 사람은 내 부모다. 내 부모가 거짓말하지 않고 내가 내 부모의 자녀라고 말하면 이보다 더 확실한 증거는 없다. 이처럼 하나님께서 우리가 믿음으로 하나님의 자녀가 되었다고, 하나님이 나를 택해 구원해 주셨다고 말씀하신다. 이 하나님의 말씀이 가장 확실한 중생의 증거이다.

질문 **18**

우리의 지식과 이성으로 부활과 영생을 증명할 수 있는가?

답 :

이성과 지식은 이 세상에서 경험하여 알 수 있는 것들에 관하여만 설명이 가능하다. 오늘날은 지식과 과학이 엄청난 속도로 발전하고 있다. 인터넷과 우주과학, 생명과학도 엄청난 속도로 발전하고 있다.

그렇더라도 아주 분명한 것은, 과학과 지식이 아무리 발전해도 생명과 죽음, 죽음 후의 일을 설명하지 못한다는 것이다. 생명과 죽음, 죽음 이후의 일은 하나님만의 영역이기 때문이다. 하나님은 증명되지 않는 존재이다. 증명되는 존재는 지식일 뿐 결코 전능하지도, 전지하지도 않은 존재이다. 인간의 지식이 전지전능하지 않기 때문이다. 하나님의 세계, 죽음과 생명, 부활과 영생은 하나님의 말씀을 믿음으로만 알 수 있는 세계이다.

우리는 믿음과 지식을 상반되는 것으로 알기 쉽다. 왜냐하면 믿음은 지식으로 알 수 없는 신비한 것을 내 것으로 받는 것이기 때문이다. 그러나 우리를 구원하는 믿음은 결코 무지에서 출발할 수 없다.

우리가 바른 믿음에 들어가기 위해서는 그리스도와 성경에 관한 바른 지식이 있어야 한다. 이 세상 누구도 그리스도를 가르쳐 주는 구약의 많은 교훈과 예언, 예표적 사건과 신약의 여러 가지 그리스도의 말씀을 모르고서 그리스도를 주로 믿을 수 없는 것이다. "믿음은 들음에서 나며 들음은 그리스도의 말씀으로 말미암았느니라"(롬 10:17)라는 말씀이 이 사실을 보증해 준다. 그러나 믿음은 항상 지식에 머물지 않고 지식을 초월한다. 여기서 믿음이 지식을 초월한다는 것은 믿음에 지식이 전혀 상관 없다는 말이 아니다.

신앙은 어떤 것에 대한 찬동이요, 이 찬동을 통해 확신에 이르게 된다. 우리가 예수님을 믿는다고 할 때 이 믿음은 예수 그리스도에 대한 진리에 찬동하는 것이다. 요한복음 1장 12절의 "영접하는 자 곧 그 이름을 믿는 자들"이란 말에서 영접한다는 것은 예수라는 이름('예수'라는 말의 뜻은 '예수님은 구원이시다' 이다.), 곧 예수님이 구세주라는 말을 찬동하고 받는 것이다. 영어로는 receive이다. 모든 진리는 그 진리에 내가 찬동할 때만 나의 진리가 된다. 어떤 약속은 받아들이는 사람에게만 그 약속이 실질적으로 내 것이 된다. 우리를 구원하는 믿음은 예수님이 그리스도이시라는 성경 전체에 약속된 진리에 내가 찬동하는 것을 통해 내게 주어진다. 성경 말씀에 찬동해야 확신 속에 들어간다. 확신하여야 찬동할 수 있는 것은 세상적인 진리이지만 믿음의 진리, 구원의 진리는 먼저 찬동해야 확신하게 된다. 이 일에 성령님이 역사하신다.

사 7:9 : "만일 너희가 믿지 아니하면 정녕히 굳게 서지 못하리라 하셨다 할지니라"

고전 12:3 : "그러므로 내가 너희에게 알게 하노니 하나님의 영으로 말하는 자는 누구든지 예수를 저주할 자라 하지 않고 또 성령으로 아니하고는 누구든지 예수를 주시라 할 수 없느니라"

예수님이 그리스도이심을 믿지 않는 한 우리는 진리에 굳게 설 수 없다. 어거스틴은 당대의 지식인으로, 자기의 지식으로 영생의 진리에 이르기 위해 철학, 논리학을 공부했고, 마니교에도 심취했지만 영생의 진리를 먼저 믿지 아니하면(받지 아니하면) 정녕히 굳게 서지 못함을 이사야서 말씀을 통해 깨닫고 비로소 확신할 수 있었다(사 7:9).

믿음은 복음에 대한 찬동, 곧 복음을 내가 찬동하여 받는 것이다. 이성과 지식으로 부활과 영생은 증명되지 않는다. 믿음으로 이 진리는 살아 있는 내 진리가 되는 것이다. 구원의 진리는 지식으로 받아들여지지 않는다. 오직 성령님이 그렇게 하게 하셔서 예수님을 그리스도로 받게 되는 것이다. 그래서 구원은 하나님이 주시는 은혜로만 얻는 것이다(고전 12:3, 사도행전에 나오는 모든 구원의 사건들).

엡 2:8-10 : "너희가 그 은혜를 인하여 믿음으로 말미암아 구원을 얻었나니 이것이 너희에게서 난 것이 아니요 하나님의 선물이라 행위에서 난 것이 아니니 이는 누구든지 자랑치 못하게 함이니라 우리는 그의 만드신 바라 그리스도 예수 안에서 선한 일을 위하여 지으심을 받은 자니 이 일은 하나님이 전에 예비하사 우리로 그 가운데서 행하게 하려 하심이니라"

성도는 구원 영생이 의심될 때마다 다시 하나님의 말씀, 즉 성경으로 돌아가야 한다. 사람의 지식으로는 천년만년 연구해도 영생의 진리를 알 수 없다.

질문 19

믿음의 은혜, 구원의 은혜는 세상 사람 누구나 받는 것인가?

답:

선택은 인류 중의 얼마를 예수 그리스도 안에서 예수 그리스도를 통하여 구원하시려는 하나님의 주권적 의도이다. 선택받지 않은 사람에게는 결코 믿음이 주어지지 않는다. 믿음의 문, 구원의 문은 모든 사람에게 열려 있지만 구원받는 사람은 결국 선택된 사람만으로, 이런 의미에서 구원과 믿음은 하나님의 은혜로 주어지는 것이다. 이런 이론을 예정론이라고 한다.

1. 예정의 특성

1) 선택의 작정은 하나님의 주권적 의지, 그의 신적 기쁘심의 표현이다. 하나님의 선택적 사랑은 아들의 파송보다 앞서 있다(요 3:16, 롬 5:8, 딤후 1:9, 요일 4:9). 선택의 작정은 사람 안에 있는 어떤 예견된 신앙이나 그 행위에 의해 결정된 것이 아니다(롬 9:11, 딤후 1:9).

2) 선택의 작정은 불변적이며, 따라서 선택은 구원을 확실하게 한다. 선택된 자들의 구원은 그들의 불확실한 순종에 따라 되는 것이 아니며, 선택된 자들은 그리스도의 객관적 사역과 성령의 주관적 사역에 의해 마침내 구원된다(롬 8:29-30, 11:29, 딤후 2:19, 요 10:28).

3) 선택의 작정은 영원부터이다(롬 8:29-30, 엡 1:4-5).

4) 선택의 작정은 무조건적이다. 선택은 아르미니우스주의자들이 가르치는 것 같이 선택된 자들의 예견된 신앙이나 선행에 의거하지 아니하고 하나님의 주권에 의해 된 것이다(롬 9:11, 행 13:48, 딤후 1:9, 벧전 1:2). 모든 사람은 죄인이며, 하나님의 축복을 상실했으므로 구원받을 만한 기초가 사람에게는 없다. 믿는 자들의 신앙과 선행도 은혜에 의한 것이기 때문에(엡 2:8, 10, 딤후 2:21) 선택은 하나님의 무조건적인 주권적 행위이다.

5) 선택의 작정은 불가항력적이다. 선택된 자는 하나님의 선택을 뿌리칠 수 없다. 하나님이 선택된 자에게 감화를 주셔서 그로 하여금 이를 의지하게 하며, 이 모든 것은 불가항력적이다(시 110:3, 빌 2:13).

6) 사람은 하나님의 작정에 의한 선택을 불공평하다고 비난할 수 없다. 사람은 모두가 죄인이요, 구원받을 수 없다. 하나님이 그 중에서 누구를 구원하시는 것은 하나님의 주권적 행사요, 구원받지 못한 사람들 때문에 하나님이 불공평하다고 말할 수는 없다(마 20:14-15, 롬 9:14-15).

2. 예정은 하나님이 우리를 하나님의 자녀로 불러 주시는 소명이다

구원은 하나님의 예정에 따라 하나님이 구원하시려고 부르시는 소명을 통해 은혜로 주어진다.

롬 8:30 : "또 미리 정하신 그들을 또한 부르시고 부르신 그들을 또한 의롭다 하시고 의롭다 하신 그들을 또한 영화롭게 하셨느니라"

하나님이 예정하신 자를 부르실 때 그 부름에 따라 결국은 사람이 예수님을 영접하게 되는 것이다. 예수님을 영접하는 것은 우리이지만 우리가 예수님을 그리스도로 영접하기 전 하나님은 우리를 하나님의 자녀로 예정하셨고, 불러 주셨고, 그리고 이 부름은 불가항력적이다.

요 6:37-40 : "아버지께서 내게 주시는 자는 다 내게로 올 것이요 내게 오는 자는 내가 결코 내어 쫓지 아니하리라 내가 하늘로서 내려온 것은 내 뜻을 행하려 함이 아니요 나를 보내신 이의 뜻을 행하려 함이니라 나를 보내신 이의 뜻은 내게 주신 자 중에 내가 하나도 잃어버리지 아니하고 마지막 날에 다시 살리는 이것이니라 내 아버지의 뜻은 아들을 보고 믿는 자마다 영생을 얻는 이것이니 마지막 날에 내가 이를 다시 살리리라 하시니라"
엡 2:8-9 : "너희가 그 은혜를 인하여 믿음으로 말미암아 구원을 얻었나니 이것이 너희에게서 난 것이 아니요 하나님의 선물이라 행위에서 난 것이 아니니 이는 누구든지 자랑치 못하게 함이니라"
딤후 1:9 : "하나님이 우리를 구원하사 거룩하신 부르심으로 부르심은 우리의 행위대로 하심이 아니요 오직 자기 뜻과 영원한 때 전부터 그리스도 예수 안에서 우리에게 주신 은혜대로 하심이라"

하나님은 예정한 자를 부르시고 그에게 성령을 주셔서 믿음 안에 들어가게 하셨다. 믿음과 칭의는 순수한 은혜인 것이다. 우리를 구원으로 불러 주신 분이 하나님이란 사실은 우리의 구원이 확실하다는 것을 보증하는 것이다. 하나님은 결코 우리가 얼마나 큰 죄인이며, 앞으로도 얼마나 큰 죄를 범할지를 모르셔서 부르신 것이 아니다. 하나님은 우리 전부를 아시고 우리가 죄와 선을 행하기 전, 영원 전에 우리를 택하셨고, 이 예정에 의해 우리를 부르신 것이다. 소명자는 하나님이시다. 우리를 구원으로 불러 주신 분이 하나님이기 때문에 소명은 확실하고 불변한다.

롬 11:29 : "하나님의 은사와 부르심에는 후회하심이 없느니라"
딤후 1:9 : "하나님이 우리를 구원하사 거룩하신 부르심으로 부르심은 우리의 행위대로 하심이 아니요 오직 자기 뜻과 영원한 때 전부터 그리스도 예수 안에서 우리에게 주신 은혜대로 하심이라"

우리가 하나님의 자녀로 부름 받고 칭의 중생에 이르는 것은 영원 전부터 그리스도 예수 안에서 하나님이 하시는 일이다. 소명이 하나님이 하시는 일이기 때문에 불변한 것이다.

질문 20

세상 사람들 모두가 죄인인데 그 중에 누구는 예정에 들어 구원받고, 누구는 예정에서 제외되어 구원을 받지 못한다면 하나님의 공평성이 문제되지 않는가?

답:

이미 여러 번 설명한 대로 사람은 모두 죄인이요, 구원받을 수 없다. 하나님이 그 중에서 누구를 구원하시는 것은 하나님의 주권적 행사이기 때문에 하나님이 불공평하다고 말할 수는 없다.

마 20:8-16 : "저물매 포도원 주인이 청지기에게 이르되 품군들을 불러 나중 온 자로부터 시작하여 먼저 온 자까지 삯을 주라 하니 제 십일시에 온 자들이 와서 한 데나리온씩을 받거늘 먼저 온 자들이 와서 더 받을 줄 알았더니 저희도 한 데나리온씩 받은지라 받은 후 집 주인을 원망하여 가로되 나중 온 이 사람들은 한 시간만 일하였거늘 저희를 종일 수고와 더위를 견딘 우리와 같게 하였나이다 주인이 그 중의 한 사람에게 대답하여 가로되 친구여 내가 네게 잘못한 것이 없노라 네가 나와 한 데나리온의 약속을 하지 아니하였느냐 네 것이나 가지고 가라 나중 온 이 사람에게 너와 같이 주는 것이 내 뜻이니라 내 것을 가지고 내 뜻대로 할 것이 아니냐 내가 선하므로 네가 악하게 보느냐 이와 같이 나중 된 자로서 먼저 되고 먼저 된 자로서 나중 되리라"

어떤 포도원 주인이 일꾼을 고용하여 품삯으로 한 데나리온을 주기로 하고 날이 저물자 한 데나리온을 주었다. 그리고 주인은 나중에 와서 한 시간만 일한 일꾼에게도 한 데나리온을 주었다. 그러자 아침부터 일한 일꾼들이 불공평하다고 말했다. 그러나 이 주인은 선한 사람이지 불공평한 사람이 아니었다. 성경은 다시 이 질문에 대하여 이렇게 말씀한다.

롬 9:6-24 : "또한 하나님의 말씀이 폐하여진 것 같지 않도다 이스라엘에게서 난 그들이 다 이스라엘이 아니요 또한 아브라함의 씨가 다 그 자녀가 아니라 오직 이삭으로부터 난 자라야 네 씨라 칭하리라 하셨으니 곧 육신의 자녀가 하나님의 자녀가 아니라 오직 약속의 자녀가 씨로 여기심을 받느니라 약속의 말씀은 이것이라 명년 이 때에 내가 이르리니 사라에게 아들이 있으리라 하시니라 이뿐 아니라 또한 리브가가 우리 조상 이삭 한 사람으로 말미암아 잉태하였는데 그 자식들이 아직 나지도 아니하고 무슨 선이나 악을 행하지 아니한 때에 택하심을 따라 되는 하나님의 뜻이 행위로 말미암지 않고 오직 부르시는 이에게로 말미암아 서게 하려 하사 리브가에게 이르시되 큰 자가 어린 자를 섬기리라 하셨나니 기록된바 내가 야곱은 사랑하고 에서는 미워하였다 하심과 같으니라 그런즉 우리가 무슨 말 하리요 하나님께 불의가 있느뇨 그럴 수 없느니라 모세에게 이르시되 내가 긍휼히 여길 자를 긍휼히 여기고 불쌍히 여길 자를 불쌍히 여기리라 하셨으니 그런즉 원하는 자로 말미암음도 아니요 달음박질하는 자로 말미암음도 아니요 오직 긍휼히 여기시는 하나님으로 말미암음이니라…혹 네가 내게 말하기를 그러면 하나님이 어찌하여 허물하시느뇨 누가 그 뜻을 대적하느뇨 하리니 이 사람아 네가 뉘기에 감히 하나님을 힐문하느뇨 지음을 받은 물건이 지은 자에게 어찌 나를 이같이 만들었느냐 말하겠느뇨 토기장이가 진흙

한 덩이로 하나는 귀히 쓸 그릇을, 하나는 천히 쓸 그릇을 만드는 권이 없느냐 만일 하나님이 그 진노를 보이시고 그 능력을 알게 하고자 하사 멸하기로 준비된 진노의 그릇을 오래 참으심으로 관용하시고 또한 영광 받기로 예비하신바 긍휼의 그릇에 대하여 그 영광의 부요함을 알게 하고자 하셨을지라도 무슨 말 하리요 이 그릇은 우리니 곧 유대인 중에서 뿐 아니라 이방인 중에서도 부르신 자니라"

하나님은 창조주이시다. 창조주 하나님이 멸망에 이를 사람들 중에 얼마를 구원하기로 예정하신 것은 사랑일 뿐 결코 불공평하신 것이 아니다.

하나님은 사랑이시기 때문에 모든 사람이 마침내 구원된다는 만민구원설(Universalism)을 주장하는 사람들도 있다. 그리스도 밖에도 구원이 있다는 종교다원주의의 주장도 이런 것에 속한다.

질문 21

예수님을 믿어 구원받는 길 외에 다른 구원의 길은 없는가?

답 :

없다. 우리가 구원을 받는 길은 예수님뿐이다. 다른 종교나 다른 종교의 믿음과 구원을 비방해서는 안 되는 것과 같이 우리가 믿는 성경의 진리를 부정하거나 틀리게 해석해서는 안 된다.

하나님의 말씀은 아주 분명하게 이렇게 대답한다.

행 4:10-12 : "너희와 모든 이스라엘 백성들은 알라 너희가 십자가에 못 박고 하나님이 죽은 자 가운데서 살리신 나사렛 예수 그리스도의 이름으로 이 사람이 건강하게 되어 너희 앞에 섰느니라 이 예수는 너희 건축자들의 버린 돌로서 집 모퉁이의 머릿돌이 되었느니라 다른 이로서는 구원을 얻을 수 없나니 천하 인간에 구원을 얻을 만한 다른 이름을 우리에게 주신 일이 없음이니라 하였더라"

롬 10:10-13 : "사람이 마음으로 믿어 의에 이르고 입으로 시인하여 구원에 이르느니라 성경에 이르되 누구든지 저를 믿는 자는 부끄러움을 당하지 아니하리라 하니 유대인이나 헬라인이나 차별이 없음이라 한 주께서 모든 사람의 주가 되사 저를 부르는 모든 사람에게 부요하시도다 누구든지 주의 이름을 부르는 자는 구원을 얻으리라"

갈 2:16 : "사람이 의롭게 되는 것은 율법의 행위에서 난 것이 아니요 오직 예수 그리스도를 믿음으로 말미암는 줄 아는 고로 우리도 그리스도 예수를 믿나니 이는 우리가 율법의 행위에서 아니고 그리스도를 믿음으로서 의롭다 함을 얻으려 함이라 율법의 행위로서는 의롭다 함을 얻을 육체가 없느니라"

엡 2:8-9 : "너희가 그 은혜를 인하여 믿음으로 말미암아 구원을 얻었나니 이것이 너희에게서 난 것이 아니요 하나님의 선물이라 행위에서 난 것이 아니니 이는 누구든지 자랑치 못하게 함이니라"

(롬 3:23-30, 롬 5:1, 요일 5:10-13)

성경은 여러 번 거듭해서 믿는 자만이 구원을 얻는다고 말한다. 믿음 외에, 그리스도 외에 구원은 없다.

질문 22

부자는 결코 천국에 들어가지 못하는가?

답 :

마 19:16-30 : "어떤 사람이 주께 와서 가로되 선생님이여 내가 무슨 선한 일을 하여야 영생을 얻으리이까 예수께서 가라사대 어찌하여 선한 일을 내게 묻느냐 선한 이는 오직 한 분이시니라 네가 생명에 들어가려면 계명들을 지키라 가로되 어느 계명이오니이까 예수께서 가라사대 살인하지 말라, 간음하지 말라, 도적질하지 말라, 거짓증거하지 말라, 네 부모를 공경하라, 네 이웃을 네 몸과 같이 사랑하라 하신 것이니라 그 청년이 가로되 이 모든 것을 내가 지키었사오니 아직도 무엇이 부족하니이까 예수께서 가라사대 네가 온전하고자 할진대 가서 네 소유를 팔아 가난한 자들을 주라 그리하면 하늘에서 보화가 네게 있으리라 그리고 와서 나를 좇으라 하시니 그 청년이 재물이 많으므로 이 말씀을 듣고 근심하며 가니라 예수께서 제자들에게 이르시되 내가 진실로 너희에게 이르노니 부자는 천국에 들어가기가 어려우니라 다시 너희에게 말하노니 약대가 바늘귀로 들어가는 것이 부자가 하나님의 나라에 들어가는 것보다 쉬우니라 하신대 제자들이 듣고 심히 놀라 가로되 그런즉 누가 구원을 얻을 수 있으리이까 예수께서 저희를 보시며 가라사대 사람으로는 할 수 없으되 하나님으로서는 다 할 수 있느니라 이에 베드로가 대답하여 가로되 보소서 우리가 모든 것을 버리고 주를 좇았사오니 그런즉 우리가 무엇을 얻으리이까 예수께서 가라사대 내가 진실로 너희에게 이르노니 세상이 새롭게 되어 인자가 자기 영광의 보좌에 앉을 때에 나를 좇는 너희도 열두 보좌에 앉아 이스라엘 열두 지파를 심판하리라 또 내 이름을 위하여 집이나 형제나 자매나 부모나 자식이나 전토를 버린 자마다 여러 배를 받고 또 영생을 상속하리라 그러나 먼저 된 자로서 나중 되고 나중 된 자로서 먼저 될 자가 많으니라"

1. 이 구절을 매튜 헨리는 이렇게 해석한다

1) 부자가 천국에 들어가는 것은 매우 힘든 일이다. 우리가 타인의 손상과 타락을 자신에 대한 경고로 받아들이는 것은 좋은 일이다. 예수님은 이것을 마태복음 19장 23-24절에서 강력히 주장하셨다. 예수님은 이것을 가난했던 그의 제자들에게 말씀하셨다. 그것은 그들이 세상에서 부를 적게 누릴수록 천국에 이르는 데 있어서 그만큼 방해를 덜 받게 된다는 것을 나타내기 위해서였다. 이것은 그리스도가 "내가 진실로 너희에게 이르노니"라고 말씀하심으로써 인정을 받았으며, 또한 "다시 너희에게 말하노니"라고 말씀하심으로써 반복하여 인정을 받았다.

예수님은 이처럼 한 번도 아니고 두 번이나 사람은 깨닫기를 싫어하며, 또 믿는 것은 더욱 싫어한다는 것을 말씀하셨다. 또 예수님은 어느 때든 부자가 천국에 들어가는 것은 힘든 일이라고 말씀하신다. 천국에 이르는 길은 좁은 길이며, 또한 천국으로 들어가는 문은 좁은 문이지만, 특히 부자들의 경우엔 더욱 그렇다. 부자들은 극복해야 할 큰 시험들을 갖고 있는데, 이 시험들은 교묘하게 사람의 환심을 사는 시험들이다. 그러므로 미소짓는 세상에 미혹되지 않는 것은 힘든 일이 아닐 수 없다.

부자가 이러한 난관들을 극복할 수 있으려면 하나님의 크신 은혜를 받아야만 한다. 예수님은 부자가 회개하여 구원을 받는 것이 극히 어려운 일이기 때문에 '약대가 바늘귀로 들어가는 것이' 더 쉽다고 말씀하셨다. 하나님의 전능하신 은총만이 부자로 하여금 이 난관을 극복할 수 있도록 해 줄 것이다. 부자가 자기의 재물에 애착을 갖지 않는다는 것은 매우 드문 일이다. 그리고 자기의 재물에 애착을 가지고 있는 사람이 천국에 도달하는 것은 전혀 있을 수 없는 일이다.

천국에 이르는 길이 바늘귀에 비유된 것은 매우 적절한 표현이다. 그것은 바늘귀에 실을 꿰기가 힘들기 때문이다. 그리고 부자가 짐 싣는 짐승인 약대, 즉 낙타에 비유된 것도 적절한 표현이다. 왜냐하면 부자는 낙타가 짐을 잔뜩 실은 것처럼 재물을 많이 가지고 있기 때문이다. 제자들은 이 진리의 말씀을 듣고 매우 놀랐으며, 이 말씀을 전혀 믿으려 하지 않았다.

"제자들이 듣고 심히 놀라 가로되 그런즉 누가 구원을 얻을 수 있으리이까" (마 19:25).

예수님은 제자들에게 놀라운 진리에 대하여 자주 말씀하셨고, 그때마다 제자들은 예수님의 말씀을 듣고 놀라 어찌할 바를 몰라 했다. 제자들이 "그런즉 누가 구원을 얻을 수 있으리이까"라고 말한 것은 그리스도의 말씀을 반박하는 것이 아니라 오히려 그들 자신의 문제를 깨닫고 있는 것이다.

우리는 하나님께서 얼마나 선하신 분인지를 생각할 때 그의 백성이 너무 적다는 것에 놀라게 된다. 그러나 인간이 얼마나 악한지를 생각할 때 그의 백성이 오히려 아주 많다는 것에 더 놀라게 된다.

"그런즉 누가 구원을 얻을 수 있으리이까."

제자들이 이 말을 한 것은 아주 많은 사람들이 많은 것을 가지고 있는 부자일 뿐 아니라 더욱 많은 사람들이 부유해지기를 원하며 많은 것을 갖고자 하기 때문이다. 이런 이유 때문에 부자들은 그들의 성향을 극복하기 위한 투쟁을 해야 하는 것이다.

2) 부자가 구원을 받는 것은 힘들기는 하지만 불가능한 일은 아니다. 예수님은 제자들에게 "사람으로는 할 수 없으되 하나님으로서는 다 할 수 있느니라"(마 19:26)라고 말씀하셨다. 이 말씀은 총괄적으로 드러난 위대한 진리이다. 하나님께 능치 못한 일은 아무것도 없는 것이다. 사람들이 어려운 일을 당하여 당황할 때에도 하나님은 전혀 당황하지 않으신다. 이러한 진리는 다음과 같은 일에 적용된다.

첫째, 이 진리는 모든 사람이 구원을 받을 수 있다는 것에 적용된다. 그래서 제자들은 "누가 구원을 얻을 수 있으리이까"라고 물은 것이다. 그러나 예수님은 제자들의 이런 물음에 대해 여하한 피조의 권세로는 아무도 구원을 받을 수 없다고 말씀하신다. 사람으로는 할 수 없는 것이다. 구원이란 창조이며 부활이기 때문에 사람으로는 할 수 없는 것이다. 하나님만이 하실 수 있으시다.

둘째, 이 진리는 특별히 부자들의 구원에도 적용된다. 부자가 구원을 받는 것은 사람의 힘으로는 할 수 없지만 하나님의 권세로는 부자들조차도 구원을 받을 수 있다. 이 세상의 유혹에 시달리는 부자들도 절망에 빠지지 않고 성화되면 구원을 받을 수 있는 것이다. 그리스도의 이 말씀 속에는 근심하며 가 버린 부자 청년을 위하여 그리스도가 은총을 마련해 두고 계시다는 뜻이 암시되어 있다. 그러므로 하나님이 그 부자 청년을 회복시키시는 것은 불가능한 일이 아니다.

2. 이 구절을 요네다 유다카(米田豊)는 이렇게 해석한다

부자가 천국에 들어가기가 어려운 것은 재산을 가지고 있기 때문이 아니라 재산에 의지하기 때문이다. 우리도 물질에 있어서 부하지 못하다 해도 마음이 무엇인가에 의존해 있다면 부한 자이다. 의지할 것은 하나님 이외에 아무것도 없다. '마음이 가난한 자' 가 천국을 차지할 수가 있다(마 5:3-). 부에 의지하는 자는 천국에 들어가지 못한다(마 19:23-). 예루살렘 성에는 '바늘 문' 이라 불리는 작은 문이 있었는데 그리로 들어오려면 낙타를 타고 광야를 지나온 사람들이 짐을 내리고, 고개를 숙이고, 다리를 굽히지 않으면 지나갈 수가 없었다고 한다. 그처럼 부에 의지하는 마음, 지위나 명예를 자랑하는 마음 등 모든 짐을 버리고 낮아져 겸비해지지 않으면 천국에 들어갈 수가 없다.

3. 이 구절을 마이어는 이렇게 해석한다

예수님이 부자 청년에게 온전하고자 하거든 그의 소유를 팔아 가난한 자들에게 주라고 한 것은 누구나 다 자기의 소유물을 팔아 그 매상금을 전부 주어 버려야 한다는 것은 아니다. 부를 가지고 그것을 하나님을 위해 쓴다는 것은 팔아 버리는 것보다도 훨씬 곤란한 일이다. 그러나 주님은 이 청년이 스스로 생각하고 있는 것만큼 완전하게 율법을 지키고 있지 않음을 밝힐 필요가 있으셨다.

4. 이 말씀에 대한 저자의 결론

사람이 부유한가 가난한가 하는 것이 천국에 들어가는 기준이 아니다. 마태복음 19장에 나오는 청년은 자기가 완전하다고 생각했지만 주님은 이 청년에게 그가 아직도 부족하다는 것을 깨우쳐 주시며 부자와 천국에 대하여 말씀하신다. 그러나 본문 말씀은 '얼마를 가져야 부자인가?' '부자는 가난한 사람을 위해 그 재물을 써야 천국에 가는가?' 하는 것을 말하려는 것이 아니다. 누구라도 재물을 하나님으로 삼고 의지하는 사람은 그 재물이 많든 적든 천국에 들어가기 힘들다는 것이다.

그러나 재물을 아무리 많이 가졌어도 그것이 하나님의 것이라는 청지기 정신을 가진 사람은 부자가 아닌 가난한 사람이다. 천국과 영생은 재물로 살 수 없다. 오직 내 모든 것의 주인이 주님이라고 고백하는 믿음만이 천국의 열쇠이다. 천국에 들어가느냐 못 들어가느냐의 열쇠는 재물의 많고 적음에 달려 있지 않고 예수님을 주로 믿느냐 믿지 않느냐 하는 믿음에 달려 있는 것이다.

질문 23

왜 예수님을 믿는가? 천당 가려고 믿는가?

답 :

왜 예수님을 믿느냐는 질문은 '왜 사느냐' 하는 질문과 같다. 우리가 살아야 하는 이유는 하나님이 우리에게 생명을 주셨기 때문이다. 이 세상 누구도 우리 인생을 우리 자신이 원해서 선택하지 않았다. 모든 사람은 주어진 인생을 사는 것이다. 마찬가지로 우리가 예수님을 믿는 이유도 하나님이 우리에게 믿음을 주셨기 때문이다.

불신 상태에 있던 사람들이 교회에 나가고 믿음을 갖는 계기는 다양하다. 죽을병에 걸려서 건강을 얻으려고 교회에 나오기도 하고, 사업에 실패해서 낙심 중에 새로운 인생을 살기 위해 교회에 나오기도 하며, 다른 사람에게 전도를 받아 교회에 다니기도 한다. 또는 믿는 가정에서 태어나 믿음을 갖기도 하고 혹 먼저 믿는 아내나 남편을 따라 믿음을 갖게도 되지만 성경은 믿음을 주시는 분이 하나님이라고 말씀한다.

요 15:16 : "너희가 나를 택한 것이 아니요 내가 너희를 택하여 세웠나니 이는 너희로 가서 과실을 맺게 하고 또 너희 과실이 항상 있게 하여 내 이름으로 아버지께 무엇을 구하든지 다 받게 하려 함이니라"

믿음으로 영생에 이르게 될 사람은 만세전에 하나님께서 이미 예정해 놓으신 것으로, 때가 이를 때 사람들이 여러 가지 계기를 통해 믿음에 들어오는 것이다.

엡 1:3-12 : "찬송하리로다 하나님 곧 우리 주 예수 그리스도의 아버지께서 그리스도 안에서 하늘에 속한 모든 신령한 복으로 우리에게 복 주시되 곧 창세 전에 그리스도 안에서 우리를 택하사 우리로 사랑 안에서 그 앞에 거룩하고 흠이 없게 하시려고 그 기쁘신 뜻대로 우리를 예정하사 예수 그리스도로 말미암아 자기의 아들들이 되게 하셨으니…곧 그 기쁘심을 따라 그리스도 안에서 때가 찬 경륜을 위하여 예정하신 것이니 하늘에 있는 것이나 땅에 있는 것이 다 그리스도 안에서 통일되게 하려 하심이라 모든 일을 그 마음의 원대로 역사하시는 자의 뜻을 따라 우리가 예정을 입어 그 안에서 기업이 되었으니 이는 그리스도 안에서 전부터 바라던 우리로 그의 영광의 찬송이 되게 하려 하심이라"

누가 예수님을 믿느냐 안 믿느냐 하는 것은 이미 창세전에 하나님이 주권적으로 정해 놓으신 것으로, 이 땅에서 여러 경로를 통해 이루어지는 것이다. 성경은 다시 이렇게 말씀한다.

행 13:48-49 : "이방인들이 듣고 기뻐하여 하나님의 말씀을 찬송하며 영생을 주시기로 작정된 자는 다 믿더라 주의 말씀이 그 지방에 두루 퍼지니라" **롬 8:29-30** : "하나님이 미리 아신 자들로 또한 그 아들의 형상을 본받게 하기 위하여 미리 정하셨으니 이는 그로 많은 형제 중에서 맏아들이 되게 하려 하심이니라 또 미리 정하신 그들을 또한 부르시고 부르신 그들을 또한 의롭다 하시고 의롭다 하신 그들을 또한 영화롭게 하셨느니라"

갈 1:15-16 : "그러나 내 어머니의 태로부터 나를 택정하시고 은혜로 나를 부르신 이가 그 아들을 이방에 전하기 위하여 그를 내 속에 나타내시기를 기뻐하실 때에 내가 곧 혈육과 의논하지 아니하고"

어떤 사람이 예수님을 믿게 되는 것은 하나님이 구원받도록 작정된 사람을 믿음으로 부르시기 때문이다. 그러니까 "내가 왜 예수를 믿는가?" 하는 질문의 답은 '전능하신 창조주 사랑의 하나님이 나를 사랑하시어 구원으로 예정하시고 불러 주셨기 때문' 인 것이다. 믿음으로 천국에 가는 것이지 천국에 가기 위해 예수님을 믿는 것은 아니다.

3
성화와 성령에 관한 질문

질문 1

믿음으로 구원받고 영생을 얻은 후 다시 믿음으로 사는 것은 어떤 것인가?

답 :

믿음으로 구원받은(칭의, 중생, 하나님의 자녀 됨) 후 구원받은 성도가 믿음으로 살아가는 것을 성화(聖化, sanctification)라고 한다. 이 성화는 구원의 중심이다. 죄인을 의롭다 해 주신 목적이, 다시 말해 구원의 목적이 칭의에 있지 않고 성화와 영화에 있다.

엡 1:4-12 : "곧 창세 전에 그리스도 안에서 우리를 택하사 우리로 사랑 안에서 그 앞에 거룩하고 흠이 없게 하시려고 그 기쁘신 뜻대로 우리를 예정하사 예수 그리스도로 말미암아 자기의 아들들이 되게 하셨으니 이는 그의 사랑하시는 자 안에서 우리에게 거저 주시는바 그의 은혜의 영광을 찬미하게 하려는 것이라…모든 일을 그 마음의 원대로 역사하시는 자의 뜻을 따라 우리가 예정을 입어 그 안에서 기업이 되었으니 이는 그리스도 안에서 전부터 바라던 우리로 그의 영광의 찬송이 되게 하려 하심이라"

엡 2:8-18 : "너희가 그 은혜를 인하여 믿음으로 말미암아 구원을 얻었나니 이것이 너희에게서 난 것이 아니요 하나님의 선물이라 행위에서 난 것이 아니니 이는 누구든지 자랑치 못하게 함이니라…그는 우리의 화평이신지라 둘로 하나를 만드사 중간에 막힌 담을 허시고 원수 된 것 곧 의문에 속한 계명의 율법을 자기 육체로 폐하셨으니 이는 이 둘로 자기의 안에서 한 새 사람을 지어 화평하게 하시고 또 십자가로 이 둘을 한 몸으로 하나님과 화목하게 하려 하심이라 원수 된 것을 십자가로 소멸하시고 또 오셔서 먼데 있는 너희에게 평안을 전하고 가까운 데 있는 자들에게 평안을 전하셨으니 이는 저로 말미암아 우리 둘이 한 성령 안에서 아버지께 나아감을 얻게 하려 하심이라"

우리가 구원되고, 칭의를 받고, 중생하고, 하나님의 자녀가 되게 하신 이유는 우리가 그리스도 앞에 영광의 찬송이 되게 하기 위해서요, 성령 안에서 아버지 하나님께 나아가게 하기 위한 것이다.

요 15:16 : "너희가 나를 택한 것이 아니요 내가 너희를 택하여 세웠나니 이는 너희로 가서 과실을 맺게 하고 또 너희 과실이 항상 있게 하여 내 이름으로 아버지께 무엇을 구하든지 다 받게 하려 함이니라"

우리가 구원된 것은 과실, 곧 성령의 열매를 맺는 성화를 위해서인 것이다. 성화, 곧 구원받은 자의 거룩한 삶은 성경을 통해 하나님이 계속 요구하신 것이다.

레 19:2 : "너는 이스라엘 자손의 온 회중에게 고하여 이르라 너희는 거룩하라 나 여호와 너희 하나님이 거룩함이니라"
벧전 1:14-16 : "너희가 순종하는 자식처럼 이전 알지 못할 때에 좇던 너희 사욕을 본삼지 말고 오직 너희를 부르신 거룩한 자처럼 너희도 모든 행실에 거룩한 자가 되라 기록하였으되 내가 거룩하니 너희도 거룩할지어다 하셨느니라"

칼 바르트는 성화를 구원의 궁극적 목적이라고 말한다.[6] 구원받은 성도가 믿음으로 살아가는 성화의 삶은 구원 후 평생을 살아가는 과정으로, 많은 질문과 많은 설명이 필요하다.

6) K. Barth, *Church Dogmatics*, IV/2, p. 575.

질문 2

성화의 기본은 무엇인가?

답 :

성화의 기초는 하나님이 주신 은혜요, 믿음이요, 구원이다. 「웨스트민스터 신앙고백」은 성화에 대해 이렇게 말한다.

> "효력적으로 부르심을 받고 중생하여 그들 안에서 새 마음과 새 영을 창조함을 받는 자들은 그리스도의 죽음과 부활의 공로를 통하여 그의 말씀과 그의 안에 내주하시는 성령으로 말미암아 실제로, 그리고 직접 성화되며, 온몸을 주관하는 죄의 권세가 파괴되고, 그의 죄의 몸에서 나오는 몇 가지 정욕들이 점차 약해서 줄어지고, 그들은 점차 구원하는 모든 은혜 안에서 활기를 되찾아 건강하게 되어 참된 거룩의 생활을 하게 된다. 이러한 거룩한 생활 없이는 아무도 주님을 보지 못할 것이다."[7]

7) *The Westminster Confession of Faith*, XIII. 1.

이와 같이 성화는 하나님과 성령님의 사역이요, 그리스도와 성도가 연합된 결과다. 이 말은 성화의 출발과 기초가 사람에게서 나온 것이 아니라 구원을 예정하신 하나님으로부터 나온 것이라는 말이다. 하나님은 이렇게 말씀하신다.

요 15:16 : "너희가 나를 택한 것이 아니요 내가 너희를 택하여 세웠나니 이는 너희로 가서 과실을 맺게 하고 또 너희 과실이 항상 있게 하여 내 이름으로 아버지께 무엇을 구하든지 다 받게 하려 함이니라"

고전 3:10-11 : "내게 주신 하나님의 은혜를 따라 내가 지혜로운 건축자와 같이 터를 닦아 두매 다른 이가 그 위에 세우나 그러나 각각 어떻게 그 위에 세우기를 조심할지니라 이 닦아 둔 것 외에 능히 다른 터를 닦아 둘 자가 없으니 이 터는 곧 예수 그리스도라"

히 10:5-10 : "그러므로 세상에 임하실 때에 가라사대 하나님이 제사와 예물을 원치 아니하시고 오직 나를 위하여 한 몸을 예비하셨도다 전체로 번제함과 속죄제는 기뻐하지 아니하시나니 이에 내가 말하기를 하나님이여 보시옵소서 두루마리 책에 나를 가리켜 기록한 것과 같이 하나님의 뜻을 행하러 왔나이다 하시니라 위에 말씀하시기를 제사와 예물과 전체로 번제함과 속죄제는 원치도 아니하고 기뻐하지도 아니하신다 하셨고 (이는 다 율법을 따라 드리는 것이라) 그 후에 말씀하시기를 보시옵소서 내가 하나님의 뜻을 행하러 왔나이다 하셨으니 그 첫 것을 폐하심은 둘째 것을 세우려 하심이니라 이 뜻을 좇아 예수 그리스도의 몸을 단번에 드리심으로 말미암아 우리가 거룩함을 얻었노라"

질문 3

성화의 과정에서 성도의 옛사람은 어떻게 되는가?

답 :

성화는 옛사람이 죽고 새사람으로 사는 것이다. 옛사람이 죽고 새사람이 살아나는 것은 동시에 일어나는 일로, 성화를 통해 죄의 지배를 받는 인간 본성으로 옛사람은 점점 죽고, 말씀과 성령님께 지배되는 새사람이 살아나게 된다. 이것은 성도의 인격의 변화로, 이 변화는 점진적으로 일생 동안 이루어지는 과정이며, 생존 시에 완성에 도달하지 못한다. 성도의 성화는 부활로 완성된다.

조직신학자 벌콥은 칭의와 성화를 이렇게 정리한다.[8)]

"1. 칭의는 유죄를 제거하고 하나님의 자녀의 신분으로 변화시켜 영생을 준다. 성화는 죄의 오염을 제거하고 죄인을 점진적으로 갱신시켜 하나님의 형상을 닮게 한다.

8) L. 벌코프 저, 고영민 역, 『뻘콥조직신학』, 기독교문사, pp. 225-257.

2. 칭의는 하나님의 법정에서 일어나는 것인데 반해 성화는 인간 내면에서 일어나 그의 존재를 점차 변화시킨다.

3. 칭의는 반복되지 않는 일회적 사건이지만 성화는 계속되는 과정으로, 이 땅에서 완성될 수 없다.

4. 사역으로 볼 때 하나님께서 죄인을 의롭다 하시고, 하나님께서 이 칭의 받은 인간을 성화시키신다."

질문 4

성도들은 이 세상에서 완전 성화를 이룰 수 없는가?

답 :

펠라기우스 파, 아르미니안 파와 몇몇 신비주의 파에서 완전 성화론을 주장한다. 그러나 그들은 근본적으로 인간의 전적 타락을 부인하는 입장에 서 있기 때문에 이런 주장을 하는 것이다. 완전론자들은 사람이 전적으로 타락한 것이 아니어서 사람의 힘으로 율법의 요구를 만족시킬 수 있기 때문에 완전 성화에 이른다고 주장한다. 그러나 성경은 모든 사람이 정죄되어 있어 사람의 힘으로 하나님의 영광에 이를 수 없다고 분명하게 말씀한다.

첫째, 이들은 성경이 성도의 완전을 요구하고 있음을 상기시킨다(벧전 1:16, 마 5:48, 약 1:4). 그러나 성경은 다른 곳에서 인간은 죽을 때까지 죄인임을 명백하게 지적한다(왕상 8:46, 잠 20:9, 전 7:20, 롬 3:10, 약 3:2, 요일 1:8). 그리고 성경은 구원받은 성도라도 끝까지 죄와 싸워 이겨야 할 것을 말씀한다. 사도 바울 같은 사람도 끝까지 죄와 싸워야 했다(롬 7:7-26). 노년에 이른 바울은 아직도 목표를 향해 달려가고 있다고 말한다(빌 3:10-14). 예수님도 제자들에게 계속적으로 죄의 용서를 위해 기도하도록 가르치셨다(마 6:12-13).

둘째, 성경에 완전한 사람으로 표현된 사람들이 있다. 노아, 욥, 아사(창 6:9, 욥 1:1, 8, 왕상 15:14) 같은 사람들이다. 그러나 이들은 당시에 다른 사람에 비해 완전한 사람이었을 뿐 하나님 앞에 죄 없이 완전한 사람은 아니었다.

셋째, 웨슬리언과 신비주의자들은 완전한 성령 충만에서 경험되는 것을 완전 성화와 동일시하지만 완전 성령 충만의 경험과 그 효력이 결코 누구도 죄의 유혹에서 완전하게 해방시키지 못한다. 결국 성도는 부활할 때까지 성화의 싸움을 싸워야 하는 사람일 뿐 부활하기까지 누구도 완전 성화를 이룰 수 없다.

질문 5

성화의 방법은 무엇인가? 성도가 어떻게 성화될 수 있는가?

답 :

성도는 진리로 말미암아 성화된다. 성도가 진리를 따를 때 성화가 이루어진다.

시 119:9-10 : "청년이 무엇으로 그 행실을 깨끗케 하리이까 주의 말씀을 따라 삼갈 것이니이다 내가 전심으로 주를 찾았사오니 주의 계명에서 떠나지 말게 하소서"
마 4:4 : "예수께서 대답하여 가라사대 기록되었으되 사람이 떡으로만 살 것이 아니요 하나님의 입으로 나오는 모든 말씀으로 살 것이라 하였느니라 하시니"
요 17:17 : "저희를 진리로 거룩하게 하옵소서 아버지의 말씀은 진리니이다"
행 20:32 : "지금 내가 너희를 주와 및 그 은혜의 말씀께 부탁하노니 그 말씀이 너희를 능히 든든히 세우사 거룩케 하심을 입은 모든 자 가운데 기업이 있게 하시리라"
살후 2:13 : "주의 사랑하시는 형제들아 우리가 항상 너희를 위하여 마땅히 하나님께 감사할 것은 하나님이 처음부터 너희를 택하사 성령의 거룩하게 하심과 진리를 믿음으로 구원을 얻게 하심이니"

벧전 2:2 : "갓난아이들같이 순전하고 신령한 젖을 사모하라 이는 이로 말미암아 너희로 구원에 이르도록 자라게 하려 함이라"

주의 말씀은 성도를 거룩하게 하고, 그 행실을 깨끗하게 하고, 이루어 가는 구원, 곧 성화를 이루게 한다.

이스라엘 백성이 광야 생활을 할 때의 성소와 예루살렘의 솔로몬 성전 안에 있는 성소에는 떡상이 있고, 이 떡상에는 진설병, 곧 떡 12덩이가 있었다. 이 떡은 제사장만이 먹을 수 있는 떡으로(레 24:8-9), 예수님의 말씀을 의미한다.

요 1:1-3, 14 : "태초에 말씀이 계시니라 이 말씀이 하나님과 함께 계셨으니 이 말씀은 곧 하나님이시니라 그가 태초에 하나님과 함께 계셨고 만물이 그로 말미암아 지은바 되었으니 지은 것이 하나도 그가 없이는 된 것이 없느니라…말씀이 육신이 되어 우리 가운데 거하시매 우리가 그 영광을 보니 아버지의 독생자의 영광이요 은혜와 진리가 충만하더라"

말씀이 곧 예수님이요, 예수님의 말씀, 즉 성경이 성소 안의 떡이다. 성도는 제사장으로, 이 떡, 즉 하나님의 말씀을 통해서 거룩하게 된다.

요 6:35 : "예수께서 가라사대 내가 곧 생명의 떡이니 내게 오는 자는 결코 주리지 아니할 터이요 나를 믿는 자는 영원히 목마르지 아니하리라"
요 6:63 : "살리는 것은 영이니 육은 무익하니라 내가 너희에게 이른 말이 영이요 생명이라"
요일 1:1-2 : "태초부터 있는 생명의 말씀에 관하여는 우리가 들은 바요 눈으로 본 바요 주목하고 우리 손으로 만진 바라 이 생명이 나타내신 바 된지라 이 영원한 생명을 우리가 보았고 증거하여 너희에게 전하노니 이는 아버지와 함께 계시다가 우리에게 나타내신 바 된 자니라"

성경은 계속하여 예수님의 말씀, 예수님 자신을 생명의 말씀이라고 가르친다. 성소 안의 떡은 예수님을 예표하는 것으로, 이 떡은 7일이 지나면 새 떡으로 바꾸어 놓아야 한다. 성막과 성전의 외소가 받은 구원을 예표로 가르쳐 주고, 성소가 받는 구원 성화를 가르쳐 주는 것이다.

레 24:5-9 : "너는 고운 가루를 취하여 떡 열둘을 굽되 매 덩이를 에바 십분 이로 하여 여호와 앞 순결한 상 위에 두 줄로 한 줄에 여섯씩 진설하고 너는 또 정결한 유향을 그 매 줄 위에 두어 기념물로 여호와께 화제를 삼을 것이며 항상 매 안식일에 이 떡을 여호와 앞에 진설할지니 이는 이스라엘 자손을 위한 것이요 영원한 언약이니라 이 떡은 아론과 그 자손에게 돌리고 그들은 그것을 거룩한 곳에서 먹을지니 이는 여호와의 화제 중 그에게 돌리는 것으로서 지극히 거룩함이니라 이는 영원한 규례니라"

성소의 떡은 예수님의 말씀, 즉 성경으로, 성도가 성화되려면 7일에 한 번 성소에서 가지고 나온 새 떡인 설교 말씀을 먹어야 한다. 이 말은 성도가 구원받은 후 성화되려면 매 주일 성소인 교회에 나와 새 말씀, 새 설교를 떡으로 먹어야 한다는 말이다.

성도들은 성경 말씀에 순종해야 성화가 이루어진다. 성도들이 구원받은 후 성화되기 위해서는 매 안식일에 새로 진설한 거룩한 떡을 먹어야 한다. 강단에서 나오는 말씀을 듣고, 하나님께 순종하지 않고는 성도가 성화될 수 없다.

질문 6

성도가 성화되는 과정에서 성령님이 하시는 일은 무엇인가?

답 :

성화의 주역은 말씀과 성령님이시다. 성화되기 위해 성도는 말씀에 순종해야 하고, 성령님께 순종해야 한다. 말씀에 순종하는 것이 곧 성령님께 순종하는 것이다. 성령님은 성도를 성화시키는 분, 성도를 거룩하게 하시는 분이다.

고전 6:11 : "너희 중에 이와 같은 자들이 있더니 주 예수 그리스도의 이름과 우리 하나님의 성령 안에서 씻음과 거룩함과 의롭다 하심을 얻었느니라"
살후 2:13 : "주의 사랑하시는 형제들아 우리가 항상 너희를 위하여 마땅히 하나님께 감사할 것은 하나님이 처음부터 너희를 택하사 성령의 거룩하게 하심과 진리를 믿음으로 구원을 얻게 하심이니"
벧전 1:2 : "곧 하나님 아버지의 미리 아심을 따라 성령의 거룩하게 하심으로 순종함과 예수 그리스도의 피 뿌림을 얻기 위하여 택하심을 입은 자들에게 편지하노니 은혜와 평강이 너희에게 더욱 많을지어다"

하나님의 성전과 성소에는 등대가 있었다. 이 등대에는 일곱 등잔이 있고, 이 일곱 등잔은 매일 24시간, 1년 내내 불을 밝혀야 했다(출 35:31-39, 37:17-24, 레 24:4). 이 등잔의 기름은 감람유이며, 여기의 기름은 성령님을 상징한다. 성경에서는 기름 부음을 성령님의 역사로 말한다(삼상 16:13). 성소의 등잔이 기름을 태워서 빛을 밝히는 것 같이 성도는 매일 24시간, 1년 내내 성령님께 순종하는 생활을 해야 성화되는 것이다. 성령님께 순종하는 생활이 곧 성령 충만한 생활이다. 성도는 성령 충만한 생활로 성화되는 것이다.

질문 7

성령 충만한 생활은 어떤 것인가?

답 :

1. 성령의 구분

성령님은 하나님 자신이시다. 그러나 성령님을 이해하는 데는 아래와 같은 구분이 필요하다.

1) 시대적 구분

주님 이전의 성령—구약성경에서는 주로 성령님을 "하나님의 신" 으로 표현한다(창 1:2, 민 11:16-17, 삿 3:10, 6:34, 삼상 16:14 등). 그리고 시 51:11, 대상 12:18, 사 32:15, 63:10-11, 겔 43:5에서는 성령님을 "성신" 이라고 표현한다.

주님 이후의 성령— "성령" 혹은 "보혜사" (곁에 + 부르다)라고 말한다.

2) 사역적 구분

구원의 성령—성도를 구원함에 역사하신다(고전 12:3, 요 3:5, 엡 4:30, 빌 1:19, 딛 3:5).

충만의 성령—믿음으로 우리 안에 내주하시는 성령님께 순종하는 인격을 성령님이 자유자재로 부리심을 뜻한다.

2. 성령 충만의 뜻

1) 성령 충만의 역사는 성도가 자신에게 내주하시는 성령님께 완전히 순종하여 드릴 때 성취되는 사역이다. 복음서에는 성령 충만의 사건을 14회 기록하고 있다. '충만' 에 해당하는 영어는 'filled' 로, 성령 충만은 'filled with the Holy Spirit' 이라고 기록되었다. 이 말은 성경 여러 곳에서 여러 가지로 표현된다.

눅 1:15, 41, 67, 행 2:4, 7:55, 9:17, 13:9에 씌여진 성령 충만은 헬라 어로 '플레레스' 혹은 '플렐레스데' 이며, 성령으로 채워진 상태로, '무엇이 마음을 사로잡는 상태' 를 뜻한다. 이 말은 곧 성령님이 어떤 사람을 자유로 지배하심을 뜻한다. 그러나 성령 충만은 어떤 사람이 자기 자신을 제어할 수 없는 무아지경에 빠지는 상태가 아니라 성도가 하나님의 뜻에 순종할 때 성령께 지배되는 상태다.

에베소서 5장 18절의 "성령의 충만을 받으라"(be filled with The Holy Spirit)의 헬라 어 '플레루스데' 는 현재 수동태 명령형이다. 헬라어에서 현재 수동태 명령형은 계속되는 명령을 뜻한다. 곧 계속하여 성령 충만을 받으라는 말이다.

2) 성령 충만의 뜻은 성도가 성령님께 인격적으로 지배되는 상태를

의미한다. 성령 충만은 각 개인이 어떤 절차에 의해 얼마나 성령을 더 많이 받느냐에 달려 있는 것이 아니다. 성령 충만은 얼마나 더 성령님께 순종하느냐에 달려 있다. 복음서에 기록된 성령 충만은 그리스도의 경우를 제외하고는(눅 4:1) 하나님의 목적을 따라 일시적이었다(눅 1:15, 1:41, 1:67). 사도행전에 나오는 성령 충만은 예외 없이 성령님께 나를 완전하게 드리고 복종한 상태였다.

3) 성령 세례는 단번에 이루어지지만("우리가 유대인이나 헬라인이나 종이나 자유자나 다 한 성령으로 세례를 받아 한 몸이 되었고 또 다 한 성령을 마시게 하셨느니라", 고전 12:13) 성령 충만은 반복되고 계속되어야 한다.

(1) 오순절에 성령 충만이 임했다(행 2:4).

(2) 베드로는 다시 성령 충만을 받는다(행 4:8).

(3) 베드로와 함께 예루살렘에 머물렀던 무리가 다시 성령 충만을 받는다(행 4:31).

(4) 성령이 충만하여 집사로 선출되었던 스데반은 순교하기 전 다시 성령 충만을 받는다(행 7:55).

(5) 바울과 바나바는 각기 다른 기간에 성령 충만을 받는다(행 9:17, 11:24, 13:9, 52).

질문 8

성령 충만을 받는 방법은 무엇인가?

답:

1. 성도는 늘 성령 충만을 받아야 한다

에베소서 5장 18절의 "술 취하지 말라 이는 방탕한 것이니 오직 성령의 충만을 받으라"라는 말씀에서 '받으라'라는 단어는 명령형이다.

1) 성도가 성령 충만을 받아야 하는 것은 명령된 일이다. 성령 충만을 받는 것은 선택사항이 아니라 성도의 의무인 것이다.

2) 이 말은 성도들은 누구나 성령 충만을 받을 수 있다는 말이다.

3) 성령 충만을 받는 데는 성도의 구별이 없다. 주님은 누구에게나 성령 충만을 주신다는 말이다. 하나님이 성도들에게 받으라고 명하신 것은 주신다는 것을 보장하신다는 말이다. 주지도 않으면서 받으라고 명령할 수는 없는 것이다. 성령 충만은 성도 모두가 항상 받아야 하고, 또 성도 누구나 다 받을 수 있는 것이다. 성령 충만은 결코 특정한 사람에게만 임하는 것이 아니다.

2. 성령 충만을 방해하는 것들

성령 충만을 방해하는 것들은 성령 충만을 감각적인 것으로 착각하는 것, 성령을 거스르는 교만(행 7:51), 성령을 소멸하는 불순종이다(살전 5:19).

3. 성령 충만은 모르게 받는다

대다수의 성도는 구원의 성령을 언제 어떻게 받았는지 알지 못한다. 그러나 바울 같은 사람은 성령 충만을 언제 어떻게 받았는지 알 수 있다.

요 3:3-8 : "예수께서 대답하여 가라사대 진실로 진실로 네게 이르노니 사람이 거듭나지 아니하면 하나님 나라를 볼 수 없느니라 니고데모가 가로되 사람이 늙으면 어떻게 날 수 있삽나이까 두 번째 모태에 들어갔다가 날 수 있삽나이까 예수께서 대답하시되 진실로 진실로 네게 이르노니 사람이 물과 성령으로 나지 아니하면 하나님 나라에 들어갈 수 없느니라 육으로 난 것은 육이요 성령으로 난 것은 영이니 내가 네게 거듭나야 하겠다 하는 말을 기이히 여기지 말라 바람이 임의로 불매 네가 그 소리를 들어도 어디서 오며 어디로 가는지 알지 못하나니 성령으로 난 사람은 다 이러하니라"

행 9:3-9, 17-19 : "사울이 행하여 다메섹에 가까이 가더니 홀연히 하늘로서 빛이 저를 둘러 비추는지라 땅에 엎드러져 들으매 소리 있어 가라사대 사울아 사울아 네가 어찌하여 나를 핍박하느냐 하시거늘 대답하되 주여 뉘시오니이까 가라사대 나는 네가 핍박하는 예수라 네가 일어나 성으로 들어가라 행할 것을 네게 이를 자가 있느니라 하시니 같이 가던 사람들은 소리만 듣고 아무도 보지 못하여 말을 못하고 섰더라 사울이 땅에서 일어나 눈은 떴으나 아무것도 보지 못하고 사람의 손에 끌려 다메섹으로 들어가서 사흘 동안을 보지 못하고 식음을 전폐하니라…아나니아가 떠나 그 집에 들어가서 그에게 안수하여 가로되 형제 사울아 주 곧 네가 오는 길에서 나타나시던 예수께서 나를 보내어 너로 다시 보게 하시고 성령으로 충만하게 하신다 하니 즉시 사울의 눈에서 비늘 같은 것이 벗어져 다시 보게 된지라 일어나 세례를 받고 음식을 먹으매 강건하여지니라"

바울의 성령 충만 사건과 회심은 동시적인 사건이었다. 그러나 많은 성도는 회개하고 회심하여 주님을 영접한 다음 언젠가 성령 충만을 받게 되고, 그래서 언제 성령님이 내게 임했는지 모르기 쉽다.

4. 성경이 말씀하는 성령 받는 방법

1) 기도하는 것이다.

예수님은 승천하시기 전 제자들에게 "요한은 물로 세례를 베풀었으나 너희는 몇 날이 못 되어 성령으로 세례를 받으리라"(행 1:5)라고 말씀하셨다. 제자들은 이 약속을 믿고 예루살렘에서 몇 날, 곧 3일의 몇 갑절, 7일을 기다렸다. 예수님은 유월절에 죽으시고, 3일 동안 무덤에 머무르시다가 부활 후 40일간 지상에서 사역하셨고, 유월절 후 43일째 되는 날 승천하셨다가(이때 며칠이 못 되어 성령님이 오신다고 약속하셨다.), 다시 7일 후 오순절에 성령님이 오셨다. 제자들은 이 7일 동안 함께 모여 기도에 힘썼고(행 1:14), 그 후에 성령님이 임하셨다. 성령 받는 방법은 기도하는 것이다.

눅 11:11-13 : "너희 중에 아비 된 자 누가 아들이 생선을 달라 하면 생선 대신에 뱀을 주며 알을 달라 하면 전갈을 주겠느냐 너희가 악할지라도 좋은 것을 자식에게 줄 줄 알거든 하물며 너희 천부께서 구하는 자에게 성령을 주시지 않겠느냐 하시니라"

행 4:31 : "빌기를 다하매 모인 곳이 진동하더니 무리가 다 성령이 충만하여 담대히 하나님의 말씀을 전하니라"

기도할 때 성도는 주님 앞에 앉게 되고 자신의 모습을 바로 보게 된다. 성도는 기도할 때 죄를 회개하게 되고, 기도의 제목을 주님의 뜻으로 맞추게 된다. 기도함으로써 말씀대로 살아갈 힘을 얻고, 새 출발하게 된다. 수시로 기도하고, 정해 놓고 기도하고, 모든 일을 기도로 시작하고 기도로 끝내는 쉬지 않고 기도하는 길이 성령 받는 길이다.

2) 회개하는 길이다.

성령님은 우리에게 회개하게 하셨고, 성령을 받는 길은 회개하는 길이다.

눅 3:3 : "요한이 요단강 부근 각처에 와서 죄 사함을 얻게 하는 회개의 세례를 전파하니"
행 2:37-38 : "저희가 이 말을 듣고 마음에 찔려 베드로와 다른 사도들에게 물어 가로되 형제들아 우리가 어찌할꼬 하거늘 베드로가 가로되 너희가 회개하여 각각 예수 그리스도의 이름으로 세례를 받고 죄 사함을 얻으라 그리하면 성령을 선물로 받으리니"

성령을 선물로 받으려면 회개해야 한다. 내 모든 죄를 자복하고 주님께 용서를 받아야 한다. 회개함으로 새 결단, 새 생활로 나아가야 한다. 이 일이 성령님의 일이요, 이렇게 할 때 성령님이 임하신다.

3) 말씀을 가까이하는 것이다.

사도행전 10장의 고넬료의 가정에 성령님이 충만히 임하셨던 사건 전부가 말씀과 더불어 성령이 부어짐을 가르친다.

"베드로가 이 말 할 때에 성령이 말씀 듣는 모든 사람에게 내려오시니 베드로와 함께 온 할례 받은 신자들이 이방인들에게도 성령 부어 주심을 인하여 놀라니 이는 방언을 말하며 하나님 높임을 들음이러라" (행 10:44-46).

성령님은 말씀과 더불어 말씀 안에서 역사하신다. 오순절 큰 회개의 역사도 베드로가 말씀을 전하여 일어난 것이다. 성도는 말씀을 듣고 또 들어야 한다. 성도는 말씀을 읽고 또 읽어야 한다. 성도는 말씀을 전하고 또 전해야 한다. 말씀을 가까이하는 길이 성령님이 임재하시는 길이다.

4) 주의 일에 충성하는 것이다.

사도행전 1장과 2장에 나오는 오순절 사건을 보면, 오순절에 성령 충만을 받기 이전에 제자들이 가룟 유다 대신 "주님의 살으심과 죽으심과 부활을 본 사람" 중 하나를 택하여 주님의 부활을 증거하자고 결단한다. 그리고 오순절 사건이 일어난다. 주의 일을 하는 사람, 주의 일을 하려는 사람에게 성령님은 임하신다.

행 1:8 : "오직 성령이 너희에게 임하시면 너희가 권능을 받고 예루살렘과 온 유대와 사마리아와 땅끝까지 이르러 내 증인이 되리라 하시니라"

증인이 되는 사람에게 성령님은 임하신다.

5) 하나님이 하나님의 일을 하시려는 목적으로 성령을 부어 주신다.

눅 1:41 : "엘리사벳이 마리아의 문안함을 들으매 아이가 복중에서 뛰노는지라 엘리사벳이 성령의 충만함을 입어"

눅 1:67 : "그 부친 사가랴가 성령의 충만함을 입어 예언하여 가로되"

하나님이 하나님의 일을 위해 임의로 주시는 성령 충만이다.

6) 사도들에게 안수받는 것이다(행 8:18).

이 사건은 특수한 것으로, 오늘 사도직을 계승한 목사에게 안수받아야 성령을 받는 것은 아니다.

질문 9

성령 충만의 결과는 어떤 것인가?

답 :

성령 충만의 결과 첫째, 점진적 성화의 과정에서 성령의 열매를 맺게 된다.

> **갈 5:22-23** : "오직 성령의 열매는 사랑과 희락과 화평과 오래 참음과 자비와 양선과 충성과 온유와 절제니 이같은 것을 금지할 법이 없느니라"

이 열매는 성도가 성령으로 그리스도와 생명적인 연합을 가짐으로써 가능한 것이다.

> **요 15:5** : "나는 포도나무요 너희는 가지니 저가 내 안에, 내가 저 안에 있으면 이 사람은 과실을 많이 맺나니 나를 떠나서는 너희가 아무것도 할 수 없음이라"

이 열매는 성도가 성령님께 순종하여, 성령 충만하여, 주님의 계명, 주님의 말씀을 순종함으로 가능한 것이다.

요 15:9-10 : "아버지께서 나를 사랑하신 것 같이 나도 너희를 사랑하였으니 나의 사랑 안에 거하라 내가 아버지의 계명을 지켜 그의 사랑 안에 거하는 것 같이 너희도 내 계명을 지키면 내 사랑 안에 거하리라"
요 15:12 : "내 계명은 곧 내가 너희를 사랑한 것 같이 너희도 서로 사랑하라 하는 이것이니라"

둘째, 가르침의 은사를 받는다. 성령으로 기록된 하나님의 말씀은 성령이 없이는 이해되지 않는다. 성령은 가르침의 시작이다.

요 16:12-14 : "내가 아직도 너희에게 이를 것이 많으나 지금은 너희가 감당치 못하리라 그러하나 진리의 성령이 오시면 그가 너희를 모든 진리 가운데로 인도하시리니 그가 자의로 말하지 않고 오직 듣는 것을 말하시며 장래 일을 너희에게 알리시리라 그가 내 영광을 나타내리니 내 것을 가지고 너희에게 알리겠음이니라"

성령 충만의 결과는 그리스도에 대해 바로 알고 그리스도에 대해 바로 가르치는 것이다.

셋째, 인도하심을 받는다. 성령님의 사역은 말씀을 명백하게 가르쳐 주는 동시에 우리의 개인적인 문제들을 진리로 적용하도록 인도하신다. 성령님께 순종할 때, 성령님이 충만하실 때 성도는 성령님의 인도를 받게 된다.

요 16:12-13 : "내가 아직도 너희에게 이를 것이 많으나 지금은 너희가 감당치 못하리라 그러하나 진리의 성령이 오시면 그가 너희를 모든 진리 가운데로 인도하시리니"

넷째, 여러 가지 기쁨(희락)을 준다. 경배의 기쁨, 순종의 기쁨, 인내의 기쁨, 봉사의 기쁨, 기도의 기쁨 등 성도에게 기쁨을 준다. 빌립보서에서 바울이 옥중에서 옥 밖에 있는 사람들에게 기뻐하라고 말한 것이나 바울이 빌립보 옥에 갇혀서 밤중에 실라와 함께 찬미한 것(행 16:25) 등이 좋은 예로, 성령 충만할 때 성도는 기쁨을 누릴 수 있다.

성령 충만할 때 성도는 삶의 현장에서 사랑과 희락과 화평과 오래 참음과 자비와 양선과 충성과 온유와 절제하는 생활을 하게 된다. 성령 충만은 성도의 인격을 그리스도의 인격으로 변화하게 하고, 그리스도의 품격을 닮는 인격으로 성장케 한다.

질문 10

성령이 충만해지면 방언을 하는가? 방언을 못 하면 성령 충만하지 못한 것인가?

답 :

사도행전에는 성령 충만의 사건과 방언이 같은 사건으로 기록되어 있다. 그러나 성령이 충만하다고 해서 반드시 방언을 하는 것은 아니다. 방언은 성경에 기록된 은사 중 하나로, 은사는 성령님이 주시면 받는 것이요, 이 은사는 모든 성도에게 나누어 주어지는 것이다. 그러나 성령 충만은 모든 성도가 다 받아야 하는 것이다. 성령 충만은 성화의 과정에서 필수적인 것이지만 은사는 모든 성도가 꼭 받아야 하는 것은 아니다. 성령님이 그 뜻대로 은사를 주시고, 성도는 성령님이 주시는 은사를 받게 된다.

고전 12:8-11 : "어떤 이에게는 성령으로 말미암아 지혜의 말씀을, 어떤 이에게는 같은 성령을 따라 지식의 말씀을, 다른 이에게는 같은 성령으로 믿음을, 어떤 이에게는 한 성령으로 병 고치는 은사를, 어떤 이에게는 능력 행함을, 어떤 이에게는 예언함을, 어떤 이에게는 영들 분별함을, 다른 이에게는 각종 방언 말함을, 어떤 이에게는 방언들 통역함을 주시나니 이 모든 일은 같은 한 성령이 행하사 그 뜻대로 각 사람에게 나눠 주시느니라"

방언은 은사 중에 하나일 뿐 성령 충만의 증거는 아니다. 방언의 은사를 정리하면 다음과 같다.

1. 방언을 기록한 성경들

1) 행 2:1-13—오순절에 한곳에 모였던 성도들이 성령 충만을 받고 성령님이 말하게 하심을 따라 다른 방언으로 말하기 시작했다. 그리고 많은 천하 각국으로부터 온 사람들이 유대 인들의 방언을 자기들의 말로 듣게 되었다.

2) 행 10:46—베드로가 고넬료의 집에서 복음을 전할 때 성령님이 임하셔서 고넬료의 식구들이 방언을 말했다. 이것은 오순절 성령과 같은 것이었다(행 11:15).

3) 행 19:6—세례 요한의 제자들이 믿을 때에 성령이 있음도 듣지 못하고 믿다가 바울이 와서 주 예수의 이름으로 세례를 주고 안수할 때 성령님이 임하심으로 방언을 하게 되었다.

4) 고전 12:10, 28, 30, 14:1-40—고린도 교회의 방언에 관한 많은 교훈이 있다.

2. 사도행전에 나타난 방언(행 2:1-13, 10:46, 19:6)

사도행전에 나타난 방언은 분명한 성령님의 역사였으며, 이것은 오늘날 성도가 향유하는 성령 세례, 성령의 인 치심, 성령 충만을 그때의 성도에게 표적으로 보여 준 사건이다. 이와 같은 방언은 사도행전에 다시 반복되지 않았고, 방언이 구원의 증거나 영성의 한 단계의 증거가 아니었다.

3. 고린도 교회의 방언

고린도전서 12장 10, 28절에서 은사의 중요성의 순서에 따라 배열된 맨 마지막에 방언의 은사가 기록되어 있고, 13장에는 사랑이 없는 방언은 소리 나는 구리와 울리는 꽹과리요, 온전한 사랑 가운데 방언도 그치게 된다고 하였다(고전 13:8). 고린도전서 14장은 방언장으로, 중요한 교훈을 담고 있다.

1) 방언은 예언보다 열등한 것이다(1-12, 19절).

2) 방언은 통역하는 사람이 함께 있지 않은 모임에서는 해서는 안 된다(13-20절).

3) 자기도 모르는 기도보다는 깨달을 수 있는 말로 기도하는 것이 더 좋다(15절).

4) 방언은 불신자를 위한 표적이요, 신자의 유익이 아니다(21-22절).

5) 방언은 예언의 은사와 마찬가지로 교회의 유익을 가져오기 위해서만 사용되어야 한다(26-38절).

6) 통역이 있어도 두 사람이나 세 사람만 말해야 한다(27-28절).

7) 여자는 교회에서 방언을 말하는 것이 금지되어 있다(34-35절).

8) 방언을 말하는 것을 금해서는 안 되며, 예언하기를 사모해야 한다

(39절).

4. 방언은 일시적 은사이다

방언은 성도 누구에게나 주어지는 것이 아니요, 또 방언의 은사를 받았다고 해도 평생 하는 것이 아닌 일시적인 은사다.

1) 방언은 은사 중 제일 작은 것이다.

2) 방언은 결코 구원의 증거가 될 수 없다(고전 12:13, 30).

3) 방언은 영적 깊이의 표현이 아니다. 고린도 교인은 초대 교회에서 가장 문제가 많은 육적인 교인이었으나 방언을 가장 많이 했다.

4) 성령 세례가 곧 방언으로 표현되는 것도 아니다(고전 12:13, 30). 성도는 모두 성령 세례를 받지만 은사는 각기 다른 것이다.

질문 11

은사와 성령 충만의 관계는 어떤 것인가?

답 :

먼저 성경이 말하는 은사는 어떤 것인가?

1. '은사' 라는 말의 뜻

1) '은사' 는 전적으로 하나님이 성도에게 주시는 은혜의 선물이다. 우리 성도들은 은사를 받을 자격이 없음에도 하나님이 주권적으로 그 영광을 위해 주는 것이다.

2) 고린도전서 12-14장은 은사에 대해 주로 언급하고, 에베소서 4장 11절은 영적 은사를 가진 사람들에 대해 말하고 있는데 이 두 개념은 구분되어 사용되기보다는 같이 사용되는 경향이 많다. 영적 은사를 뜻하는 '카리스마' 는 롬 1:11, 5:15, 6:23, 11:29, 12:6, 고전 1:7, 7:7, 12:4, 9, 28, 30-31, 고후 1:11, 딤전 4:14, 딤후 1:6, 벧전 4:10에 사용되었으며, 이

중에 많은 은사들이 비상한 권능으로 나타나는 영적 은사와 무관하다.

3) 로마서 6장 23절에서는 영생이 은사로, 로마서 5장 15-16절에서는 칭의가 은사로 표현되며, 고린도후서 1장 11절에서는 성도의 기도의 축복을 은사로 표현한다.

4) 로마서 1장 11절에서 바울은 로마 인에게 신령한 은사를 나누어 주겠다고 말한다. 딤전 4:14, 딤후 1:6에 바울 사도가 디모데에게 신령한 은사를 제공하겠다고 하면서 안수를 말하고 있는 것을 보면 바울 사도에게 은사를 나누어 줄 수 있는 비범한 권능이 있었다고 보인다.

5) 그러나 사도 시대를 제외하고 어느 누구도 영적 은사를 나누어 줄 수 있는 근거는 성경에 전혀 없다.

6) 롬 12:6, 고전 1:7, 12:4, 9, 28, 30-31, 벧전 4:10의 은사는 하나님의 은혜의 표로서 그리스도의 몸의 사역에서 개인의 사명이 성취되기 위한 수단으로서의 권능을 뜻한다.

7) 고린도전서 12장은 더욱 큰 은사를 사모하도록 말하고, 13장에서는 더욱 큰 은사로 사랑을 말한다.

2. 영적 은사의 독특한 속성들

1) 영적 은사는 하나님이 주권적으로 주시는 것으로, 성도는 은사를 사모할 수 있지만 어떤 은사를 받든 감사할 뿐 그것으로 교만과 자랑

혹은 낙심해서는 안 된다.

"모든 일은 같은 한 성령이 행하사 그 뜻대로 각 사람에게 나눠 주시느니라" (고전 12:11).

2) 이 영적 은사가 성령 세례 시, 다시 말해 구원과 동시에 받아지는 것이냐, 구원 후에 받아지는 것이냐에 대해 성경이 분명한 답을 제시하지 않지만, 신생아가 태어나면서부터 자연적 능력과 은사들이 잠재된 상태에서 태어나는 것과 같이 성도는 구원받을 때, 중생할 때 영적 은사를 잠재적으로 다 받는 것이다.

3) 모든 성도는 각기 다른 은사를 소유하고 있다. 고린도전서 12장 7절은 각 사람에게 성령의 나타남을 주신다고 말하며, 고린도전서 12장 11절은 각 사람에게 그 뜻대로 은사를 주신다고 말한다. 그리스도인은 그리스도라는 몸에 붙어 있는 지체들로(고전 12:27, 롬 12:5), 각 지체는 각기 다른 역할을 그 나름대로 감당키 위해 은사를 나누어 받았다.

4) 은사는 모두 귀하지만(고전 12:22) 동등하지는 않다. 고린도전서 12장 28절에 의하면, 첫째가 사도요, 둘째가 선지자요, 셋째가 교사요, 그 다음은 능력이요, 그 다음은 병 고치는 은사와 서로 돕는 것과 다스리는 것과 각종 방언을 말하는 것이라 되어 있고, 고린도전서 14장 5절에는 방언보다 예언의 은사를 앞세우고 있다(고전 14:19 참고). 이 말은 어느 은사가 더 귀하고 천하다는 것을 말하려는 것이 아니라 은사 중에 더 필수적이고 효과적인 은사가 있음을 말하는 것이다. 그러나 모든 지체가 귀하듯이 모든 은사가 다 귀하다.

5) 어떤 은사는 일시적이다. 초대 교회에 있었던 은사가 오늘날까지 남아 있는 것이 아니고, 어떤 성도가 은사를 받았다고 그것이 영속하는 것도 아니다.

3. 영구한 영적 은사들

1) 가르침의 은사—롬 12:7, 고전 12:28, 엡 4:11 등에는 가르침의 은사에 대해 언급하고 있는데, 사도들에게 이 은사가 함께했으며 하나님이 주신 진리—성경말씀—를 효과적으로 가르치고 적용시키는 데 하나님이 주신 은사인 것이다.

2) 섬김의 은사—롬 12:7, 고전 12:28. 모든 성도에게 정도의 차이는 있으나 이 섬김의 은사가 주어져 있으며, 교회는 이 은사 없이 그리스도의 몸으로 세워질 수 없다.

3) 다스림의 은사—고전 12:28, 롬 12:8. 하나님의 사람들 가운데 하나님은 어떤 사람들에게 권위의 자리를 주심으로 이 은사를 활용하여 그리스도의 몸을 세워 나가게 하신다.

4) 전도의 은사—엡 4:11. 이것은 모든 성도에게 주어진 하나님의 특별한 명령이지만 어떤 이들에게는 이 일을 특별히 효과적으로 감당할 수 있도록 은사를 주신다.

5) 목사의 은사—엡 4:11. 목사의 은사는 하나님이 어떤 사람에게 특별히 주시는 것으로, 가르침의 은사와 구별된다. 교사는 목사의 은사

를 다 가질 필요가 없지만 목사는 가르침의 은사를 함께 가져야 하며, 이것은 하나님이 주시는 은사이다.

6) 권위의 은사—롬 12:8. 설교 사역 중에 이 권위의 은사가 포함되지만 권위의 은사는 권고하고, 위로하며, 격려하고, 충고하는 것으로, 하나님이 주시는 은사이다.

7) 구제의 은사—롬 12:8. 모든 성도가 교회에 헌금하는 것을 통해 혹은 개인적으로 자기의 것을 다른 이들과 나누어 갖는 것으로, 이것도 성령님이 주시는 은사이다.

8) 긍휼을 베푸는 은사—로마서 12장 8절에 마지막으로 기록된 은사로, 이 은사는 구제를 포함하지만 고통당하는 형제를 성령의 역사로 특별히 불쌍히 여기고 싸매 주는 은사이다.

9) 믿음의 은사—고린도전서 12장 8-10절에 있는 성령의 은사와 사역의 목록에 믿음의 은사가 기록되어 있다. 이 은사는 모든 성도가 구원받을 때 가진 믿음 외에 어떤 성도에게 탁월하게 주시는 신뢰의 은사이다.

10) 지혜의 말씀과 지식의 말씀의 은사—고린도전서 12장 8-10절에 지혜의 말과 지식의 말을 은사로 기록하고 있다. 여기의 지혜와 지식은 보통 지혜나 지식이 아닌 성령에 의해 주어지는 특별한 영적 지식과 영적 지혜를 말한다.

4. 일시적 은사들

1) 사도의 은사—사도들은 예수 그리스도의 부활을 목격한 자들로, 그리스도와 성령에 의하여 이 사실을 증거하도록 공식적으로 부름 받은 사람들이다(열두 제자, 바울, 바나바, 맛디아, 야고보, 아볼로가 여기에 속한다. 마 10:2, 롬 1:1, 행 14:14, 1:25-26, 고전 15:7, 4:6). 이 사도들에게는 그들의 직분을 표증할 수 있는 기적적 능력의 은사들이 주어져 있었다(마 10:1, 행 5:15-16, 16:16-18, 28:8-9). 사도직은 하나님이 주신 성령의 은사이다(고전 12:28, 엡 4:11). 그리고 이 사도직은 부활을 목격한 몇몇 사람에게 일정 기간, 그들의 일생 동안만 주어졌던 은사이다. 로마 교회가 교황이 사도직을 승계한 것이라고 주장하는 것은 성경적 타당성이 없다.

2) 예언의 은사, 선지자의 은사—사도행전에 나오는 아가보(행 11:27-28, 21:10-11)와 빌립의 네 딸(행 21:9)이 예언의 은사를 소유했고, 사도들은 바울을 포함하여 선지자의 은사를 함께 소유하고 있었다(행 16:16-, 18:9-10, 22:17-21, 27:23-24). 예언자와 선지자는 하나님을 대신하여 말했고, 죄에 대한 심판을 말했으며, 미래의 사건과 현재의 사건에 대한 하나님의 말씀을 말했던 사람들이다.

사도 시대는 아직 신약성경이 기록되지 않은 때였기 때문에 하나님은 예언자와 선지자와 사도를 통해 하나님의 말씀을 하셨다. 그러나 이후 신약성경이 완성되었고, 이 신약성경에 완전한 예언과 완전한 하나님의 말씀이 기록되어 있기 때문에 여기에 더 보태도 안 되고 빼도 안 된다(계 22:18-19). 이런 의미에서 예언자의 은사와 선지자의 은사는 사도 시대에만 있었던 일시적인 은사이다.

3) 기적의 은사—우리 하나님은 언제나 기적을 행하실 수 있다. 사람 편에서의 기적이 하나님 편에서는 기적이 아니기 때문이다. 그러나 어떤 개인, 어떤 사건을 통해 하나님이 기적을 행하실 때가 있는데 그것은 일시적인 것이지 영속적인 것이 아니다.

4) 신유의 은사—신유의 은사는 고린도전서 12장 9, 28, 30절에만 기록되어 있다. 하나님은 믿음으로 드리는 기도의 응답으로서 병을 고치며, 병 고침을 받는 은사가 있지만 어떤 개인에게 영속적으로 주어지는 것이 아니라 하나님이 목적에 따라 필요한 때 필요한 사람에게 일시적으로 주시는 것이다. 바울 사도는 신유의 은사를 가졌지만 디모데는 자주 재발하는 속병을 그대로 가지고 있어서 바울이 그에게 포도주를 먹으라고 권면하고 있고(딤전 5:23), 빌립보 교회에서 바울에게로 보낸 에바브라 디도가 로마에서 병들게 되므로 바울과 빌립보 교회가 크게 근심하기도 한다(빌 2:24-27). 이렇게 볼 때 신유의 은사는 어떤 사람에게 영구적으로 고정되는 은사가 아니고 하나님이 기도의 응답으로 주시는 일시적인 은사인 것이다.

5) 방언의 은사—"성화와 성령에 관한 질문" 10문항의 답을 보라.

6) 방언 통역의 은사—방언 통역의 은사도 방언과 같이 항상 있는 것이 아니고 일시적으로 하나님이 필요한 사람에게 필요한 때 주시는 은사이다.

7) 영 분별의 은사—고린도전서 12장 10절에 기록된 영 분별의 은사

는 신약성경이 완성되기 전 구술로 전해지는 하나님의 말씀의 진위를 가려내는 데 필요했던 은사로, 하나님이 주신 은사이다. 그러나 지금은 하나님의 말씀이 기록되어 있기 때문에 우리는 기록된 말씀에 따라 성령의 역사와 악령의 역사를 분별할 수 있다. 악령의 역사는 그리스도의 몸인 교회를 해치며 성도를 넘어지게 하는 것이지만 성령의 역사는 늘 평안과 위로와 화평을 가져온다(갈 5:22-23, 참고. 요일 4:1-2, 2:27).

5. 직분적 은사

1) 에베소서 4장 11절에서 사도, 선지자, 전도자, 목사, 교사를 은사로 주신 직분이라고 말씀한다.

"그가 혹은 사도로, 혹은 선지자로, 혹은 복음 전하는 자로, 혹은 목사와 교사로 주셨으니."

2) 사도행전 13장 2-4절에서는 안디옥 교회에서 바나바와 사울이 선교사로 보냄 받은 것을 성령님이 하신 은사라고 말한다.

행 13:2-4 : "주를 섬겨 금식할 때에 성령이 가라사대 내가 불러 시키는 일을 위하여 바나바와 사울을 따로 세우라 하시니 이에 금식하며 기도하고 두 사람에게 안수하여 보내니라 두 사람이 성령의 보내심을 받아 실루기아에 내려가"

3) 베드로전서 4장 10-11절에서는 선한 청지기로 봉사하는 것이 은사라 말씀한다.

벧전 4:10-11 : "각각 은사를 받은 대로 하나님의 각양 은혜를 맡은 선한 청지기같이 서로 봉사하라 만일 누가 말하려면 하나님의 말씀을 하는 것 같이 하고 누가 봉사하려면 하나님의 공급하시는 힘으로 하는 것 같이 하라 이는 범사에 예수 그리스도로 말미암아 하나님이 영광을 받으시게 하려 함이니 그에게 영광과 권능이 세세에 무궁토록 있느니라 아멘"

4) 출애굽기 35장 30절부터 36장 1절에서 성막을 건축하는 모든 재주를 받은 브살렐과 오홀리압, 그 외의 기술자들의 능력을 은사라 말한다.

출 35:30-36:1 : "모세가 이스라엘 자손에게 이르되 볼지어다 여호와께서 유다 지파 훌의 손자요 우리의 아들인 브살렐을 지명하여 부르시고 하나님의 신을 그에게 충만케 하여 지혜와 총명과 지식으로 여러가지 일을 하게 하시되 공교한 일을 연구하여 금과 은과 놋으로 일하게 하시며 보석을 깎아 물리며 나무를 새기는 여러 가지 공교한 일을 하게 하셨고 또 그와 단 지파 아히사막의 아들 오홀리압을 감동시키사 가르치게 하시며 지혜로운 마음을 그들에게 충만하게 하사 여러 가지 일을 하게 하시되 조각하는 일과 공교로운 일과 청색 자색 홍색 실과 가는 베실로 수 놓는 일과 짜는 일과 그 외에 여러 가지 일을 하게 하시고 공교로운 일을 연구하게 하셨나니 브살렐과 오홀리압과 및 마음이 지혜로운 사람 곧 여호와께서 지혜와 총명을 부으사 성소에 쓸 모든 일을 할 줄 알게 하심을 입은 자들은 여호와의 무릇 명하신 대로 할 것이니라"

이상과 같이 성경에는 여러 가지 은사가 기록되어 있다. 이 은사들 중에 칭의, 믿음, 봉사, 사랑, 권위(자비), 구제(봉사), 기도, 선교 같은 은사는 성령의 열매와 중복되기 때문에 은사와 성령 충만을 혼동하게 된다.

6. 성령 충만과 은사의 정리

1) 은사는 성령 충만과 관계없이 어떤 성도에게 특별하게 주어지는

재능(talent)일 수 있지만, 성령 충만은 모든 성도가 항상 받아야 하는 성도의 의무요, 성숙해져야 하는 그리스도인의 인격이다. 성령 충만은 성도가 언제나 힘써서 받아야 하지만 은사는 힘써서 받아지는 것이 아니다.

2) 은사는 여러 가지 형태로 모든 성도에게 다 있는 것이다. 모든 은사는 성령님이 주신 것이기 때문에 귀하고, 그래서 주님의 영광을 위해 쓰임 받아야 한다.

3) 방언은 체험되는 은사로, 성도가 받으면 좋지만 성령 충만의 증거로 방언을 하는 것은 아니다.

질문 12

성령 충만의 기준은 무엇이며, 어떤 상태가 성령 충만한 상태인가?

답 :

"성화와 성령에 관한 질문" 7문항에서 답한 대로 성령 충만은 성도가 자신을 성령님께 완전히 드릴 때 성취되는 사역이다. 성령 충만은 헬라 어로 '핌플레미' (눅 1:15, 41, 67, 행 2:4, 4:8, 31, 9:17, 13:9)이다. '핌플레미' 의 다른 형태인 '필레루' 는 행 13:52, 엡 5:18에 사용되고, 형용사형인 '플레레스' 는 눅 4:1, 행 6:3, 7:55, 11:24에 각각 나타나는데, 이 모든 말은 하나님이 완전히 자유롭게 개인적으로 역사하심을 나타낸다.

성령 충만을 말하는 동사 '플레루스테' (엡 5:18)는 현재 명령형으로, 이 말은 계속하여 성령 충만을 받으라는 말로 해석된다.

성령 충만은 성령님께 내 인격, 곧 내 지식과 감정과 의지가 완전히 순복될 때 완전히 이루어진다. 이 지점이 완전 성화의 지점이다. 바울 사도는 이런 지점을 한 번 통과하며 이렇게 말한다.

고후 12:3-6 : "내가 이런 사람을 아노니 (그가 몸 안에 있었는지 몸 밖에 있었는지 나는 모르거니와 하나님은 아시느니라) 그가 낙원으로 이끌려가서 말할 수 없는 말을 들었으니 사람이 가히 이르지 못할 말이로다 내가 이런 사람을 위하여 자랑하겠으나 나를 위하여는 약한 것들 외에 자랑치 아니하리라 내가 만일 자랑하고자 하여도 어리석은 자가 되지 아니할 것은 내가 참말을 함이라 그러나 누가 나를 보는 바와 내게 듣는 바에 지나치게 생각할까 두려워하여 그만두노라"

내 인격이 100퍼센트 성령님께 순종하여 100퍼센트 성령 충만해지는 것이 성도의 목표다. 그러나 이 목표는 부활한 후에 완전하게 이루어진다. 성도는 이 목표를 향해 달려가야 하지만 이 땅에서는 개인에 따라 잠시 이루어질 수 있을 뿐 완전하게 이루어지지 않는다.

성도가 자기의 감정, 자기의 의지, 자기의 지식을 100퍼센트 성령님께 순종하는 것이 100퍼센트 성령 충만이라고 보면, 성도가 51퍼센트 이상 자기의 지식, 자기의 감정, 자기의 의지를 죽이고 51퍼센트 이상 성령님께 순종할 때부터 성령 충만은 시작되는 것이다. 주님 앞에서 성도가 자기의 감정, 자기의 지식, 자기의 의지를 51퍼센트 이상 죽이고 사는 것은 정상적인 신앙 생활이다.

우리 성도들은 성숙한 신앙인으로 살기 위하여 자신을 매순간 최소한 반 이상 죽여야 한다. 바울 사도처럼 위대한 사람도 이 일 때문에 매일 죽노라 말했고 자신을 쳐서 복종시킨다고 말했다.

고전 9:27 : "내가 내 몸을 쳐 복종하게 함은 내가 남에게 전파한 후에 자기가 도리어 버림이 될까 두려워함이로라"
고전 15:31 : "형제들아 내가 그리스도 예수 우리 주 안에서 가진바 너희에게 대한 나의 자랑을 두고 단언하노니 나는 날마다 죽노라"

우리는 기도의 생활, 회개의 생활, 말씀을 가까이하는 생활, 주님의 일에 충성하는 생활을 훈련함으로 날마다 더 큰 충만을 입어야 한다.

성도가 100퍼센트 성령 충만에는 이르지 못했어도 자신을(자기의 지식을 하나님 말씀 앞에, 자기의 감정을 성령님께, 자기의 의지를 주님 앞에) 반 이상 죽이며 말씀에 복종하는 생활을 하면 이 성도는 성령 충만한 생활을 하는 것이다. 기도, 회개, 충성, 말씀 중심의 생활은 성도로 살아가는 기본이고, 많은 성도가 이렇게 산다. 비록 기적은 베풀지 못해도 이런 정상적인 신앙 생활을 할 때 우리는 성령 충만으로 살고 있는 것이며, 이 일에 더욱 힘쓸 때 더 큰 충만으로 나아가는 것이다.

많은 성도의 문제는 내가 이미 성령 충만한 가운데 살아가면서도 늘 나는 성령 충만하지 못하다고 착각하는 것이다. 내 지갑에 돈이 있어도 돈이 없다고 착각하면 돈이 필요할 때 쓸 수가 없다. 성도는 말씀 앞에 반 이상 죽고, 더 죽으며, 더 큰 성령 충만으로, 더 말씀에 지배되는 인격의 성숙으로 날마다 나아가야 한다.

질문 13

성령 충만의 생활, 성화의 과정에서 마귀와 어떻게 싸워야 이길 수 있는가?

답 :

1. 마귀와 사탄

성경에는 사탄에 대하여 '마귀', '사단', '귀신', '바알세불', '큰 용', '옛 뱀'으로 표현하고 있다. 왕상 5:4, 삼상 29:4, 삼하 19:22은 사탄을 '대적자'로 표현하며, 욥 1:6-12, 2:1-7은 '사단'으로 표현한다. 70인역은 사탄을 'diabolos'로 번역했는데 이 말은 비방자, 중상모략자를 뜻한다. 마 12:24-27, 막 3:22-26, 눅 11:15-20은 사탄을 '바알세불'로, 요한계시록은 '큰 용', '옛뱀', 'devil' 또는 '사단'으로 표현한다(계 12:7-9, 20:2 등).

사탄은 하나님을 대적하는 일을 하며, 범죄를 유발시키고, 성도를 믿음에서 넘어지게 하며, 미워하게 하고, 악의 근원이 된다. 저들은 종래에 1,000년 동안 옥에 갇히게 되고, 잠시 동안 풀려났다가 완전하게 지옥에 던져진다(계 20:7-10).

2. 마귀가 개인에게 침범할 때 일어나는 일

1) 하나님의 말씀을 거역하게 한다.

창 3:1-6 : "여호와 하나님의 지으신 들짐승 중에 뱀이 가장 간교하더라 뱀이 여자에게 물어 가로되 하나님이 참으로 너희더러 동산 모든 나무의 실과를 먹지 말라 하시더냐 여자가 뱀에게 말하되 동산 나무의 실과를 우리가 먹을 수 있으나 동산 중앙에 있는 나무의 실과는 하나님의 말씀에 너희는 먹지도 말고 만지지도 말라 너희가 죽을까 하노라 하셨느니라 뱀이 여자에게 이르되 너희가 결코 죽지 아니하리라 너희가 그것을 먹는 날에는 너희 눈이 밝아 하나님과 같이 되어 선악을 알 줄을 하나님이 아심이니라 여자가 그 나무를 본즉 먹음직도 하고 보암직도 하고 지혜롭게 할 만큼 탐스럽기도 한 나무인지라 여자가 그 실과를 따먹고 자기와 함께한 남편에게도 주매 그도 먹은지라"

사탄은 성도로 하여금 하나님의 말씀을 거역하도록 미혹한다.

2) 미워하게 한다.

삼상 16:14-15 : "여호와의 신이 사울에게서 떠나고 여호와의 부리신 악신이 그를 번뇌케 한지라 사울의 신하들이 그에게 이르되 보소서 하나님의 부리신 악신이 왕을 번뇌케 하온즉"
삼상 18:10-11 : "그 이튿날 하나님의 부리신 악신이 사울에게 힘있게 내리매 그가 집 가운데서 야료하는 고로 다윗이 평일과 같이 손으로 수금을 타는데 때에 사울의 손에 창이 있는지라 그가 스스로 이르기를 내가 다윗을 벽에 박으리라 하고 그 창을 던졌으나 다윗이 그 앞에서 두 번 피하였더라"

사울 왕에게 악신, 사탄이 임했을 때 그는 미워할 수 없는 다윗을 미위했다.

3) 용서하지 못하게 한다.

고후 2:10-11 : "너희가 무슨 일이든지 뉘게 용서하면 나도 그리하고 내가 만일 용서한 일이 있으면 용서한 그것은 너희를 위하여 그리스도 앞에서 한 것이니 이는 우리로 사단에게 속지 않게 하려 함이라 우리가 그 궤계를 알지 못하는 바가 아니로라"

사탄의 궤계는 성도가 다른 사람의 죄와 잘못을 용서하지 못하게 하는 것이다.

4) 그리스도의 복음을 수건으로 가린다.

고후 4:4 : "그 중에 이 세상 신이 믿지 아니하는 자들의 마음을 혼미케 하여 그리스도의 영광의 복음의 광채가 비취지 못하게 함이니 그리스도는 하나님의 형상이니라"

이 세상 신, 마귀는 복음의 광채를 혼미케 한다.

5) 말씀을 빼앗아 간다.

마 13:19 : "아무나 천국 말씀을 듣고 깨닫지 못할 때는 악한 자가 와서 그 마음에 뿌리운 것을 빼앗나니 이는 곧 길 가에 뿌리운 자요"
눅 8:12 : "길가에 있다는 것은 말씀을 들은 자니 이에 마귀가 와서 그들로 믿어 구원을 얻지 못하게 하려고 말씀을 그 마음에서 빼앗는 것이요"

6) 성도를 시험한다.

고전 7:5 : "서로 분방하지 말라 다만 기도할 틈을 얻기 위하여 합의상 얼마 동안은 하되 다시 합하라 이는 너희의 절제 못함을 인하여 사단으로 너희를 시험하지 못하게 하려 함이라"
벧전 5:8 : "근신하라 깨어라 너희 대적 마귀가 우는 사자 같이 두루 다니며 삼킬 자를 찾나니"

사탄은 늘 믿는 성도를 공격의 목표로 정하고 덤벼든다.

7) 믿음에서 넘어지게 한다.

마 13:41-42 : "인자가 그 천사들을 보내리니 저희가 그 나라에서 모든 넘어지게 하는 것과 또 불법을 행하는 자들을 거두어 내어 풀무 불에 던져 넣으리니 거기서 울며 이를 갊이 있으리라"

하나님의 밭에 심겨진 가라지 비유의 말씀에서 사탄을 가라지를 심은 자요, 원수 마귀를 넘어지게 하는 것이라고 말한다. 사탄은 우리를 믿음의 결심에서 늘 넘어지게 한다.

마 16:23 : "예수께서 돌이키시며 베드로에게 이르시되 사단아 내 뒤로 물러가라 너는 나를 넘어지게 하는 자로다 네가 하나님의 일을 생각지 아니하고 도리어 사람의 일을 생각하는도다 하시고"

예수님이 예루살렘에 올라가셔서 고난 받고 죽으실 것을 말할 때 위대한 신앙 고백을 한 베드로는 주님에게 그런 일이 일어날 수 없다고 말한다. 이때 예수님은 베드로를 사탄이라 말씀하시고 "너는 나를 넘어지게 하는 자"라고 말씀하신다. 사탄은 성도가 믿음으로 살려는 결단을 늘 넘어지게 한다.

3. 마귀와 싸워 승리하는 길

1) 말씀으로 이긴다.

마 4:1-11 : "그 때에 예수께서 성령에게 이끌리어 마귀에게 시험을 받으러 광야로 가사 사십 일을 밤낮으로 금식하신 후에 주리신지라 시험하는 자가 예수께 나아와서 가로되 네가 만일 하나님의 아들이어든 명하여 이 돌들이 떡덩이가 되게 하라 예수께서 대답하여 가라사대 기록되었으되 사람이 떡으로만 살 것이 아니요 하나님의 입으로 나오는 모든 말씀으로 살 것이라 하였느니라 하시니 이에 마귀가 예수를 거룩한 성으로 데려다가 성전 꼭대기에 세우고 가로되 네가 만일 하나님의 아들이어든 뛰어내리라 기록하였으되 저가 너를 위하여 그 사자들을 명하시리니 저희가 손으로 너를 받들어 발이 돌에 부딪히지 않게 하리로다 하였느니라 예수께서 이르시되 또 기록되었으되 주 너의 하나님을 시험치 말라 하였느니라 하신대 마귀가 또 그를 데리고 지극히 높은 산으로 가서 천하 만국과 그 영광을 보여 가로되 만일 내게 엎드려 경배하면 이 모든 것을 네게 주리라 이에 예수께서 말씀하시되 사단아 물러가라 기록되었으되 주 너의 하나님께 경배하고 다만 그를 섬기라 하였느니라 이에 마귀는 예수를 떠나고 천사들이 나아와서 수종드니라"

말씀이신 예수님도 사탄의 시험을 기록된 말씀(신 6:18, 10, 8:3)으로 이기셨다.

마귀와 싸워 이기기 위해 성도는 말씀을 가까이해야 한다. 말씀을 듣고, 읽고, 외우고, 묵상하며 순종하는 생활을 항상 반복해야 한다.

2) 기도로 이긴다.

막 9:29 : "이르시되 기도 외에 다른 것으로는 이런 유가 나갈 수 없느니라 하시니라"

예수님이 변화산에 계실 때 어떤 사람이 불에도 넘어지고 물에도 넘어지는, 즉 자주 불속에 몸을 던지고 물속에 뛰어드는 귀신 들린 아들을 제자들에게 데리고 와서 귀신을 쫓아내어 달라고 청했다. 그러나 제자들은 귀신을 쫓아내지 못했고 예수님이 산에서 내려오셔서 쫓아내셨다. 그때 제자들이 예수님께 자신들은 왜 귀신을 쫓아내지 못했는지를 물었고, 예수님은 기도 외에 다른 것으로는 이런 귀신이 나갈 수 없다고 답하셨다.

제자들은 일찍이 귀신을 쫓아내는 권능을 가진 사람들이었다.

눅 10:17-18 : "칠십인이 기뻐 돌아와 가로되 주여 주의 이름으로 귀신들도 우리에게 항복하더이다 예수께서 이르시되 사단이 하늘로서 번개 같이 떨어지는 것을 내가 보았노라"

과거에 귀신을 쫓아내고 질병을 고친 경험도 있었던 제자들은 분명히 귀신을 쫓아내기 위해 기도했다. 그런데 귀신이 그 아이의 몸속에서 나가지 않았다. 예수님은 기도로만 이런 귀신을 나가게 할 수 있다고 말씀하신다. 결국 이 말씀이 주는 교훈은 계속된 기도 생활, 쉬지 않는 기도 생활만이 마귀와 싸워 이긴다는 것이다.

우리는 정해 놓고 기도하고, 수시로 기도해야 하며, 무슨 일에나 기도로 시작하고 행해야 하고, 이런 생활을 쉬지 말아야 사탄을 이길 수 있다.

3) 찬송으로 이긴다.

삼상 16:23 : "하나님의 부리신 악신이 사울에게 이를 때에 다윗이 수금을 취하여 손으로 탄즉 사울이 상쾌하여 낫고 악신은 그에게서 떠나더라"

사울에게 내린 악신은 다윗이 찬송할 때 물러갔다.

대하 20:18-22 : "여호사밧이 몸을 굽혀 얼굴을 땅에 대니 온 유다와 예루살렘 거민들도 여호와 앞에 엎드려 경배하고 그핫 자손과 고라 자손에게 속한 레위 사람들은 서서 심히 큰 소리로 이스라엘 하나님 여호와를 찬송하니라 이에 백성들이 일찍이 일어나서 드고아 들로 나가니라 나갈 때에 여호사밧이 서서 가로되 유다와 예루살렘 거민들아 내 말을 들을지어다 너희는 너희 하나님 여호와를 신뢰하라 그리하면 견고히 서리라 그 선지자를 신뢰하라 그리하면 형통하리라 하고 백성으로 더불어 의논하고 노래하는 자를 택하여 거룩한 예복을 입히고 군대 앞에서 행하며 여호와를 찬송하여 이르기를 여호와께 감사하세 그 자비하심이 영원하도다 하게 하였더니 그 노래와 찬송이 시작될 때에 여호와께서 복병을 두어 유다를 치러 온 암몬 자손과 모압과 세일산 사람을 치게 하시므로 저희가 패하였으니"

여호사밧 왕은 모압의 침입을 받았을 때 하나님께 기도했고, 하나님은 노래하는 자들을 택하여 적진 앞에서 찬송케 하셨다. 이때에 적진이 무너져 승리했다. 이 말씀은 성도의 적진인 마귀는 찬송할 때 무너진다는 것을 가르쳐 준다.

4) 하나님의 전신갑주를 입어야 한다.

엡 6:10-16 : "종말로 너희가 주 안에서와 그 힘의 능력으로 강건하여지고 마귀의 궤계를 능히 대적하기 위하여 하나님의 전신갑주를 입으라 우리의 씨름은 혈과 육에 대한 것이 아니요 정사와 권세와 이 어두움의 세상 주관자들과 하늘에 있는 악의 영들에게 대함이라 그러므로 하나님의 전신갑주를 취하라 이는 악한 날에 너희가 능히 대적하고 모든 일을 행한 후에 서기 위함이라 그런즉 서서 진리로 너희 허리띠를 띠고 의의 흉배를 붙이고 평안의 복음의 예비한 것으로 신을 신고 모든 것 위에 믿음의 방패를 가지고 이로써 능히 악한 자의 모든 화전을 소멸하고 구원의 투구와 성령의 검 곧 하나님의 말씀을 가지라"

진리의 말씀으로 무장하고, 의의 경건을 좇으며, 복음 전하기에 힘쓰고, 주님이 함께해 주심을 굳게 믿고, 구원받은 확신을 가지고 성령님께 순종하는 것이 사탄을 이기는 하나님의 전신갑주이다. 우리는 늘 말씀과 기도와 찬송, 성령님께 순종하는 하나님의 전신갑주를 입고 살아야 사탄을 이길 수 있다.

질문 14

성령님은 언제나 성도와 함께하시는가? 성도가 죄를 지어도 성령님은 그와 함께하시는가?

답 :

1. 구원받은 성도 누구에게나 성령님은 내주하신다. 성령님이 내주하시지 않으면 성도가 아니다

롬 8:9 : "만일 너희 속에 하나님의 영이 거하시면 너희가 육신에 있지 아니하고 영에 있나니 누구든지 그리스도의 영이 없으면 그리스도의 사람이 아니라"
고전 2:12 : "우리가 세상의 영을 받지 아니하고 오직 하나님께로 온 영을 받았으니 이는 우리로 하여금 하나님께서 우리에게 은혜로 주신 것들을 알게 하려 하심이라"
고전 6:19 : "너희 몸은 너희가 하나님께로부터 받은바 너희 가운데 계신 성령의 전인 줄을 알지 못하느냐 너희는 너희의 것이 아니라"
(고전 12:13, 고후 5:5, 갈 3:2, 4:6, 요일 3:24, 고전 3:16)(요 7:37-39)-행 11:17, 롬 3:5, 8:9, 11 참조)

2. 죄를 범하는 성도에게도 성령님은 내주하신다

하나님께서 사도 바울을 통해 고린도 교회에 보낸 말씀은 그들에게 문제가 있고 죄가 있음에도 불구하고 성령님이 내주하신다는 것이다(고전 6:19). 성령님께 순종하는 것이 성령 충만의 조건은 되지만 성령님의 내주는 성도에게는 무조건적인 것이다. 성도가 범죄할 때 성령님은 근심하시지만 그래도 어떤 경우라도 세상 끝까지 성도와 함께하신다.

마 28:20 : "내가 너희에게 분부한 모든 것을 가르쳐 지키게 하라 볼지어다 내가 세상 끝날까지 너희와 항상 함께 있으리라 하시니라"

요 14:16-17 : "내가 아버지께 구하겠으니 그가 또 다른 보혜사를 너희에게 주사 영원토록 너희와 함께 있게 하시리니 저는 진리의 영이라 세상은 능히 저를 받지 못하나니 이는 저를 보지도 못하고 알지도 못함이라 그러나 너희는 저를 아나니 저는 너희와 함께 거하심이요 또 너희 속에 계시겠음이라"

롬 8:26-27 : "이와 같이 성령도 우리 연약함을 도우시나니 우리가 마땅히 빌 바를 알지 못하나 오직 성령이 말할 수 없는 탄식으로 우리를 위하여 친히 간구하시느니라 마음을 감찰하시는 이가 성령의 생각을 아시나니 이는 성령이 하나님의 뜻대로 성도를 위하여 간구하심이니라"

고전 3:16 : "너희가 하나님의 성전인 것과 하나님의 성령이 너희 안에 거하시는 것을 알지 못하느뇨"

엡 4:30 : "하나님의 성령을 근심하게 하지 말라 그 안에서 너희가 구속의 날까지 인치심을 받았느니라"

성도가 범죄할 때 성령님이 친히 간구해 주신다. 성령님은 항상 성도와 함께하신다.

3. 그래도 문제되는 성경 구절들이 있다

1) 사무엘서에 보면 성령님이 사울에게서 떠나갔다고 했고(삼상 16:14), 또 다윗이 하나님께 자기에게서 성령님을 거두어 가지 말아 달라고 기도한 사실이 있다(시 51:11). 그러나 이것은 성령님이 구원받은 모든 사람에게 영원히 내주하시는 현세대 이전의 사건이다.

2) 누가복음 11장 23절에서는 예수께서 제자들에게 성령님을 구하는 자가 받으리라고 약속하신다. 이 구절로 인해 성령님은 성도가 다 받는 것이 아니고 구하는 자가 받는다고 해석할 여지가 있지만 성도는 성령님과 함께하는 사람이요, 구하고 사모하는 자에게 성령님이 충만하게 임하시는 것이다.

3) 행 19:2-7 및 행 8:14-17의 문제

행 8:14-17 : "예루살렘에 있는 사도들이 사마리아도 하나님의 말씀을 받았다 함을 듣고 베드로와 요한을 보내매 그들이 내려가서 저희를 위하여 성령 받기를 기도하니 이는 아직 한 사람에게도 성령 내리신 일이 없고 오직 주 예수의 이름으로 세례만 받을 뿐이러라 이에 두 사도가 저희에게 안수하매 성령을 받는지라"
행 19:2-7 : "가로되 너희가 믿을 때에 성령을 받았느냐 가로되 아니라 우리는 성령이 있음도 듣지 못하였노라 바울이 가로되 그러면 너희가 무슨 세례를 받았느냐 대답하되 요한의 세례로라 바울이 가로되 요한이 회개의 세례를 베풀며 백성에게 말하되 내 뒤에 오시는 이를 믿으라 하였으니 이는 곧 예수라 하거늘 저희가 듣고 주 예수의 이름으로 세례를 받으니 바울이 그들에게 안수하매 성령이 그들에게 임하시므로 방언도 하고 예언도 하니 모두 열두 사람쯤 되니라"

여기에 보면 에베소에서 믿은 사람들이(세례를 받은 사람이) 성령을 받지 못한 것으로 되어 있다. 그리하여 이 구절은 안수를 받아야 성령을 받는 것처럼 오해를 낳게 한다.

그러나 여기서 "너희가 믿을 때에(믿은 이래로) 성령을 받았느냐"라는 말은 믿을 때에 "성령 충만을 받았느냐"라는 말로 해석해야 옳다. 왜냐하면 믿는 것과 성령님의 내주가 하나라는 것이 성경 전체의 가르침이기 때문이다.

사도행전 1-9장에서는 유대 인들에게 성령님의 내주와 믿음이 하나였지만 10장 사건 이하부터는 이방인들에게 성령님의 내주와 믿음이 하나가 된 것이 된다. 그러니까 사도행전 8장 14-20절 사건은 이방인들에게 사도 베드로가 도착할 때까지 성령님의 내주가 연기된 것으로 해석이 가능하고, 이런 사건은 한 번밖에 없는 일로, 이 구절은 성령님의 내주가 모든 성도에게 보편적이라는 성경 전체의 가르침을 부인하지 않는다.

사도행전 19장 1-6절의 문제는 바울이 도착하기 전까지 에베소 교인들은 세례 요한의 추종자들로 복음을 접하지 못했고, 따라서 그들은 믿는다고 했지만 회개만(행위의) 있는 믿음으로 예수님을 그리스도로 영접한 세례의 믿음이 아니었다. 그래서 바울이 그들에게 그리스도의 이름으로 세례를 줄 때 그들에게 성령님이 내주하게 된 것이다. 그러니까 이 구절에서 "믿을 때에 받은 성령"은 "충만의 성령"으로 해석할 수도 있고, 바울을 통해 진정한 복음을 믿음으로 성령님이 내주하시게 된 것으로 해석할 수 있다. 성령님의 내주와 믿음은 하나이며, 동시적인 것이다.

4

내세에 관한 (종말론적인) 질문

질문 1

예수님을 믿으면 다 천국에 가는가? 주의 이름을 부르는 자는 구원을 받는다고 했는데(롬 10:13), "나더러 주여 주여 하는 자마다 천국에 다 들어갈 것이 아니요 다만 하늘에 계신 내 아버지의 뜻대로 행하는 자라야 들어가리라"(마 7:21) 하신 말씀은 무슨 뜻인가?

답 :

예수님을 믿으면 모두 구원을 받고 영생을 얻는다. 구원받은 성도는 심판받지 않고 모두 천국에 들어간다.

요 5:24 : "내가 진실로 진실로 너희에게 이르노니 내 말을 듣고 또 나 보내신 이를 믿는 자는 영생을 얻었고 심판에 이르지 아니하나니 사망에서 생명으로 옮겼느니라"

그러나 구원을 받았어도 아버지의 뜻대로 행하지 못한 성도는 주님의 공중 재림 시 이루어지는 하늘의 천국(天國)에는 들어가지 못한다. 이들은 대환난에 들어갔다가 주님의 지상 재림 시 구원되어 영원천국,

새 하늘과 새 땅에 들어가 영생하게 되는데 이것을 부끄러운 구원이라 말한다.

성도는 믿음으로 구원 얻고 다시 서기관들과 바리새인들보다 더 의롭게 살아야 주님의 공중 재림 시 이루어지는 천국에 들어간다. 성도가 바리새인들과 서기관들보다 더 의롭게 사는 길은 날마다 회개하며 사는 것이다. 서기관들과 바리새인들은 의롭게 살기는 했지만 그들은 회개할 줄 몰랐고 은혜로 구원받는 것을 모른 채 자신의 의로 구원을 받는다고 생각했다. 그래서 예수님은 이런 바리새인들과 서기관들을 질책하신 것이다.

마 5:20 : "내가 너희에게 이르노니 너희 의가 서기관과 바리새인보다 더 낫지 못하면 결단코 천국에 들어가지 못하리라"

성도가 부끄러운 구원에 이르지 않으려면 날마다 회개하며 살아가는, 빛나고 깨끗한 세마포로 단장하는 성화의 생활을 해야 한다.(이 부분은 아래 질문들에서 더 분명하게 설명한다.)

질문 2

영원천국(새 하늘과 새 땅)과 하늘의 천국(天國)은 다른 것인가? 다르면 어떻게 다른가?

답 :

주님이 지상에 재림하신 후에 죽은 자들과 산 자들을 심판하시고, 하나님의 생명책에 그 이름이 없는 사람들은 자기가 행한 대로 심판을 받아 영원 지옥에 떨어진다. 이것이 제2의 사망이다. 이 심판 때에 구원받은 모든 성도는(천국 잔치에 못 들어가고 대환난에 들어갔던 성도들과 천국 잔치에 참여했던 성도들) 새 하늘과 새 땅, 곧 영원천국으로 들어가 주님과 함께 영생하게 된다. 이곳이 영원천국(새 하늘과 새 땅)으로, 이 영원천국은 주님의 공중 재림 시 이루어지는 공중 천국(天國)과는 다른 것이다.

계 20:11-21:4 : "또 내가 크고 흰 보좌와 그 위에 앉으신 자를 보니 땅과 하늘이 그 앞에서 피하여 간데 없더라 또 내가 보니 죽은 자들이 무론대소하고 그 보좌 앞에 섰는데 책들이 펴 있고 또 다른 책이 펴졌으니 곧 생명책이라 죽은 자들이 자기 행위를 따라 책들에 기록된 대로 심판을 받으니 바다가 그 가운데서 죽은 자들을 내어주고 또 사망과 음부도 그 가운데서 죽은 자들을 내어주매 각 사람이 자기의 행위대로 심판을 받고 사망과 음부도 불못에 던지우니 이것은 둘째 사망 곧 불못이라 누구든지 생명책에 기록되지 못한 자는 불못에 던지우더라 또 내가 새 하늘과 새 땅을 보니 처음 하늘과 처음 땅이 없어졌고 바다도 다시 있지 않더라 또 내가 보매 거룩한 성 새 예루살렘이 하나님께로부터 하늘에서 내려오니 그 예비한 것이 신부가 남편을 위하여 단장한 것 같더라 내가 들으니 보좌에서 큰 음성이 나서 가로되 보라 하나님의 장막이 사람들과 함께 있으매 하나님이 저희와 함께 거하시리니 저희는 하나님의 백성이 되고 하나님은 친히 저희와 함께 계셔서 모든 눈물을 그 눈에서 씻기시매 다시 사망이 없고 애통하는 것이나 곡하는 것이나 아픈 것이 다시 있지 아니하리니 처음 것들이 다 지나갔음이러라"

질문 3

하늘의 천국(天國)은 어떤 곳인가? 하늘의 천국은 어디에 있는가?

답 :

천국(天國)은 주님의 공중 재림 시 공중에 이루어지는 천국으로, 영어로는 'kingdom of heaven', 헬라 어로는 '바실레이아 톤 우라논'이다. 이 천국은 성경에서 잔치와 상급으로 표현되는데, 이 천국은 구원받은 성도라고 해서 모두 가는 것이 아니다. 이 천국은 오직 구원받고 하나님의 뜻대로 행하는 자만 들어가는 천국이다(마 7:21).

이 천국은 구원받고 아버지의 뜻대로 행한 자, 달란트를 남긴 종, 예복을 준비한 사람, 기름을 준비한 신부만이 들어가는 곳으로, 영원한 천국이 아니다. 이 천국은 주님이 공중에 재림하실 때 하늘에 이루어지고, 구원받고 성화된 성도들이 부활하고, 변화받아 이 천국으로 끌어 올려져 여기서 주님을 만나 주님과 함께 즐기는 잔치와 상급으로 비유되는 곳이다.

주님이 성화된 성도들과 함께 공중에서 천국 잔치를 시작하는 순간,

이 땅에는 사탄이 지배하는 대환난이 시작된다(대환난에 관해서는 다음 질문 4항에서 자세히 설명한다.). 이 천국은 이 땅에 계시록의 일곱 대접이 쏟아질 동안만 존재하고, 이 땅에 시작된 대환난이 끝날 때에 천국 잔치도 끝이 난다. 이 천국 잔치 후에(대환난 후에) 주님은 천국 잔치에 참여했던 많은 성도와 함께 지상 재림하시게 된다. 이 천국에는 한 달란트 받은 종, 예복을 벗어버리고 잔칫자리에 들어갔다가 바깥 어두운 데로 쫓겨난 사람, 기름을 준비하지 못한 미련한 처녀같이 구원을 받았어도 성화되지 못한 성도는 들어가지 못한다.

마 7:21-23 : "나더러 주여 주여 하는 자마다 천국에 다 들어갈 것이 아니요 다만 하늘에 계신 내 아버지의 뜻대로 행하는 자라야 들어가리라 그 날에 많은 사람이 나더러 이르되 주여 주여 우리가 주의 이름으로 선지자 노릇하며 주의 이름으로 귀신을 쫓아 내며 주의 이름으로 많은 권능을 행치 아니하였나이까 하리니 그 때에 내가 저희에게 밝히 말하되 내가 너희를 도무지 알지 못하니 불법을 행하는 자들아 내게서 떠나가라 하리라"

마 22:1-14 : "예수께서 다시 비유로 대답하여 가라사대 천국은 마치 자기 아들을 위하여 혼인 잔치를 베푼 어떤 임금과 같으니 그 종들을 보내어 그 청한 사람들을 혼인 잔치에 오라 하였더니 오기를 싫어하거늘 다시 다른 종들을 보내며 가로되 청한 사람들에게 이르기를 내가 오찬을 준비하되 나의 소와 살진 짐승을 잡고 모든 것을 갖추었으니 혼인 잔치에 오소서 하라 하였더니 저희가 돌아보지도 않고 하나는 자기 밭으로, 하나는 자기 상업차로 가고 그 남은 자들은 종들을 잡아 능욕하고 죽이니 임금이 노하여 군대를 보내어 그 살인한 자들을 진멸하고 그 동네를 불사르고 이에 종들에게 이르되 혼인 잔치는 예비되었으나 청한 사람들은 합당치 아니하니 사거리 길에 가서 사람을 만나는 대로 혼인 잔치에 청하여 오너라 한대 종들이 길에 나가 악한 자나 선한 자나 만나는 대로 모두 데려오니 혼인자리에 손이 가득한지라 임금이 손을 보러 들어올새 거기서 예복을 입지 않은 한 사람을 보고 가로되 친구여 어찌하여 예복을 입지 않고 여기 들어왔느냐 하니 저가 유구무언이어늘 임금이 사환들에게 말하되 그 수족을 결박하여 바깥 어두움에 내어 던지라 거기서 슬피 울며 이를 갊이 있으리라 하니라 청함을 받은 자는 많되 택함을 입은 자는 적으니라"

첫째, 이 말씀은 천국의 비유다. 천국은 사람들이 경험하지 못한 세상이기 때문에 비유로 설명된다. 이 비유에서 잔칫자리에 청해도 여러 가지 세상일을 핑계로 거절한 사람들은 복음을 듣고도 거절하는 사람들이다.

둘째, 이 말씀에서 혼인자리에 오도록 청하는 종들을 잡아 죽인 사람들은 하나님이 많은 선지자들을 보내어 저들을 청했지만 끝내 그 선지자들과 신랑 예수님을 십자가에 못 박은 이스라엘 백성을 가리킨다. 그래서 하나님은 로마 군대를 통하여 저들을 진멸하신다.

셋째, 이 말씀에서 사거리 길에서 손님을 청해 오는 것은 복음이 이스라엘 밖, 즉 이방으로 나감을 뜻한다.

넷째, 잔칫자리에는 악한 자와 선한 자가 함께 들어온다. 천국에 들어가는 기준은 악하냐 선하냐가 아니라 예복을 입었는가 안 입었는가이다.

다섯째, 저들은 길거리에서 부름 받았지만 잔치에 들어올 때 모두 예복을 입었다. 그런데 한 사람이 예복을 입지 아니했다. 이 사람이 잔칫자리에 들어왔다는 것은 그도 구원받은 성도라는 것을 가리킨다. 그러나 그는 구원은 받았어도 잔치에 참여할 수 있는 예복을 벗어버렸다. 그래서 그는 잔치에서 쫓겨나 바깥 어두운 데로 떨어진다.

여섯째, 여기서 예복은 성도의 옳은 행실로, 회개를 뜻한다("또 내가 들으니 허다한 무리의 음성도 같고 많은 물 소리도 같고 큰 뇌성도 같아서 가로되 할렐루야 주 우리 하나님 곧 전능하신 이가 통치하시도다 우리가 즐거워하고 크게 기뻐하여 그에게 영광을 돌리세 어린 양의 혼인 기약이 이르렀고 그 아내가 예비하였으니 그에게 허락하사 빛나고 깨끗한 세마포를 입게 하셨은즉 이 세마포는 성도들의 옳은 행실이로다 하더라", 계 19:6-8).

일곱째, 회개만이 죄를 용서받는 길이요, 그래서 성도는 구원받은 후 계속 회개하며 살아야 한다. 아무리 깨끗하고 빛나는 옷이라 하더라도 세탁하지 않으면 더러워진다. 세마포가 깨끗하고 빛나려면 계속 빨아 입어야 한다. 성도가 하나님 앞에 100퍼센트 옳은 지점은 "제가 또 이런 이런 죄를 범했습니다. 주님의 보혈의 공로를 믿습니다. 용서하여 주시고 이 죄를 이기게 하여 주소서" 하고 회개하는 것이다. 구원받은 후 계속 회개하는 성화의 생활을 하지 못하는 성도는 예복을 벗은 사람이요, 한 달란트 받은 사람이며, 기름을 준비하지 못한 신부이다.

행 3:19 : "그러므로 너희가 회개하고 돌이켜 너희 죄 없이 함을 받으라 이같이 하면 유쾌하게 되는 날이 주 앞으로부터 이를 것이요"
계 3:3-5 : "그러므로 네가 어떻게 받았으며 어떻게 들었는지 생각하고 지키어 회개하라 만일 일깨지 아니하면 내가 도적같이 이르리니 어느 시에 네게 임할는지 네가 알지 못하리라 그러나 사데에 그 옷을 더럽히지 아니한 자 몇 명이 네게 있어 흰 옷을 입고 나와 함께 다니리니 그들은 합당한 자인 연고라 이기는 자는 이와 같이 흰 옷을 입을 것이요 내가 그 이름을 생명책에서 반드시 흐리지 아니하고 그 이름을 내 아버지 앞과 그 천사들 앞에서 시인하리라"

이 말씀은 구원받은 사데 교회에 주신 말씀으로, 여기서의 회개는 불신자가 예수님을 영접하는 회개가 아니라 구원받은 성도가 성화의 과정에서 매일 해야 하는 회개를 뜻한다. 회개하는 생활이 성도를 향해 하나님이 원하시는 하나님의 뜻이요, 이 회개가 세마포 옷이다.

구약성경에서 제사장은 지성소에 들어갈 때에 세마포로 지은 옷을 입어야 했다. 천국(天國, kingdom of heaven)은 구원을 받았다고 다 들어가는 것이 아니고 구원받은 후 늘 회개하며 살아가는 성화의 예복을 입어야 들어갈 수 있다.

여덟째, 예복을 입지 않은 사람이 떨어진 곳은 "바깥 어두운 데"로, 이곳은 지옥이 아니라 대환난의 장소이다.

계 16:10-11 : "또 다섯째가 그 대접을 짐승의 보좌에 쏟으니 그 나라가 곧 어두워지며 사람들이 아파서 자기 혀를 깨물고 아픈 것과 종기로 인하여 하늘의 하나님을 훼방하고 저희 행위를 회개치 아니하더라"

"대접이 쏟아지는 세상", 곧 대환난의 장소는 어두운 곳이다.

마 24:29-31 : "그 날 환난 후에 즉시 해가 어두워지며 달이 빛을 내지 아니하며 별들이 하늘에서 떨어지며 하늘의 권능들이 흔들리리라 그 때에 인자의 징조가 하늘에서 보이겠고 그 때에 땅의 모든 족속들이 통곡하며 그들이 인자가 구름을 타고 능력과 큰 영광으로 오는 것을 보리라 저가 큰 나팔소리와 함께 천사들을 보내리니 저희가 그 택하신 자들을 하늘 이 끝에서 저 끝까지 사방에서 모으리라"

행 2:20 : "주의 크고 영화로운 날이 이르기 전에 해가 변하여 어두워지고 달이 변하여 피가 되리라"

대환난은 계시록에서 마지막 나팔 불 때(다음 질문에서 자세히 설명한다.), 곧 첫째 대접이 쏟아질 때 시작된다. 이 환난이 시작된 후 해와 달이 빛을 잃고 어두워진다.

질문 4

대환난은 언제 시작되고, 그 장소는 어디인가?

답:

이 질문에 대답하려면 주님의 재림에 대하여 잘 알아야 한다. 주님의 재림에 대해 바로 알려면 계시록에 대한 바른 지식이 필요하다.

1. 계시록의 구조

1) 계시록은 주님의 재림에 대한 계시이다("볼지어다 구름을 타고 오시리라 각인의 눈이 그를 보겠고 그를 찌른 자들도 볼 터이요 땅에 있는 모든 족속이 그를 인하여 애곡하리니 그러하리라 아멘", 계 1:7).

2) 계시록은 세상 교회를 상징하는 일곱 교회에 보내는 편지에 이어 일곱 인을 떼는 계시, 일곱 나팔을 부는 계시, 일곱 대접을 쏟는 계시가 중심이 되어 있다. 이 세 계시를 계시록의 3대 계시라 말한다.

3) 일곱 인을 떼는 계시와 일곱 나팔을 부는 계시, 일곱 대접을 쏟는 계시 사이에 중간 계시가 나온다. 이 중간 계시에는 대환난 때에 일어날 하늘의 사건과 땅의 사건들, 주님 재림 시의 양상들이 나온다. 계시록의 이 3대 계시의 구조는 특이하다. 일곱 인의 계시 중 마지막 일곱 번째 인의 계시에 일곱 나팔 계시가 들어가 있고, 나팔 계시 중 마지막 나팔, 곧 일곱 번째 나팔 계시에 일곱 대접 계시가 들어가 있다.

정리하자면 일곱 번째 인의 계시에 일곱 나팔 계시와 일곱 대접 계시가 다 들어가 있는 것이다. 그리고 이 계시의 연결은 일곱 번째 인이 떼어지는 때가 첫 번째 나팔을 부는 때요, 일곱 번째 나팔을 부는 때가 동시에 첫 번째 대접이 쏟아지는 때이다.

4) 계시록에서 인의 계시는 주님이 재림하실 때, 곧 마지막 때의 비밀을 상징하고, 일곱 인은 완전한 비밀을 상징한다. 여기서 일곱 번째 인은 마지막 비밀이다. 이 마지막 비밀 속에 일곱 나팔 계시가 들어 있다. 나팔 계시는 경고(여러 가지 사건으로 주님의 재림을 알려 주는)로, 마지막 나팔, 즉 일곱 번째 나팔은 마지막 경고이다. 그리고 이 마지막 경고 속에 일곱 대접 계시가 들어감으로 일곱 번째 나팔을 불기 시작하며, 동시에 일곱 대접 계시가 시작된다.

(계시록의 구조 및 삼대계시, 중간계시를 잘 알기를 원하면 이상근 박사 저, 『계시록 주석』을 보라)

5) 계시록에서 '대접' 은 하나님의 진노를 뜻한다.

계 16:1 : "또 내가 들으니 성전에서 큰 음성이 나서 일곱 천사에게 말하되 너희는 가서 하나님의 진노의 일곱 대접을 땅에 쏟으라 하더라"

2. 계시록의 3대 계시

1) 첫 번째 인, 일곱 번째 나팔

(1) 계시록에서 첫 번째 인을 떼는 때가 이 땅에 주님의 교회가 탄생하는 오순절이다.

계 6:1-2 : "내가 보매 어린 양이 일곱 인 중에 하나를 떼시는 그 때에 내가 들으니 네 생물 중에 하나가 우뢰소리같이 말하되 오라 하기로 내가 이에 보니 흰 말이 있는데 그 탄 자가 활을 가졌고 면류관을 받고 나가서 이기고 또 이기려고 하더라"

첫 번째 인을 뗄 때 흰말을 탄 자가 활을 쏘며 이기려고 한다. 이 말씀에 대한 몇 가지 해석이 있지만 매튜 헨리의 주석대로(『디럭스바이블CD』)[9] 첫 번째 인은 복음이 승리하기 시작하는 오순절 사건을 가리킨다.

(2) 주님 재림의 때는 일곱 번째 나팔, 즉 마지막 나팔을 불 때이다. 이때 주님은 재림하시고, 살아 있던 성도는 변화되고, 죽은 성도는 부활한다.

---

9) 어린양이신 그리스도께서 인을 떼신다(2절). (1) 흰말을 타신 주 예수께서 나타나신다. (2) 그 손에는 활을 가지셨다. 하나님의 말씀에 의해 느끼는 죄책감은 예리한 화살이며, 멀리까지 날아간다. (3) '면류관을 받았다.' 그리스도께서 전쟁에 나가실 때는 면류관보다는 투구가 더 적합하다고 생각하는 사람이 있을 것이다. 그러나 그분은 승리의 보증으로 면류관을 받으셨다. (4) "나가서 이기고 또 이기려고 하더라"(2절). 교회가 계속 싸우는 한 그리스도는 이기실 것이다. 그분은 자기 백성 중에 있는 적을 이기신다. 바로 이들의 죄가 이들의 적이요, 그분의 적이다. 그리스도께서 권능으로 이들의 영혼에 임하실 때 이 적을 정복하기 시작하시고, 우리에게 완전한 승리를 가져다주실 때까지 점진적으로 성화 작업을 통해 계속 정복해 나가신다. 그리고 주님은 세상에 있는 주님의 적, 즉 사악한 사람들을 이기신다. 그리스도의 복음이 세상에 성공적으로 전파되는 광경은 영광스럽고 볼 만한 것이다.

고전 15:51-53 : "보라 내가 너희에게 비밀을 말하노니 우리가 다 잠잘 것이 아니요 마지막 나팔에 순식간에 홀연히 다 변화하리니 나팔 소리가 나매 죽은 자들이 썩지 아니할 것으로 다시 살고 우리도 변화하리라 이 썩을 것이 불가불 썩지 아니할 것을 입겠고 이 죽을 것이 죽지 아니함을 입으리로다"

고린도전서는 계시록보다 수십 년 먼저 기록되었다. 계시록에 나팔 계시가 기록되기 전 고린도전서에 기록된 이 "마지막 나팔"(고전 15:51)이란 말은 해석이 불가능했다. 그러나 후에 계시록이 기록되므로 이 해석은 매우 분명해졌다. 마지막 나팔 불 때가 주님이 재림하실 때요, 성도가 부활할 때다. 성도는 이때 부활하여 그중 얼마가 당시에 땅에 살아 있다가 변화를 입은 성도들과 함께 공중으로 끌어올려져(휴거—휴거라는 단어는 성경에 없다. 부활한 성도가 공중으로 끌어올려지는 것을 휴거라 말한다.) 공중에서 주님을 만나 천국 잔치에 참여하게 되지만 구원받은 성도들 중 얼마가 이 잔치에 들어가지 못하고 천국 잔치와 동시에 시작되는 대환난에 들어간다.

빌 3:20 : "오직 우리의 시민권은 하늘에 있는지라 거기로서 구원하는 자 곧 주 예수 그리스도를 기다리노니 그가 만물을 자기에게 복종케 하실 수 있는 자의 역사로 우리의 낮은 몸을 자기 영광의 몸의 형체와 같이 변케 하시리라"
살전 4:16 : "주께서 호령과 천사장의 소리와 하나님의 나팔로 친히 하늘로 좇아 강림하시리니 그리스도 안에서 죽은 자들이 먼저 일어나고 그 후에 우리 살아 남은 자도 저희와 함께 구름 속으로 끌어 올려 공중에서 주를 영접하게 하시리니 그리하여 우리가 항상 주와 함께 있으리라"

2) 천국 잔치, 대환난의 시작

(1) 마지막 나팔, 일곱 번째 나팔을 불 때 하늘에서는 하늘의 성전이 열리고 천국 잔치가 시작된다. 그리고 이때, 즉 마지막 나팔을 불 때, 이렇게 하늘에서 천국 잔치가 시작될 때, 이 땅에는 계시록의 일곱 대접 계시, 하나님의 진노가 쏟아지는 대환난이 시작된다.

계 11:19 : "이에 하늘에 있는 하나님의 성전이 열리니 성전 안에 하나님의 언약궤가 보이며 또 번개와 음성들과 뇌성과 지진과 큰 우박이 있더라"

계 15:5-8, 16:1 : "또 이 일 후에 내가 보니 하늘에 증거 장막의 성전이 열리며 일곱 재앙을 가진 일곱 천사가 성전으로부터 나와 맑고 빛난 세마포 옷을 입고 가슴에 금 띠를 띠고 네 생물 중에 하나가 세세에 계신 하나님의 진노를 가득히 담은 금대접 일곱을 그 일곱 천사에게 주니 하나님의 영광과 능력을 인하여 성전에 연기가 차게 되매 일곱 천사의 일곱 재앙이 마치기까지는 성전에 능히 들어갈 자가 없더라 또 내가 들으니 성전에서 큰 음성이 나서 일곱 천사에게 말하되 너희는 가서 하나님의 진노의 일곱 대접을 땅에 쏟으라 하더라"

(2) 주님이 십자가에서 운명하실 때 성전의 휘장이 찢어져 성소와 지성소가 하나가 되었다. 지성소는 하나님이 임재해 계신 곳으로, 언약궤가 그 중심이다. 일곱 번째 나팔, 마지막 나팔이 불릴 때 성전이 열린 것은 주님의 임재, 주님의 재림을 뜻한다. 이때 성도는 부활 혹은 변화하여 하늘에 끌어올려져 공중에서 주님을 만나 천국 잔치를 하게 된다.

살전 4:16-17 : "주께서 호령과 천사장의 소리와 하나님의 나팔로 친히 하늘로 좇아 강림하시리니 그리스도 안에서 죽은 자들이 먼저 일어나고 그 후에 우리 살아남은 자도 저희와 함께 구름 속으로 끌어 올려 공중에서 주를 영접하게 하시리니 그리하여 우리가 항상 주와 함께 있으리라"

계 19:6-8 : "또 내가 들으니 허다한 무리의 음성도 같고 많은 물 소리도 같고 큰 뇌성도 같아서 가로되 할렐루야 주 우리 하나님 곧 전능하신 이가 통치하시도다 우리가 즐거워하고 크게 기뻐하여 그에게 영광을 돌리세 어린 양의 혼인 기약이 이르렀고 그 아내가 예비하였으니 그에게 허락하사 빛나고 깨끗한 세마포를 입게 하셨은즉 이 세마포는 성도들의 옳은 행실이로다 하더라"

(3) 그러나 구원받은 성도 중 얼마가 재앙의 장소, 진노의 장소, 일곱 대접이 쏟아지는 대환난에 들어간다.

단 12:1-4 : "그 때에 네 민족을 호위하는 대군 미가엘이 일어날 것이요 또 환난이 있으리니 이는 개국 이래로 그 때까지 없던 환난일 것이며 그 때에 네 백성 중 무릇 책에 기록된 모든 자가 구원을 얻을 것이라 땅의 티끌 가운데서 자는 자 중에 많이 깨어 영생을 얻는 자도 있겠고 수욕을 받아서 무궁히 부끄러움을 입을 자도 있을 것이며 지혜 있는 자는 궁창의 빛과 같이 빛날 것이요 많은 사람을 옳은 데로 돌아오게 한 자는 별과 같이 영원토록 비취리라 다니엘아 마지막 때까지 이 말을 간수하고 이 글을 봉함하라 많은 사람이 빨리 왕래하며 지식이 더하리라"

계 15:5-8 : "또 이 일 후에 내가 보니 하늘에 증거 장막의 성전이 열리며 일곱 재앙을 가진 일곱 천사가 성전으로부터 나와 맑고 빛난 세마포 옷을 입고 가슴에 금띠를 띠고 네 생물 중에 하나가 세세에 계신 하나님의 진노를 가득히 담은 금대접 일곱을 그 일곱 천사에게 주니 하나님의 영광과 능력을 인하여 성전에 연기가 차게 되매 일곱 천사의 일곱 재앙이 마치기까지는 성전에 능히 들어갈 자가 없더라 또 내가 들으니 성전에서 큰 음성이 나서 일곱 천사에게 말하되 너희는 가서 하나님의 진노의 일곱 대접을 땅에 쏟으라 하더라"

(4) 대환난의 장소인 이 땅에는 구원을 받았어도 성화의 예복, 회개의 예복을 벗어버린 성도들, 한 달란트 받은 성도, 기름을 준비하지 못

한 성도가 들어간다.

마 22:11-13 : "임금이 손을 보러 들어올새 거기서 예복을 입지 않은 한 사람을 보고 가로되 친구여 어찌하여 예복을 입지 않고 여기 들어왔느냐 하니 저가 유구무언이어늘 임금이 사환들에게 말하되 그 수족을 결박하여 바깥 어두움에 내어 던지라 거기서 슬피 울며 이를 갊이 있으리라 하니라"

마 25:1-12 : "그 때에 천국은 마치 등을 들고 신랑을 맞으러 나간 열 처녀와 같다 하리니 그 중에 다섯은 미련하고 다섯은 슬기 있는지라 미련한 자들은 등을 가지되 기름을 가지지 아니하고 슬기 있는 자들은 그릇에 기름을 담아 등과 함께 가져갔더니 신랑이 더디 오므로 다 졸며 잘새 밤중에 소리가 나되 보라 신랑이로다 맞으러 나오라 하매 이에 그 처녀들이 다 일어나 등을 준비할새 미련한 자들이 슬기 있는 자들에게 이르되 우리 등불이 꺼져가니 너희 기름을 좀 나눠 달라 하거늘 슬기 있는 자들이 대답하여 가로되 우리와 너희의 쓰기에 다 부족할까 하노니 차라리 파는 자들에게 가서 너희 쓸 것을 사라 하니 저희가 사러 간 동안에 신랑이 오므로 예비하였던 자들은 함께 혼인 잔치에 들어가고 문은 닫힌지라 그 후에 남은 처녀들이 와서 가로되 주여 주여 우리에게 열어 주소서 대답하여 가로되 진실로 너희에게 이르노니 내가 너희를 알지 못하노라 하였느니라"

마 25:24-30 : "한 달란트 받았던 자도 와서 가로되 주여 당신은 굳은 사람이라 심지 않은 데서 거두고 헤치지 않은데서 모으는 줄을 내가 알았으므로 두려워하여 나가서 당신의 달란트를 땅에 감추어 두었었나이다 보소서 당신의 것을 받으셨나이다 그 주인이 대답하여 가로되 악하고 게으른 종아 나는 심지 않은 데서 거두고 헤치지 않은 데서 모으는 줄로 네가 알았느냐 그러면 네가 마땅히 내 돈을 취리하는 자들에게나 두었다가 나로 돌아와서 내 본전과 변리를 받게 할 것이니라 하고 그에게서 그 한 달란트를 빼앗아 열 달란트 가진 자에게 주어라 무릇 있는 자는 받아 풍족하게 되고 없는 자는 그 있는 것까지 빼앗기리라 이 무익한 종을 바깥 어두운 데로 내어쫓으라 거기서 슬피 울며 이를 갊이 있으리라 하니라"

① 달란트 비유는 충성을 가르쳐 주는 비유로, 한 달란트 받은 자도 구원받아 충성하도록 요구받은 성도이다. 한 달란트는 큰 재물이었다. 그런데 한 달란트 받은 종은 그것을 땅에 묻어 두었다가 그대로 가져와 주님께 꾸지람을 들었다. 그리고 이 종은 주인의 큰 즐거운 잔치에서 쫓겨나 바깥 어두운 데로 떨어졌다.

여기서 "바깥 어두운 데"는 지옥이 아니다. 구원받은 사람은 이미 심판을 이기는 권세를 얻어 결코 지옥에 가지 않는다.

요 5:24 : "내가 진실로 진실로 너희에게 이르노니 내 말을 듣고 또 나 보내신 이를 믿는 자는 영생을 얻었고 심판에 이르지 아니하나니 사망에서 생명으로 옮겼느니라"

한 달란트 받은 성도가 들어간 곳은 "바깥 어두운 데", 즉 대환난의 장소이다.

② 왕의 아들의 결혼 잔치에서 예복이 없어서 바깥 어두운 데로 떨어진 성도들도 구원을 받기는 했지만 성화의 예복, 회개의 예복을 벗어버렸기 때문에 바깥 어두운 데, 대환난의 장소에 들어간다.

③ 열 처녀 비유에서 등불은 가져왔지만 여분의 기름을 준비하지 못하여 신랑이 온다는 소리를 듣고 기름을 준비하려고 갔다가 잔칫자리에 들어가지 못한 미련한 처녀들도 구원을 얻어 주님을 신랑으로 기다렸고, 등불 들고 신랑을 맞으러 잔칫자리에 갔던 사람들이다. 이들은 구원받은 후 계속 회개의 기름, 성령의 기름 부음을 받지 못한 신자들로, 성화에 실패한 성도들이다. 이들은 잔칫자리, 천국에 들어가지 못한다.

대환난은 그리스도가 공중 재림하셔서 천국 잔치가 시작될 때 그와 동시에 이 땅에서 시작되어(계시록에서 일곱 번째 나팔을 불 때가 동시에 첫 번째 대접이 쏟아지는 때다.) 그리스도의 지상 재림 시까지 계속된다. 계시록의 마지막 대접이 다 쏟아진 후 천국 잔치도, 대환난도 끝난다. 그리고 주님은 천국에 올라갔던 성도들과 지상에 재림하신다.

3) 적그리스도의 출현과 대환난

(1) 하늘에 천국 잔치가 시작될 때 이 땅은 하늘에서 쫓겨난 사탄이 지배하게 되고, 대환난에 떨어진 성도와 구원받지 못한 사람들은 전무한 고난을 받게 된다.

단 9:27 : "그가 장차 많은 사람으로 더불어 한 이레 동안의 언약을 굳게 정하겠고 그가 그 이레의 절반에 제사와 예물을 금지할 것이며 또 잔포하여 미운 물건이 날개를 의지하여 설 것이며 또 이미 정한 종말까지 진노가 황폐케 하는 자에게 쏟아지리라 하였느니라"

계 12:9-10 : "큰 용이 내어 쫓기니 옛 뱀 곧 마귀라고도 하고 사단이라고도 하는 온 천하를 꾀는 자라 땅으로 내어 쫓기니 그의 사자들도 저와 함께 내어 쫓기니라 내가 또 들으니 하늘에 큰 음성이 있어 가로되 이제 우리 하나님의 구원과 능력과 나라와 또 그의 그리스도의 권세가 이루었으니 우리 형제들을 참소하던 자 곧 우리 하나님 앞에서 밤낮 참소하던 자가 쫓겨났고"

계 12:12-13 : "그러므로 하늘과 그 가운데 거하는 자들은 즐거워하라 그러나 땅과 바다는 화 있을진저 이는 마귀가 자기의 때가 얼마 못된 줄을 알므로 크게 분내어 너희에게 내려갔음이라 하더라 용이 자기가 땅으로 내어쫓긴 것을 보고 남자를 낳은 여자를 핍박하는지라"

계 13:1-18 : "내가 보니 바다에서 한 짐승이 나오는데 뿔이 열이요 머리가 일곱이라 그 뿔에는 열 면류관이 있고 그 머리들에는 참람된 이름들이 있더라…또 짐승이 큰 말과 참람된 말 하는 입을 받고 또 마흔두 달 일할 권세를 받으니라 짐승이 입을 벌려 하나님을 향하여 훼방하되 그의 이름과 그의 장막 곧 하늘에 거하는 자들을 훼방하더라 또 권세를 받아 성도들과 싸워 이기게 되고 각 족속과 백성과 방언과 나라를 다스리는 권세를 받으니 죽임을 당한 어린 양의 생명책에 창세 이후로 녹명되지 못하고 이 땅에 사는 자들은 다 짐승에게 경배하리라…저가 권세를 받아 그 짐승의 우상에게 생기를 주어 그 짐승의 우상으로 말하게 하고 또 짐승의 우상에게 경배하지 아니하는 자는 몇이든지 다 죽이게 하더라 저가 모든 자 곧 작은 자나 큰 자나 부자나 빈궁한 자나 자유한 자나 종들로 그 오른손에나 이마에 표를 받게 하고 누구든지 이 표를 가진 자 외에는 매매를 못하게 하니 이 표는 곧 짐승의 이름이나 그 이름의 수라 지혜가 여기 있으니 총명 있는 자는 그 짐승의 수를 세어 보라 그 수는 사람의 수니 육백육십륙이니라"

주님이 공중 재림하실 때 이 땅에 대환난이 시작되고, 사탄, 용, 마귀, 적그리스도가 출현하여 하나님을 대적한다.

질문 5

주님이 공중 재림하시고 다시 천국 잔치 후 지상 재림하신다면 주님의 재림이 일회적이 아니라 이중 재림인데 그러한 성경적 증거가 있는가?

답 :

전통적 장로교 입장에서 L. 벌코프는 주님의 재림을 공중 재림과 지상 재림으로 보는 이중재림설을 인정하지 않는다. 벌코프는 주님의 재림을 가리키는 말로 '강림', 즉 '파루시아' 라는 말을 사용하는데, 데살로니가후서 2장 1-2, 8절에 '파루시아' 라는 용어와 '주의 날' 이란 말이 교대로 쓰이며, 데살로니가후서 1장 7-10절 중 7절에서 언급된 '계시' 는 10절의 '파루시아' 와 동시에 일어나는 것이라 설명한다.

그러나 주의 강림을 일회적인 사건으로 생각하면 대환난을 그리스도 재림 전의 사건으로 생각해야 하고, 그렇다면 모든 성도가(교회가) 대환난의 고통을 통과해야 한다는 결론에 이른다.

그러나 성경은 인내의 말씀을 지킨 빌라델비아 교회에 시험의 때(환난의 때)를 면하게 하시겠다고 약속하고 있고(계 3:10, 살전 5:9, 1:10),

마태복음 22장 1-14절에서 예복을 입은 자는 잔치에 들어갔으나 예복을 벗은 자는 바깥 어두운 데(대환난) 떨어진다고 하였으며, 마태복음 25장 1-13절에서는 기름을 준비한 신부는 잔칫자리에 들어간다고 말하고 있고, 14-30절에서는 달란트를 남긴 성도는 주인의 즐거움에 참여하지만 남기지 못한 성도는 바깥 어두운 데 떨어진다고 말씀한다. 천국의 상급과 대환난의 고난의 이야기요, 주님이 이중 재림하셔야 이 말씀들이 설명이 가능해진다.

주님의 강림을 일회적으로 생각하면 데살로니가전서 4장 14절의 주님이 이 땅에 강림하실 때 주님과 함께 재림하는 성도에 대한 말씀의 해석이 불가능하다. 주님의 공중 재림 시 휴거된 성도와 함께 주님이 재림하심을 이 성경은 가르쳐 준다.

주님의 재림이 일회적이라면 모든 성도가 대환난을 통과하게 된다. 그렇다면 고린도전서 3장 11-15절에 상급과 불 가운데 얻는 구원이 나오는데 나무나 풀이나 짚으로 신앙의 집을 지은 자들이 불 가운데서 구원받게 되어 이들이 대환난을 통과하지만, 금이나 은이나 보석처럼 (성화된 성도) 신앙 생활을 한 사람이 받는 상급은 무엇인지 설명이 안 된다.

이 말씀은 나무나 풀이나 짚으로 집을 지은 성도, 다시 말해 구원받았어도 불타 없어질 것에 얽매여 성화를 잃은 성도는 대환난을 통해 부끄럽게 구원되지만 금이나 은이나 보석으로 집을 지은 성도는 곧 구원받고, 이 세상에서 불타지 않는 영원한 것(금은 보석)을 붙잡고 성화된 성도는 천국 잔치의 상을 받는 것을 가르치는 말씀이다. 이 부끄러운 구원, 상급 구원도 주님의 이중 재림을 가르쳐 준다.

질문 6

부끄러운 구원이란 무엇인가?

답 :

고전 3:10-15 : "내게 주신 하나님의 은혜를 따라 내가 지혜로운 건축자와 같이 터를 닦아 두매 다른 이가 그 위에 세우나 그러나 각각 어떻게 그 위에 세우기를 조심할지니라 이 닦아 둔 것 외에 능히 다른 터를 닦아 둘 자가 없으니 이 터는 곧 예수 그리스도라 만일 누구든지 금이나 은이나 보석이나 나무나 풀이나 짚으로 이 터 위에 세우면 각각 공력이 나타날 터인데 그 날이 공력을 밝히리니 이는 불로 나타내고 그 불이 각 사람의 공력이 어떠한 것을 시험할 것임이니라 만일 누구든지 그 위에 세운 공력이 그대로 있으면 상을 받고 누구든지 공력이 불타면 해를 받으리니 그러나 자기는 구원을 얻되 불 가운데서 얻은 것 같으리라"

이 말씀에서는 신앙 생활을 그리스도의 터 위에 집을 짓는 것에 비유한다. 구원받은 후 성화의 생활이 곧 신앙의 집을 짓는 것이다.

나무나 풀이나 짚으로 집을 짓는 사람들, 그래서 공력이 불탄 사람들도 구원을 얻는다. 그러나 불 가운데서 얻는다. 이 사람들은 성화에 실패하여 대환난을 통해 부끄럽게 구원되는 성도들이다.

금이나 은이나 보석으로 집을 건축하여 공력이 불타지 않은 사람들은 상(賞), 곧 천국 잔치의 상을 받는다.

마지막 나팔을 불 때 주님이 공중 재림하셔서 천국 잔치가 시작되고, 그와 동시에 이 땅에서는 대환난이 시작되어(계시록에서 일곱 번째 나팔을 불 때가 바로 첫 번째 대접이 쏟아지기 시작하는 때이다.) 상 받는 성도는 천국 잔치에 들어가고, 해 받는 성도는 대환난에 들어간다.

계 12:12-13 : "그러므로 하늘과 그 가운데 거하는 자들은 즐거워하라 그러나 땅과 바다는 화 있을진저 이는 마귀가 자기의 때가 얼마 못된 줄을 알므로 크게 분내어 너희에게 내려갔음이라 하더라 용이 자기가 땅으로 내어쫓긴 것을 보고 남자를 낳은 여자를 핍박하는지라"

한 달란트 받은 성도, 기름을 준비하지 못한 신부, 예복을 벗어버린 성도, 주의 이름을 부르지만 주 뜻대로 살지 못한 성도는 마지막 나팔을 불어 천국 잔치가 시작될 때 이 잔치에 들어가지 못하고 대환난에 들어간다. 이것이 부끄러운 구원이다.

마 7:21-23 : "나더러 주여 주여 하는 자마다 천국에 다 들어갈 것이 아니요 다만 하늘에 계신 내 아버지의 뜻대로 행하는 자라야 들어가리라 그 날에 많은 사람이 나더러 이르되 주여 주여 우리가 주의 이름으로 선지자 노릇하며 주의 이름으로 귀신을 쫓아내며 주의 이름으로 많은 권능을 행치 아니하였나이까 하리니 그 때에 내가 저희에게 밝히 말하되 내가 너희를 도무지 알지 못하니 불법을 행하는 자들아 내게서 떠나가라 하리라"

천국 잔치가 시작되어 주님과 함께 하늘 잔치에 참여한 사람에게는 즐거움이 있고, 이때 땅에 시작된 대환난에 들어간 사람들에게는 화가 있다. 주님은 공중 재림 후, 천국 잔치 후 지상 재림하신다.

질문 7

구원받은 성도들 중 일부가 대환난에 들어가는 것을 가르쳐 주는 성경이 있는가?

답 :

한 달란트 받은 자, 예복을 벗은 자, 기름을 준비하지 못한 신부, 나무나 풀이나 짚으로 신앙의 집을 지은 자, 곧 구원은 받았어도 신앙 생활, 교회 생활, 회개를 계속 하지 못한 성도들은 주님 재림 시 공중 혼인잔치에 들어가지 못하고 대환난에 들어간다.

구원받은 성도들 중 일부가 대환난에 들어가는 것을 가르치는 성경 구절들은 다음과 같다.

마 5:20 : "내가 너희에게 이르노니 너희 의가 서기관과 바리새인보다 더 낫지 못하면 결단코 천국에 들어가지 못하리라"

마 7:21-23 : "나더러 주여 주여 하는 자마다 천국에 다 들어갈 것이 아니요 다만 하늘에 계신 내 아버지의 뜻대로 행하는 자라야 들어가리라 그 날에 많은 사람이 나더러 이르되 주여 주여 우리가 주의 이름으로 선지자 노릇하며 주의 이름으로 귀신을 쫓아내며 주의 이름으로 많은 권능을 행치 아니하였나이까 하리니 그 때에 내가 저희에게 밝히 말하되 내가 너희를 도무지 알지 못하니 불법을 행하는 자들아 내게서 떠나가라 하리라"

롬 2:5-8 : "다만 네 고집과 회개치 아니한 마음을 따라 진노의 날 곧 하나님의 의로우신 판단이 나타나는 그 날에 임할 진노를 네게 쌓는도다 하나님께서 각 사람에게 그 행한 대로 보응하시되 참고 선을 행하여 영광과 존귀와 썩지 아니함을 구하는 자에게는 영생으로 하시고 오직 당을 지어 진리를 좇지 아니하고 불의를 좇는 자에게는 노와 분으로 하시리라"

계 2:21-22 : "또 내가 그에게 회개할 기회를 주었으되 그 음행을 회개하고자 아니하는도다 볼지어다 내가 그를 침상에 던질 터이요 또 그로 더불어 간음하는 자들도 만일 그의 행위를 회개치 아니하면 큰 환난 가운데 던지고"

바리새인과 서기관보다 나은 의는 바리새인이나 서기관보다 더 의롭게 사는 것이 아니고 회개하는 것이다. 회개하지 아니하는 의는 교만이다.

계 11:1-2(단 9:26-27) : "또 내게 지팡이 같은 갈대를 주며 말하기를 일어나서 하나님의 성전과 제단과 그 안에서 경배하는 자들을 척량하되 성전 밖 마당은 척량하지 말고 그냥 두라 이것을 이방인에게 주었은즉 저희가 거룩한 성을 마흔두 달 동안 짓밟으리라"

여기서 지팡이 같은 갈대로 성전을 측량하는 것은 주님의 자로 성도들의 공력을 심판하는 것을 뜻한다. 성전 밖 마당은 외소로, 구원받고도 아직 성소의 생활, 향로 곧 기도, 등대 곧 회개, 떡상 곧 말씀의 생활을 하지 못하고 외소, 곧 희생 제물이 죽어 제사 지내는 곳, 곧 십자가 보혈의 공로만 의지한 성도들은 공력 심판에서 제외되어 사탄이 지배하는 마흔두 달의 대환난에 들어간다.

마 24:15-22(주님이 택한 자들을 위해 대환난의 날을 감하신다.)
계 7:14(대환난에서 나오는 성도가 있다.)
계 12:1-4 : "하늘에 큰 이적이 보이니 해를 입은 한 여자가 있는데 그 발 아래는 달이 있고 그 머리에는 열두 별의 면류관을 썼더라 이 여자가 아이를 배어 해산하게 되매 아파서 애써 부르짖더라 하늘에 또 다른 이적이 보이니 보라 한 큰 붉은 용이 있어 머리가 일곱이요 뿔이 열이라 그 여러 머리에 일곱 면류관이 있는데 그 꼬리가 하늘 별 삼분의 일을 끌어다가 땅에 던지더라 용이 해산하려는 여자 앞에서 그가 해산하면 그 아이를 삼키고자 하더니"
계 12:12 : "그러므로 하늘과 그 가운데 거하는 자들은 즐거워하라 그러나 땅과 바다는 화 있을진저 이는 마귀가 자기의 때가 얼마 못된 줄을 알므로 크게 분내어 너희에게 내려갔음이라 하더라"

대환난의 기간에 땅에 내려온 마귀가 하늘의 별 3분의 1을 땅에 떨어뜨린다.

계시록에서 별은 성도이다(계 1:16에 주님이 그 손에 일곱 별을 잡고 있는데 이 일곱 별은 일곱 교회로 성도들이다.). 그런데 마귀가 이 별들 중, 곧 성도들 중 3분의 1을 끌어다가 땅에 던진다. 구원받은 성도들 중 약 3분의 1이 성화에 실패하고 세상에 돌아가 천국의 상급을 받지 못하고 대환난에 들어간다.

롬 5:9-10 : "그러면 이제 우리가 그 피를 인하여 의롭다 하심을 얻었은즉 더욱 그로 말미암아 진노하심에서 구원을 얻을 것이니 곧 우리가 원수 되었을 때에 그 아들의 죽으심으로 말미암아 하나님으로 더불어 화목되었은즉 화목된 자로서는 더욱 그의 살으심을 인하여 구원을 얻을 것이니라"

이 말씀에서 피를 인하여 구원받은 것은 그리스도의 보혈의 공로를 믿음으로 구원을 받은 것이다. 그러나 이렇게 구원을 받은 사람도 다시 주님의 진노(진노의 일곱 대접이 쏟아지는 대환난)에서 구원을 얻어야 한다.

골 1:17-23 : "또한 그가 만물보다 먼저 계시고 만물이 그 안에 함께 섰느니라 그는 몸인 교회의 머리라 그가 근본이요 죽은 자들 가운데서 먼저 나신 자니…전에 악한 행실로 멀리 떠나 마음으로 원수가 되었던 너희를 이제는 그의 육체의 죽음으로 말미암아 화목케 하사 너희를 거룩하고 흠 없고 책망할 것이 없는 자로 그 앞에 세우고자 하셨으니 만일 너희가 믿음에 거하고 터 위에 굳게 서서 너희 들은바 복음의 소망에서 흔들리지 아니하면 그리하리라"

주님 앞에 흠 없고 책망할 것이 없는 자로 세움 받으려면 십자가로 화평케 된 구원만 가지면 되는 것이 아니다. 구원받은 성도는 여기서 믿음에 거하고, 믿음 위에 굳게 서서 복음의 소망으로 흔들리지 말아야 한다. 믿음으로 구원받았어도 흔들려서 세상으로 가면 영생과 영원한 구원은 없어지지 않지만 천국 잔치에 들어갈 자격을 잃어버린다.

이상의 여러 성경 말씀들이 구원받았어도 성화(회개)가 없는 성도는 대환난에 들어간다고 말씀한다.

질문 8

구원받은 성도들 중 일부가 대환난에 들어간다는 주장에 반대는 없는가?

답 :

있다. 잘 믿었던 성도든 잘 믿지 못했던 성도든 성도들은 모두 부활 변화하여 주님 앞에 휴거된다고 보는 설이 있다(Henry C. Thiessen, 권혁봉 역, 『조직신학강론』, p. 714; Robert S. Rapp, 김달생 역, 『조직신학강론』, pp. 545-550).

헨리 티센은 모든 성도가 휴거되어야 할 이유를 아래와 같이 설명한다.

첫째, 교회는 하나의 성전이다(고전 3:16-17, 고후 6:16, 엡 2:20, 21, 벧전 2:5). 따라서 성전의 일부가 지상에 남아 있을 수 없다.

둘째, 교회는 그리스도의 신부이다(고후 11:2, 엡 5:24, 32, 계 19:6-9). 따라서 어느 신부가 땅에 남아 있을 수 없다.

셋째, 교회는 그리스도의 몸이다(고전 12:12-27, 엡 1:22-23, 4:12, 5:29-30, 골 1:18, 24, 2:19). 그리스도의 몸의 일부분이 땅에 남아 있을 수 없다.

그러면서 티센은 주님의 공중 재림 시 하나님의 옛 아내였던 이스라엘 백성과 신랑의 친구(마 22:1-14)들은 휴거되지 못하는 것으로 해석을 한다.

그 외의 대환난설로는 중간기 휴거설, 부분적 휴거설, 7년 대환난 통과 휴거설 등이 있다.

중간기 휴거설은 세대주의자들 중 노먼, B. 해리슨, S. 렐프 여사 등이 주장하는 설로, 7년 대환난 중 전반기 환난이 끝난 후 성도가 휴거된다는 주장이다. 그들은 마태복음 24장 22절의 "그 날들을 감해 주실 것"이란 말씀에 의존하여 이 주장을 한다. 그러나 성경 어느 곳에도 전반기 환난, 후반기 환난에 대한 언급이 없다.

부분적 휴거설은, 세대주의자들 중 일부는 휴거를 여덟 단계로 나누어 생각하는데 주님의 부활과 승천을 제1휴거로 보고, 7년 대환난 전에 구약 성도의 부활 및 휴거(예수님 부활 시 함께 부활한 성도), 그리고 7년 대환난 중 다섯 차례의 휴거가 있을 것으로 본다. 그러나 이것은 성경적인 주장이 아니다.

그리고 일부 보수신학자들은 모든 성도가 7년 대환난 통과 후 주님 재림 시 일시에 휴거되는 것으로 본다. 그러나 7년 대환난 통과 휴거설도 성경의 가르침이 아니다.

계시록 7장 14절에는 대환난에서 나오는 성도가 있다고 말씀하고, 마태복음 24장 15-22절에는 주님이 대환난에 들어가 있는 성도들을 긍휼히 여기셔서 그날들을 감해 주신다고 말씀한다.

대환난 시에 성도들 중 일부가 대환난에 들어가지 않는다면 이 말씀은 해석이 불가능하다.

마 24:21-22 : "이는 그 때에 큰 환난이 있겠음이라 창세로부터 지금까지 이런 환난이 없었고 후에도 없으리라 그 날들을 감하지 아니할 것이면 모든 육체가 구원을 얻지 못할 것이나 그러나 택하신 자들을 위하여 그 날들을 감하시리라"

계 7:9-14 : "이 일 후에 내가 보니 각 나라와 족속과 백성과 방언에서 아무라도 능히 셀 수 없는 큰 무리가 흰 옷을 입고 손에 종려 가지를 들고 보좌 앞과 어린 양 앞에 서서 큰 소리로 외쳐 가로되 구원하심이 보좌에 앉으신 우리 하나님과 어린 양에게 있도다 하니 모든 천사가 보좌와 장로들과 네 생물의 주위에 섰다가 보좌 앞에 엎드려 얼굴을 대고 하나님께 경배하여 가로되 아멘 찬송과 영광과 지혜와 감사와 존귀와 능력과 힘이 우리 하나님께 세세토록 있을지로다 아멘 하더라 장로 중에 하나가 응답하여 내게 이르되 이 흰 옷 입은 자들이 누구며 또 어디서 왔느뇨 내가 가로되 내 주여 당신이 알리이다 하니 그가 나더러 이르되 이는 큰 환난에서 나오는 자들인데 어린양의 피에 그 옷을 씻어 희게 하였느니라"

구원받은 성도가 대환난에 들어가느냐 들어가지 않느냐에 대해서는 여러 가지 설이 있지만 성경이 말하는 종합적인 대답은 주님 공중 재림 시 구원받고 성화된 성도(달란트를 남긴 성도, 예복을 입은 성도, 기름을 준비한 성도, 인내로 신앙을 지킨 성도)는 첫째 부활에 참여하여 변화받아 공중 혼인잔칫자리, 천국(天國, kingdom of heaven)으로 휴거되지만 구원받았어도 성화되지 못한 성도[달란트를 땅에 묻어 둔 성도, 구원의 예복(은혜)을 벗어버린 성도, 구원의 성령은 받았지만 성령 충만을 저버리고 세상에 돌아간 성도]들은 대환난에 떨어진다는 것이다.

질문 9

적그리스도의 의미는 무엇인가?

답 :

적그리스도는 그리스도의 인성, 곧 그리스도가 사람으로 완전하게 우리의 죄를 대신하신 구세주가 되심을 부인하는 자로, 요한 1서 2장 18, 22절, 4장 3절과 요한 2서 1장 7절에만 나타난다. 여기서는 '대신', '대적' 의 의미를 가진 말로, 그리스도의 자리를 대신 차지하고 그리스도를 반대하고 대적하는 자를 가리킨다. 요한서신에서 적그리스도는 예수님의 인성을 부인하는 자들을 가리킨다.

요일 2:18 : "아이들아 이것이 마지막 때라 적그리스도가 이르겠다 함을 너희가 들은 것과 같이 지금도 많은 적그리스도가 일어났으니 이러므로 우리가 마지막 때인 줄 아노라"
요일 2:22-23 : "거짓말 하는 자가 누구뇨 예수께서 그리스도이심을 부인하는 자가 아니뇨 아버지와 아들을 부인하는 그가 적그리스도니 아들을 부인하는 자에게는 또한 아버지가 없으되 아들을 시인하는 자에게는 아버지도 있느니라"

요일 4:3 : "예수를 시인하지 아니하는 영마다 하나님께 속한 것이 아니니 이것이 곧 적그리스도의 영이니라 오리라 한 말을 너희가 들었거니와 이제 벌써 세상에 있느니라"

요이 1:7 : "미혹하는 자가 많이 세상에 나왔나니 이는 예수 그리스도께서 육체로 임하심을 부인하는 자라 이것이 미혹하는 자요 적그리스도니"

데살로니가후서 2장 3-4절에는 "멸망의 아들", "대적하는 자", "범사에 일컫는 하나님"으로 표현되었다.

살후 2:3-4 : "누가 아무렇게 하여도 너희가 미혹하지 말라 먼저 배도하는 일이 있고 저 불법의 사람 곧 멸망의 아들이 나타나기 전에는 이르지 아니하리니 저는 대적하는 자라 범사에 일컫는 하나님이나 숭배함을 받는 자 위에 뛰어나 자존하여 하나님 성전에 앉아 자기를 보여 하나님이라 하느니라"

역사적으로는 교회를 핍박했던 네로 황제(네로 황제의 히브리 단어의 합한 수가 666이 된다.) 혹은 안티오코스 에피파네스 같은 사람이 적그리스도로 표현되기도 한다.

그리고 적그리스도는 모든 악의 화신으로, 종말적인 인물을 나타낸다.

1) 다니엘서 11장에서는 일정한 인물을(신성 로마 제국의 왕) 나타낸다.

2) 바울은 데살로니가후서 2장에서 멸망의 아들, 대적하는 자로 표현함으로 인격적인 적그리스도를 말한다.

3) 요한은 요한 2서에서 이미 적그리스도가 당시에 많이 나타나고

있다고 표현하고, 또 앞으로 올 것이라고 말한다.

4) 계시록의 적그리스도도 인격을 가진 자로, 그와 그 추종자들이 불 못에 던져진다(계 19장).

질문 10

적그리스도는 누구인가?

답 :

1. 다니엘서와 계시록에 상징적으로 나타난 짐승이다

다니엘서 7장 7-8, 19-26절에서 네 번째 짐승을 적그리스도로 보며, 여기의 열 뿔은 열 명의 왕을 가졌던 신성 로마 제국을 상징하는 것으로 본다.

단 7:7-8 : "내가 밤 이상 가운데 그 다음에 본 넷째 짐승은 무섭고 놀라우며 또 극히 강하며 또 큰 철 이가 있어서 먹고 부숴뜨리고 그 나머지를 발로 밟았으며 이 짐승은 전의 모든 짐승과 다르고 또 열 뿔이 있으므로 내가 그 뿔을 유심히 보는 중 다른 작은 뿔이 그 사이에서 나더니 먼저 뿔 중에 셋이 그 앞에 뿌리까지 뽑혔으며 이 작은 뿔에는 사람의 눈 같은 눈이 있고 또 입이 있어 큰 말을 하였느니라"

요한계시록 13장 1-10절에서 뿔이 열, 머리가 일곱인 짐승을 적그리스도의 표현으로 보며, 여기의 열 뿔도 신성 로마 제국을 상징하는 것으로 본다.

계 13:1-8 : "내가 보니 바다에서 한 짐승이 나오는데 뿔이 열이요 머리가 일곱이라 그 뿔에는 열 면류관이 있고 그 머리들에는 참람된 이름들이 있더라 내가 본 짐승은 표범과 비슷하고 그 발은 곰의 발 같고 그 입은 사자의 입 같은데 용이 자기의 능력과 보좌와 큰 권세를 그에게 주었더라 그의 머리 하나가 상하여 죽게 된 것 같더니 그 죽게 되었던 상처가 나으매 온 땅이 이상히 여겨 짐승을 따르고 용이 짐승에게 권세를 주므로 용에게 경배하며 짐승에게 경배하여 가로되 누가 이 짐승과 같으뇨 누가 능히 이로 더불어 싸우리요 하더라 또 짐승이 큰 말과 참람된 말 하는 입을 받고 또 마흔두 달 일할 권세를 받으니라 짐승이 입을 벌려 하나님을 향하여 훼방하되 그의 이름과 그의 장막 곧 하늘에 거하는 자들을 훼방하더라 또 권세를 받아 성도들과 싸워 이기게 되고 각 족속과 백성과 방언과 나라를 다스리는 권세를 받으니 죽임을 당한 어린 양의 생명책에 창세 이후로 녹명되지 못하고 이 땅에 사는 자들은 다 짐승에게 경배하리라"

2. 구원파, 세대주의자들, 기타 보수주의자들 중 7년 대환난을 주장하는 사람들 중에 많은 사람이 적그리스도를 EU로 본다

1) 그들은 다니엘서 2장에 나오는 우상의 열 발가락을 마지막 나라로 보고, 이 나라를 신성 로마 제국을 상징하는 EU 10개국으로 본다.

2) 다니엘서 7장의 네 번째 짐승의 열 뿔을 EU 10개국으로 본다.

3) 요한계시록 13장의 열 뿔 가진 짐승을 EU 10개국으로 본다.

3. 그러나 EU는 결코 적그리스도가 아니다. ECU 2011년 현재 이미 27개국에 달한다

4. 그러므로 EU가 적그리스도요, EU 합중국의 첫 대통령으로 신성 로마 제국의 최후의 후손인 오스트리아의 칼 합스부르그라는 청년이 당선될 것이며, 그가 히틀러 같은 독재자로 변신할 것이라는 주장들은 전혀 성경과 관계가 없는 가설들이다

5. 결국 적그리스도는 주님의 지상 재림 전, 주님의 공중 재림 시 이 땅에 나타날 사탄의 화신으로 이 자가 누구일지는 아무도 모른다

질문 11

대환난에 들어간 성도들은 어떻게 되는가?

답 :

대환난 기간에 큰 고난으로 연단받지만 주님이 이 기간을 감해 주시게 되고, 주님의 지상 재림 시 구원되어 천년왕국에 들어간다. 이 천년왕국이 시작될 때 마귀는 무저갱에 1,000년 동안 갇히게 된다. 천년왕국 후 이들은 모든 성도와 함께 영원천국에 들어간다.

한번 얻은 구원은 완전하고 영원하다. 사망도, 죄도 이 구원을 뺏을 수 없고, 구원받은 성도는 결코 심판에 이르지 않는다(요 5:24, 요 3:16, 요 10:28 참조. 요 6:38-40, "내가 하늘로서 내려온 것은 내 뜻을 행하려 함이 아니요 나를 보내신 이의 뜻을 행하려 함이니라 나를 보내신 이의 뜻은 내게 주신 자 중에 내가 하나도 잃어버리지 아니하고 마지막 날에 다시 살리는 이것이니라 내 아버지의 뜻은 아들을 보고 믿는 자마다 영생을 얻는 이것이니 마지막 날에 내가 이를 다시 살리리라 하시니라"). 구원받은 성도는 대환난의 징계는 받아도 결코 멸망하지 않고 영생의 나라에 들어간다.

대환난에 들어간 성도들도 마침내 구원되어 천년왕국과 영원천국, 새 하늘 새 땅에 들어간다. 그러나 이 구원은 불 가운데의 구원으로, 부끄러운 구원이다.

질문 12

대환난은 몇 년 동안 계속되는가?

답:

세대주의 학자들은 대환난의 때를 7년으로 본다. 그들은 다니엘서 9장 24-27절의 "칠십 이레", "마지막 이레"(7일)를 대환난의 기간 7년으로 본다.

그들은 또 다니엘서에 나오는 이레의 절반(단 9:27), 한 때, 두 때, 반 때(단 7:25, 12:7)와 계시록의 1,260일(계 11:3, 12:7), 42개월(계 11:2, 13:5)의 때를 합하여 7일, 혹은 7년을 만들어 대환난의 때가 7년이라 말한다.

그러나 성경 어디에도 7년 동안 대환난이 임할 것이라는 언급은 없고, 이레(7일)를 7년으로 계산하거나 3일 반과 1,260일을 합하여 7년을 만들 아무런 근거도 없다.

이런 의미에서 7년 대환난설은 성경적이 아니다. 그리고 7년 대환난의 교리는 어느 개혁신학에서도 찾아볼 수 없다.

그러나 오히려 성경은 대환난의 기간, 곧 완전히 이 땅을 적그리스도에게 맡기고 하나님이 진노의 대접을 쏟는 기간을 2,300일의 청소 청결 기간(BC 171-165년의 약 6년 반—이 기간은 헬라 왕 안티오코스가 유다 성전을 더럽힌 후 BC 165년에 유다의 독립운동가 마카비가 헬라 세력을 몰아내고 성전을 청결케 한 기간이다—수전절)을 배경으로 하며(단 8:14), 그 기간을 이레의 절반, 3일 반(단 9:27), 42개월(계 11:2), 3일 반(계 11:11)]으로 표현한다.

그러나 이 기간이 1차 부활에 참여하고 변화받아 휴거된 성도 외에 이 대환난에 떨어진 성도들을 위해 하나님이 그날들을 감해 주실 것이며(마 24:22), 그리고 여기의 날들은 상징적인 날들임에 틀림이 없다.

질문 13

마지막 나팔을 불고 주님이 공중에 재림하실 때는 언제인가?

답 :

그날과 그 시기는 아무도 모르고 아버지만 아신다.

막 13:32-33 : "그러나 그 날과 그 때는 아무도 모르나니 하늘에 있는 천사들도, 아들도 모르고 아버지만 아시느니라 주의하라 깨어 있으라 그 때가 언제인지 알지 못함이니라"
행 1:7 : "때와 기한은 아버지께서 자기 권한에 두셨으니 너희의 알 바 아니요"

마태복음 24장 32-33절에서 예수님은 무화과나무의 비유를 배우라고 말씀하신다. 그리고 예수님은 재림의 여러 징조를 말씀하신다(마 24장).

재림의 날짜를 안다고 말하는 것은 하나님이 모르리라 하신 것을 안다고 하는 것으로, 하나님의 말씀을 부인하는 것이다. 우리는 하나님이 모르리라 하신 것을 알려고 해도 안 된다. 그것은 인간의 교만이다.

그럼에도 불구하고 우리는 그리스도의 재림에 관해 몇 가지 사실을 분명히 알아야 한다. 그리스도는 언제나 오실 수 있고, 오실 날이 임박했다는 것이다(마 24:36, 25:13, 막 13:32, 딛 2:13, 살전 4:16-17). 우리는 재림하시는 그리스도를 맞이하기 위해 늘 충성하고 깨어 있어야 한다.

질문 14

천년왕국은 어떤 것인가?

답 :

1. 천년왕국의 의미

성경에는 천년왕국이란 말이 나오지 않는다. 그러나 예수님이 천 년 동안 왕으로 통치하신다는 사실은 요한계시록 20장 2-7절에 분명하게 나타나 있고, 주님의 왕국에 대한 사상은 구약성경의 여러 곳에서 찾을 수 있다(단 2:44-45, 2:34, 44, 시 72:6-11, 사 2:2-4, 미 4:1-3, 사 9:6-7, 렘 23:5-8, 렘 33:14-26, 겔 37:20-25 등).

2. 천년왕국설의 역사

초대 교회의 파피아스(Papias, AD 165년 사망)는 죽은 자의 부활 후에 천년왕국이 있을 것과 그리스도가 인격자로 통치하실 것을 말했다. 피셔(Fisher)는 AD 100-313년에 천년왕국 신앙을 가진 교부들로 저스틴(Justine), 이레나이우스, 터툴리안을 들고 있다.

그러나 오리겐(Origen)과 그 추종자들이 성경의 많은 부분을 우화적으로 해석하여 천년왕국설은 빛을 잃게 되었고, AD 373년 교황 다마수스(Damasus) 아래 개최된 로마 회의에서 천년왕국설을 폐지했다.

종교개혁과 더불어 그리스도의 재림에 대한 관심과 믿음이 커지게 되었고, 18세기 초 아리안주의자인 Daniel Whithby는 천년왕국설을 우화로 해석하였다.

그 후 다시 웨슬리(Ch. Wesley), 아이삭 왓스, 벵겔(H. Bengel), 랑게, 고데(Godet), 알포드(Alford) 같은 신학자들은 천년왕국설을 적극 지지했다.

3. 전천년설(pre-millennialism)

이 설은 주님이 천년왕국 이전에 재림하신다고 하는 설이다. 전천년설은 세대주의적 전천년설과 역사적 전천년설로 나누어진다.

1) 세대주의적 전천년설

세대주의 신학의 아버지라 할 수 있는 스코필드는 인류의 역사를 무죄 시대, 양심 시대, 허락 시대, 족장 시대, 율법 시대, 은혜 시대, 안식 시대 등 7세대로 구분하였다.

그는 각 시대에 하나님께서 각기 다른 언약과 조건으로 인류를 시험하셨지만 인류는 실패하게 되었고, 그래서 하나님은 그의 왕국을 재림 시기로 연기했다고 보았다. 그러니까 천년왕국 전에 주님은 재림하셔야 하고, 그리고 천년왕국을 건설하시게 된다는 이론이다.

그러나 이 설에 따르면 인간은 에덴 동산에서 이미 전적으로 타락하여 자력으로 구원을 얻을 수 없게 되어 하나님이 사랑과 은혜로 그리스도를 통해 우리를 최후로 구원하시게 하신 성경의 원리가 무너지게 된다. 왜냐하면 하나님을 그 세대, 그 세대에 사람을 구원하도록 시험하신 분으로 보고 있기 때문이다. 천년왕국은 인간의 불순종으로 연기된 것이 아니고 주님의 섭리적 역사인 것이다. 그러므로 세대주의적 전천년설은 성경적이 아니다.

2) 역사적 전천년설

성경대로 예수님이 지상에 재림하신 후 옛날 선지자들이 예언했던 하나님의 나라가 지상에 완전하게 실현되는 것을 믿는 것이다. 이 천년왕국은 가견적인 왕국으로, 진리의 나라(합 2:14, 사 2:3-4), 의의 나라(사 11:3-9), 평화의 나라(사 2:4), 번영의 나라(사 65:21-23, 암 9:13-15, 사 60:17, 슥 8:12), 장수의 나라(사 65:20)가 된다. 결코 영적인 왕국이 아니다. 이 나라에는 더 이상 저주가 없다.

이 천년왕국은 아담이 범한 죄로 인한 저주가 없어진 나라이다(사 65:25, 11:6-8, 롬 8:19-22). 그러나 새 하늘과 새 땅은 아직 아니기 때문에 끝에 가서 사탄이 무저갱으로부터 나와 잠시 활동하게 되고(계 20:7-9), 그래서 최후에 사탄과 그 추종자를 유황불로 영원히 심판하게 된다(계 20:9-10).

이 천년왕국은 그리스도가 친히 왕으로 다스리시게 되며(습 3:15, 슥 14:9, 16), 이스라엘 백성이(육적, 영적) 주께로 돌아오는 큰 운동이 일어난다(창 12:3, 사 2:3, 미 4:2, 슥 8:3-8, 사 66:10-13).

이 역사적 천년왕국에 대한 다른 주장들과 이 주장에 대한 설명이 필요하다.

첫째, 에스겔 40-48장의 사건은 천년왕국 시대에 이루어질 사건으로,

에스겔이 본 환상이다. 그런데 43장 19절 이하에 성전 봉헌 제사로 희생물을 드리는 제사에 대한 명령이 나온다. 그래서 이것을 가지고 주님이 이미 속죄를 완성한 구세주로 지상에 와서 왕 노릇 하시는데 무슨 속죄제가 다시 필요하냐고 반문한다. 그러나 이것은 다시 속죄 제사를 드리는 것이 아니고 그리스도의 완전한 속죄를 다시 기념하는 제사로 해석할 수 있다. 그리스도가 속죄를 완성하신 후에 오늘 우리가 떡과 포도주로 성례를 행하는 것과 같은 것이다.

둘째, '천년' 이란 말은 요한계시록 20장 4-6절에 단 4회밖에 안 나오기 때문에 천년설은 믿을 수 없다고 한다. 그러나 예수 그리스도의 동정녀 탄생 이야기도 한 번밖에 나오지 않지만 예수 그리스도의 동정녀 탄생을 부인하면 성령 잉태로 인한 그리스도의 신성, 동정녀 탄생으로 인한 예수님의 인성의 교리가 깨어지며, 예수님이 구세주 되심이 무너진다. 성경은 1점 1획도 버릴 수 없다.

셋째, 부활하고 변화한 성도가 어떻게 지상의 사람들과 살 수 있겠는가 하고 반문한다. 그러나 예수님이 부활하신 후 제자들과 더불어 40일 동안 함께 음식을 잡수시고, 호흡하시고, 교훈하시며, 생활하신 사실로 미루어 보아 이 일은 가능하다.

넷째, 왜 천년왕국 후반에 마귀의 활동이 있어야 하며, 배반이 있어야 하는가 하는 의문에 대해서는 이것이 신비에 속한 일로 완전한 대답이 불가능하지만 천년왕국 시대는 범죄 이전의 에덴 동산 같은 곳이 아니다(신천신지 에덴 동산 같다.). 이 천년왕국에는 구원받지 못한 백성도(주님의 지상 재림 시 살아 있는 사람들) 있기 때문이다.

다섯째, 부활한 성도가 다 왕 노릇 하는가 하고 반문한다. 천년왕국에서 성도들은 그리스도와 더불어 왕 노릇 한다. 여기서 왕 노릇 한다는 말은 그리스도와 같은 권세와 영광을 누린다는 말이다.

4. 후천년설(post-millennialism)

천년왕국 후에 그리스도가 재림한다는 설이다. 그러나 이들의 입장은 그리스도가 재림하기 전의 이 세상, 곧 현세를 천년왕국으로 보기 때문에 이 설은 무천년설과 같은 입장이다. 이 후천년설을 주장하는 사람들 중에는 천년기를 전투하는 교회의 최후의 한 시대로 보며, 그리하여 이 세대에 성령의 특별한 감화 아래 교회는 크게 각성되고 부흥되어 안팎에서 악의 세력을 이기는 어떤 때가 될 것이라 말하는 초기 형태의 후천년설 주장자(D. Brown, J. Berg, A. H. Strong)들과, 하나님이 역사 속에 인류의 문명과 과학을 통해 점차적으로 개선되며 이상 세계가 이루어지는 천년기(상징적 숫자)가 있을 것으로 보는 후기 후천년론자(Shirley, J. Case)가 있다. 그러나 성경은 주님의 재림이 가까울수록 악이 흥왕하고 무질서해질 것이라고 말하고 있다(마 24:6-14, 21-22, 눅 18:8, 21:25-28, 살후 2:3-12, 딤후 3:1-6, 계 13장).

5. 무천년설

천년왕국은 없다는 주장이다. 그리스도는 때가 이르러 재림하고, 이때 성도는 부활하고 변화받아 영원천국에 들어가고 비신자들은 심판받아 영원지옥에 떨어진다는 설이다.

6. 벌코프(L. Berkhof)의 입장

그는 그의 조직신학에서 전천년설과 후천년설을 소개하고 비평할 뿐 전천년설도 후천년설도 주장하지 않는다. 결국 벌코프는 무천년론자이다.

질문 15

요한계시록 13장 18절에 기록된 666은 무엇인가?

답 :

세대주의자들은 적그리스도를 상징하는 짐승의 수로 666을 들고 있다. 그리하여 세대주의자들 중에 이 666을 오늘의 역사의 현장에서 찾아보고, 특별히 컴퓨터를 적그리스도로 보는 견해가 많이 있다.

그들은 A = 6, B = 12, C = 18, D = 24, E = 30…Z = 156처럼 알파벳을 6의 배수로 변환한 뒤 컴퓨터에 이를 적용, 합산해 보면 666이 된다는 것이다.

• computer = 18 + 90 + 78 + 96 + 126 + 30 + 108 = 666

• '네로 황제' 라는 말을 히브리 어로 표기하여 수를 합치면 666이다.

• 그러나 왜 A가 6이요, B가 6×2 = 12요, C가 6×3 = 18이어야 하는지는 성경에 없는 계산이다.

666은 이 세상에 흔히 있는 숫자에 불과하다. 666이라고 다 적그리스도나 사탄, 짐승으로 보아선 안 된다.

666은 우상에게 절한 사람이 받는 표이다. 우상에게 절하지만 않으면 666은 자연수에 불과하다.

666은 우상, 사탄, 적그리스도를 상징하는 상징적 숫자이다.

질문 16

성도가 죽으면 그의 영혼은 낙원으로 가는가, 천국으로 가는가?

답 :

죽음과 부활 사이에 있는 성도들의 상태를 종합하면 다음과 같다.

개혁교회의 일반적 입장은, 성도는 육적 죽음을 통해 그 영혼이 즉각적으로 영광에 들어간다는 것이다.

「하이델베르그 요리문답」 57, 「웨스트민스터 신앙고백」 32장 1절에도 "의인의 영혼(구원받은 성도)은 하늘로 받아들여지며 그곳에서 그들은 빛과 영광 중에서 하나님의 얼굴을 보며 그들의 육신의 완전한 구속을 기다리는 것"이라고 고백하고 있다. 그리고 이것은 성경의 가르침과 일치한다.

눅 23:43 : "예수께서 이르시되 내가 진실로 네게 이르노니 오늘 네가 나와 함께 낙원에 있으리라 하시니라"

고후 5:1 : "만일 땅에 있는 우리의 장막 집이 무너지면 하나님께서 지으신 집 곧 손으로 지은 것이 아니요 하늘에 있는 영원한 집이 우리에게 있는 줄 아나니"
고후 5:8 : "우리가 담대하여 원하는 바는 차라리 몸을 떠나 주와 함께 거하는 그것이라"
빌 1:23 : "내가 그 두 사이에 끼였으니 떠나서 그리스도와 함께 있을 욕망을 가진 이것이 더욱 좋으나"

성경이 말하는 성도의 죽음 이후의 상태는, 영혼이 살아서 완전히 의식을 가지고 있으며, 안식과 영원한 행복의 상태이고, 그리스도와 함께 있는 상태이다.

"성도가 죽으면 천국에 가는가, 낙원에 가는가?" "낙원과 천국은 같은 것인가?" 하는 질문에 대해 구약성경에서는 '낙원' 을 에덴 동산을 상징하는 말로("이에 롯이 눈을 들어 요단 들을 바라본즉 소알까지 온 땅에 물이 넉넉하니 여호와께서 소돔과 고모라를 멸하시기 전이었는 고로 여호와의 동산 같고 애굽 땅과 같았더라" , 창 13:10) 사용했고, 신약에서는 '낙원' 을 구원받은 성도가 죽어서 거하는 곳으로(눅 23:43), 바울이 올라갔던 삼층천 생명수 과일이 있는 에덴 동산이라고 한다.

고후 12:1-4 : "무익하나마 내가 부득불 자랑하노니 주의 환상과 계시를 말하리라 내가 그리스도 안에 있는 한 사람을 아노니 십사 년 전에 그가 셋째 하늘에 이끌려 간 자라 (그가 몸 안에 있었는지 몸 밖에 있었는지 나는 모르거니와 하나님은 아시느니라) 내가 이런 사람을 아노니 (그가 몸 안에 있었는지 몸 밖에 있었는지 나는 모르거니와 하나님은 아시느니라) 그가 낙원으로 이끌려가서 말할 수 없는 말을 들었으니 사람이 가히 이르지 못할 말이로다"
계 2:7 : "귀 있는 자는 성령이 교회들에게 하시는 말씀을 들을지어다 이기는 그에게는 내가 하나님의 낙원에 있는 생명나무의 과실을 주어 먹게 하리라"

후기 유대 사상에서는 낙원을 지옥의 일부로 보았고, 이것을 변호하는 구절로 누가복음 16장의 지옥의 비유와 에베소서 4장 8-10절을 든다.

눅 16:19-31 : "한 부자가 있어 자색 옷과 고운 베옷을 입고 날마다 호화로이 연락하는데 나사로라 이름한 한 거지가 헌데를 앓으며 그 부자의 대문에 누워 부자의 상에서 떨어지는 것으로 배불리려 하매 심지어 개들이 와서 그 헌데를 핥더라 이에 그 거지가 죽어 천사들에게 받들려 아브라함의 품에 들어가고 부자도 죽어 장사되매 저가 음부에서 고통 중에 눈을 들어 멀리 아브라함과 그의 품에 있는 나사로를 보고 불러 가로되 아버지 아브라함이여 나를 긍휼히 여기사 나사로를 보내어 그 손가락 끝에 물을 찍어 내 혀를 서늘하게 하소서 내가 이 불꽃 가운데서 고민하나이다 아브라함이 가로되 얘 너는 살았을 때에 네 좋은 것을 받았고 나사로는 고난을 받았으니 이것을 기억하라 이제 저는 여기서 위로를 받고 너는 고민을 받느니라 이뿐 아니라 너희와 우리 사이에 큰 구렁이 끼어 있어 여기서 너희에게 건너가고자 하되 할 수 없고 거기서 우리에게 건너올 수도 없게 하였느니라 가로되 그러면 구하노니 아버지여 나사로를 내 아버지의 집에 보내소서 내 형제 다섯이 있으니 저희에게 증거하게 하여 저희로 이 고통 받는 곳에 오지 않게 하소서 아브라함이 가로되 저희에게 모세와 선지자들이 있으니 그들에게 들을지니라 가로되 그렇지 아니하니이다 아버지 아브라함이여 만일 죽은 자에게서 저희에게 가는 자가 있으면 회개하리이다 가로되 모세와 선지자들에게 듣지 아니하면 비록 죽은 자 가운데서 살아나는 자가 있을지라도 권함을 받지 아니하리라 하였다 하시니라"

엡 4:8-10 : "그러므로 이르기를 그가 위로 올라가실 때에 사로잡힌 자를 사로잡고 사람들에게 선물을 주셨다 하였도다 올라가셨다 하였은즉 땅 아랫 곳으로 내리셨던 것이 아니면 무엇이냐 내리셨던 그가 곧 모든 하늘 위에 오르신 자니 이는 만물을 충만케 하려 하심이니라"

낙원과 천국을 같은 말을 다르게 사용한 것으로 보는 사람들도 있다

(벌코프, C. 하지). 그러나 성경에서는 낙원을 부활하신 그리스도가 계신 곳이요, 성도의 영혼이 영접되는 곳이며, 천국(天國, kingdom of heaven)은 주님의 공중 재림 시 하늘에 이루어지고, 또 주님의 지상 재림 후 이 땅이나 어떤 곳에 이루어질 새 하늘 새 땅, 영원천국을 가리킨다. 성도는 죽으면 그 영혼이 낙원으로 가고, 주님의 지상 재림 시 천년왕국을 지나 영원천국, 새 하늘 새 땅으로 가서 영생한다.

질문 17

불신자가 죽으면 그 영혼이 지옥으로 가는가?

답 :

개혁신학자들은 불신자는 죽어서 그 영혼이 곧 지옥에 떨어진다고 보았다. 「웨스트민스터 신앙고백」 32장 1절에 "사악한 자의 영혼은 지옥에 던져진다. 거기서 그들은 고통과 어두움 가운데서 대심판의 날을 기다리고 있다. 성경은 육신이 죽은 후에 영혼이 갈 장소로서 이 두 가지(천국, 지옥) 외에는 아무것도 가르쳐 주지 않는다."라고 고백되어 있다.

불신자들의 사후에 그 영혼이 어떤 상태에 있게 되는가에 대해 성경은, 그들은 의식을 가진 상태이며, 고통에 처해지고, 하나님을 멀리 떠난 상태에 있게 된다고 하였다.

마 25:46 : "저희는 영벌에, 의인들은 영생에 들어가리라 하시니라"

막 9:47-49 : "만일 네 눈이 너를 범죄케 하거든 빼어 버리라 한 눈으로 하나님의 나라에 들어가는 것이 두 눈을 가지고 지옥에 던지우는 것보다 나으니라 거기는 구더기도 죽지 않고 불도 꺼지지 아니하느니라 사람마다 불로서 소금 치듯 함을 받으리라" (눅 16:19-31)—질문 17에 인용된 성구 참고

불신자들이 죽으면 그 영혼이 음부에 내려가 고통을 받는다. 그리고 주님의 지상 재림 후 부활하여 심판받고 영원 지옥에 떨어진다.

질문 18

음부와 지옥은 같은 장소인가? 다르면 어떻게 다른가?

답 :

죽음과 부활 사이의 기간을 중간기라 부른다. 음부에 대해 알려면 중간기에 대한 지식이 있어야 한다.

1. 중간기에 대한 신학 역사

초대 교회는 중간기 상태에 대해 관심의 거의 없었다. 왜냐하면 예수님이 곧 재림하실 것이라고 믿고 있었기 때문이다. 그러다가 예수님의 재림이 지연되자 교부들 가운데 죽음과 부활 사이의 중간기 상태에 대한 관심이 생겨나기 시작했다.

순교자 저스틴(Justin Martyr), 이레나이우스, 터툴리안, 오리겐, 니사의 그레고리(Gregory of Nyssa) 등의 교부들은, 성도는 죽어서 천국의 보상과는 동일하지 않지만 어떤 보상을 누리게 되고, 불신자는 지옥의 형벌과는 다르지만 어떤 분량의 형벌을 받는다고 보았다.

그러다가 알렉산드리아 학파에서 영혼의 점진적 정화설이 나오게 되었고, 이것이 가톨릭 교회의 연옥설로 발전했다.

종교개혁자들은 연옥의 교리를 거부하고 영혼 수면설 등을 적극 반대하였다. 그들은 죽은 자의 영혼이 갈 곳은 지옥과 천국 둘 중에 하나라고 보았다.

2. 스올 및 음부, 하데스의 의미

악한 자나 선한 자나 똑같이 그 육신이 죽은 후에 음부로 간다고 생각한 사람들이 있었다. 이들은 음부를 형벌의 장소나 상급의 장소가 아닌 죽은 자의 영혼이 부활을 기다리는 장소라고 보았다.

그러나 성경은 여러 곳에서 음부, 곧 스올은 악한 자들이 형벌을 받는 곳이라고 말씀하고 있다.

신 32:21-23 : "그들이 하나님이 아닌 자로 나의 질투를 일으키며 그들의 허무한 것으로 나의 진노를 격발하였으니 나도 백성이 되지 아니한 자로 그들의 시기가 나게 하며 우준한 민족으로 그들의 분노를 격발하리로다 내 분노의 불이 일어나서 음부 깊은 곳까지 사르며 땅의 그 소산을 삼키며 산들의 터도 붙게 하는도다 내가 재앙을 그들의 위에 쌓으며 나의 살을 다하여 그들을 쏘리로다"
(욥 26:6, 잠 15:11, 27:20 참조)

욥 21:13 : 시 9:15-17 : "열방은 자기가 판 웅덩이에 빠짐이여 그 숨긴 그물에 자기 발이 걸렸도다 여호와께서 자기를 알게 하사 심판을 행하셨음이여 악인은 그 손으로 행한 일에 스스로 얽혔도다(힉가욘, 셀라) 악인이 음부로 돌아감이여 하나님을 잊어버린 모든 열방이 그리 하리로다"

잠 5:3-6 : "대저 음녀의 입술은 꿀을 떨어뜨리며 그 입은 기름보다 미끄러우나 나중은 쑥 같이 쓰고 두 날 가진 칼 같이 날카로우며 그 발은 사지로 내려가며 그 걸음은 음부로 나아가나니 그는 생명의 평탄한 길을 찾지 못하며 자기 길이 든든치 못하여도 그것을 깨닫지 못하느니라"
잠 7:25-27 : "네 마음이 음녀의 길로 치우치지 말며 그 길에 미혹지 말지어다 대저 그가 많은 사람을 상하여 엎드러지게 하였나니 그에게 죽은 자가 허다하니라 그 집은 음부의 길이라 사망의 방으로 내려가느니라"
(잠 9:18, 15:24, 23:14 참조)

성경에 의하면 스올은 결코 의인들이 가는 곳이 아니다.

시 9:17 : "악인이 음부로 돌아감이여 하나님을 잊어버린 모든 열방이 그리 하리로다"
시 16:9-10 : "이러므로 내 마음이 기쁘고 내 영광도 즐거워하며 내 육체도 안전히 거하리니 이는 내 영혼을 음부에 버리지 아니하시며 주의 거룩한 자로 썩지 않게 하실 것임이니이다"
사 14:11-15 : "네 영화가 음부에 떨어졌음이여 너의 비파 소리까지로다 구더기가 네 아래 깔림이여 지렁이가 너를 덮었도다 너 아침의 아들 계명성이여 어찌 그리 하늘에서 떨어졌으며 너 열국을 엎은 자여 어찌 그리 땅에 찍혔는고 네가 네 마음에 이르기를 내가 하늘에 올라 하나님의 뭇별 위에 나의 보좌를 높이리라 내가 북극 집회의 산 위에 좌정하리라 가장 높은 구름에 올라 지극히 높은 자와 비기리라 하도다 그러나 이제 네가 음부 곧 구덩이의 맨 밑에 빠치우리로다"

구약성경에 '스올' 이란 말이 70회 이상 나온다. 이것을 70인역에서는 '하데스' 로 번역했다. '하데스' 란 말은 세 가지 뜻으로 쓰였다.

1) 스올 및 음부는 죽음의 상태를 표현하는 말로 쓰였다.

호 13:14 : "내가 저희를 음부의 권세에서 속량하며 사망에서 구속하리니 사망아 네 재앙이 어디 있느냐 음부야 네 멸망이 어디 있느냐 뉘우침이 내 목전에 숨으리라"

마 16:18 : "또 내가 네게 이르노니 너는 베드로라 내가 이 반석 위에 내 교회를 세우리니 음부의 권세가 이기지 못하리라"
계 1:-17-18 : "내가 볼 때에 그 발 앞에 엎드러져 죽은 자 같이 되매 그가 오른손을 내게 얹고 가라사대 두려워 말라 나는 처음이요 나중이니 곧 산 자라 내가 전에 죽었었노라 볼지어다 이제 세세토록 살아 있어 사망과 음부의 열쇠를 가졌노니"

2) 단순히 무덤을 의미하는 말로 쓰였다.

창 37:35 : "그 모든 자녀가 위로하되 그가 그 위로를 받지 아니하여 가로되 내가 슬퍼하며 음부에 내려 아들에게로 가리라 하고 그 아비가 그를 위하여 울었더라"
창 42:38 : "야곱이 가로되 내 아들은 너희와 함께 내려가지 못하리니 그의 형은 죽고 그만 남았음이라 만일 너희 행하는 길에서 재난이 그 몸에 미치면 너희가 나의 흰머리로 슬피 음부로 내려가게 함이 되리라"
창 44:29-31 : "너희가 이도 내게서 취하여 가려 한즉 만일 재해가 그 몸에 미치면 나의 흰머리로 슬피 음부로 내려가게 하리라 하니 아비의 생명과 아이의 생명이 서로 결탁되었거늘 이제 내가 주의 종 우리 아비에게 돌아갈 때에 아이가 우리와 함께하지 아니하면 아비가 아이의 없음을 보고 죽으리니 이같이 되면 종들이 주의 종 우리 아비의 흰머리로 슬피 음부로 내려가게 함이니이다"
민 16:30-33 : "만일 여호와께서 새 일을 행하사 땅으로 입을 열어 이 사람들과 그들의 모든 소속을 삼켜 산 채로 음부에 빠지게 하시면 이 사람들이 과연 여호와를 멸시한 것인 줄을 너희가 알리라 이 모든 말을 마치는 동시에 그들의 밑의 땅이 갈라지니라 땅이 그 입을 열어 그들과 그 가족과 고라에게 속한 모든 사람과 그 물건을 삼키매 그들과 그 모든 소속이 산 채로 음부에 빠지며 땅이 그 위에 합하니 그들이 총회 중에서 망하니라"
시 16:10 : "이는 내 영혼을 음부에 버리지 아니하시며 주의 거룩한 자로 썩지 않게 하실 것임이니이다"
시 49:14-15 : "양같이 저희를 음부에 두기로 작정되었으니 사망이 저희 목자일 것이라 정직한 자가 아침에 저희를 다스리리니 저희 아름다움이 음부에서 소멸하여 그 거처조차 없어지려니와 하나님은 나를 영접하시리니 이러므로 내 영혼을 음부의 권세에서 구속하시리로다(셀라)"

전 9:10 : "무릇 네 손이 일을 당하는 대로 힘을 다하여 할지어다 네가 장차 들어갈 음부에는 일도 없고 계획도 없고 지식도 없고 지혜도 없음이니라"

3) 영원히 하나님과 분리되는 장소, 지옥을 뜻하는 말로 쓰였다.

신 32:22 : "내 분노의 불이 일어나서 음부 깊은 곳까지 사르며 땅의 그 소산을 삼키며 산들의 터도 붙게 하는도다"

삼하 22:6 : "음부의 줄이 나를 두르고 사망의 올무가 내게 이르렀도다"

겔 31:16-17 : "내가 그로 구덩이에 내려가는 자와 함께 음부에 떨어뜨리던 때에 열국으로 그 떨어지는 소리를 인하여 진동하게 하였고 물 대임을 받은 에덴의 모든 나무 곧 레바논의 뛰어나고 아름다운 나무들로 지하에서 위로를 받게 하였느니라 그러나 그들도 그와 함께 음부에 내려 칼에 살육을 당한 자에게 이르렀나니 그들은 옛적에 그의 팔이 된 자요 열국 중에서 그 그늘 아래 거하던 자니라"

겔 32:27 : "그들이 할례 받지 못한 자 중에 이미 엎드러진 용사와 함께 누운 것이 마땅치 아니하냐 이 용사들은 다 병기를 가지고 음부에 내려 자기의 칼을 베개하였으니 그 백골이 자기 죄악을 졌음이여 생존 세상에서 용사의 두려움이 있던 자로다"

암 9:2 : "저희가 파고 음부로 들어갈지라도 내 손이 거기서 취하여 낼 것이요 하늘로 올라갈지라도 내가 거기서 취하여 내리울 것이며"

(욥 11:8, 26:6, 7:27, 9:18, 15:11, 시 9:17, 16:10, 55:15, 잠 5:5, 사 5:14, 14:9 참고)

3. 종합적 결론

성경의 여러 곳을 종합해 보면 음부는 분명히 고통 받는 곳이다. 때로는 음부가 무덤과 죽음의 뜻으로 사용되고, 지옥과 같은 의미로도 사용되지만 음부는 지옥이 아니다. 지옥은 주님의 지상 재림 후 심판 받은 사람들과 마귀가 들어가는 영벌의 장소이다.

구원받지 못한 비성도는 죽을 때 육신은 흙으로 돌아가고 그 영혼은 음부로 가서 심판 날까지 있다가 심판 날에 부활하여 심판받고 지옥에 떨어진다.

질문 19

천주교에서 말하는 연옥설은 어떤 것인가?

답 :

1. 사람이 죽은 후 가는 5가지 장소

로마 가톨릭에서는 사람이 죽은 후 그 영혼이 가는 장소로 다섯 가지를 말하고 있다.

1) 세례 받지 못한 어른과 세례 받은 후에 은혜를 상실하고 죽은 자는 지옥으로 간다.

2) 그리스도인의 완전한 단계에 이른 장년은 천국으로 간다.

3) 부분적으로 성화된 자는 연옥에 간다.

4) 구약의 성도는 선조림보에 간다.

5) 세례 받지 못한 영아들은 유아림보로 간다.

2. 연옥(Purgatory)

1) '연옥' 은 '정화하다' (purify)라는 뜻이다. 이 세상에서 완전한 자

들, 즉 순교자들은 죽은 후 바로 천국에 가지만 아직 완전히 정화되지 못한 많은 성도들—교황까지 포함된다—은 죽은 후 연옥에 간다. 이 연옥은 버려진 장소가 아니라 마침내 천국에 갈 중간적 장소로, 이곳에서 하나님과 분리된 영적 고통을 통해 그 영혼들이 성화된다. 어떤 사람들이 얼마나 연옥에 머물러야 하는지는 알지 못하며, 그 기간은 지상에 있는 신실한 성도들의 기도와 예배, 연보로 감해질 수 있다.

그들은 연옥설을 주장하는 성경으로 외경의 마카비2서 12장 42-45절을 들고 있다.

> "[42]그리고 용감스런 유다는 쓰러진 사람들의 죄에 의하여 무엇이 저들에게 일어났던가를 자기 눈으로 확인하기도 한 것이므로 모두 죄를 범하지 말고 깨끗이 몸을 보전하라고 권고했다. [43]그러고 나서 한 사람에게 대하여 얼마씩의 금액을 정하고 모금을 하여 2천 드라마크의 은을 모아 죄를 위한 희생을 드리도록 그것을 예루살렘으로 보냈다. 그것은 부활의 사상에 인한 것으로서 고상한 선행이라고 할 만한 것이었다. [44]실로 쓰러진 사람들이 다시 살아나는 것을 희망하지 않았다면 죽은 자를 위한 기도는 무익한 허사였을 것이다. [45]또 저는 경건하게 잠에 들어간 사람들에게 굉장한 보상이 준비되어 있는 줄로 생각하고 있었다. 이것은 거룩하고 신심이 깊은 생각이었다."

그리고 성경의 사 4:4, 미 7:8, 슥 9:11, 말 3:2, 마 12:32, 고전 3:13-15, 15:29이 연옥설을 설명하는 구절이라고 말을 한다. 그러나 이것은 성경을 잘못 해석한 것이다.

2) 성경은 죽은 자를 위한 기도나 어떤 노력을 금하고 있으며(신 26:14, 레 19:28), 돈이나 다른 사람의 선행으로 죽은 자가 구원될 수 있다고 말하지 않는다.

가톨릭 교회의 연옥설은, 우리가 그리스도의 사역 위에 어떤 것을 첨가해야 한다는 것(순교와 선행), 우리의 선행은 그리스도의 은혜가 아닌 공로가 된다는 것, 우리는 우리에게 부과된 공로 이상의 공덕을 쌓을 수 있다는 것, 교회가 가진 열쇠는 연옥의 고통을 단축, 경감, 종결시킬 수 있다는 주장을 가능케 함으로 그리스도의 공로에 의한 완전한 구원, 은총으로 믿음을 통한 구원을 말하는 성경의 가르침을 위반하고 있다.

3) 성경은 그리스도의 피가 우리를 모든 죄에서 깨끗게 하시며(요일 1:7, 히 5:9), 그리스도께서 자신의 피를 드리심으로 완전하고 영원한 속죄가 이루어졌고(히 9:12), 믿음으로만 칭의될 수 있음(롬 3:28)을 매우 분명하게 가르치고 있다.

3. 선조림보(The Limbus Paturm)

'림보' 는 '변두리' 란 뜻이다. 가톨릭 교회에서는 구약 시대의 성도들의 영혼은 지옥의 변두리, 곧 림보에 머물러 있다고 하는데 이곳은 고통 없이 그리스도의 부활을 대망하는 곳이다. 그리하여 그리스도가 죽으신 후 이 림보에 내려가서 그들을 해방시켜 천국에 들어가게 하셨다고 보며, 그것을 증거하는 구절이 베드로전서 3장 18-20절이라고 본다.

그러나 베드로전서 3장 18-20절의 "그리스도께서도 한번 죄를 위하여 죽으사 의인으로서 불의한 자를 대신하셨으니 이는 우리를 하나님 앞으로 인도하려 하심이라 육체로는 죽임을 당하시고 영으로는 살리심을 받으셨으니 저가 또한 영으로 옥에 있는 영들에게 전파하시니라 그들은 전에 노아의 날 방주 예비할 동안 하나님이 오래 참고 기다리실 때에 순종치 아니하던 자들이라 방주에서 물로 말미암아 구원을 얻은 자가 몇 명 뿐이니 겨우 여덟 명이라"라는 구절의 잘못된 해석으로 선조림보를 주장하는 것은 성경적이 아니다.

매튜 헨리는 이 구절을 이렇게 해석한다(『디럭스바이블CD』).

> "그리스도의 본으로부터 옛 시대의 본으로 나아가고 있다. 유대 인들은 이제 긍휼의 제물을 맞이하였다. 즉 그리스도를 받아들이는 자들은 구원을 받을 것이요, 그리스도를 거절하는 자들은 노아의 시대에 불순종하는 자들이 그랬던 것처럼 반드시 멸망당할 것이다. (1) 전파자: 그는 영들에게 전파하시니라(19절). (2) 듣는 자들: 베드로는 그때의 그들을 적절하게 옥에 있는 영들로 부르고 있다. 그러나 그들이 그리스도께서 전파하실 때에 실제로 옥에 있었던 것은 아니다. (3) 이 사람들의 죄: 그들은 불순종하였다. 이러한 그들의 죄는 하나님의 참으심과 오래 고통하심으로부터 더욱 중하게 되었다. (4) 사건의 결과: 그들의 육체는 멸하여졌다. 그러나 순종하고 믿었던 노아와 그의 가족은 방주에서 구원을 얻었다. 비록 하나님의 인내하심이 죄인들에 대해서 오래 기다리신다 할지라도 그것은 마침내 끝나게 될 것이다. 즉 헛되이 사람을 기다리는 것은 항상 위대하신 하나님의 주권 아래 있는 것이다. 가장 많은 사람이 가는 길이라고 해서 가장 좋은 길이거나 가장 현명한 길 혹은 가장 안전한 길은 아니다. 여기서는 방주 안에 있는 여덟 명을 따르는 것이 훨씬 좋은 선택이었던 것이다."

4. 유아림보(The Limbus Infantum)

유아림보는 성도나 비성도를 막론하고 그 자녀들이 어려서 죽었을 때 영혼이 머무는 장소이다. 로마 가톨릭 교회에 의하면 세례 받지 않은 자는 천국에 갈 수 없다. 유아림보는 지옥의 불은 미치지 못하지만 천국에서 제외된 장소이다. 이들은 구원의 가망 없이 영원히 이 유아림보에 머문다. 그러나 이런 주장은 성경적인 근거가 없는 잘못된 주장이다.

5. 그러나 성경은

첫째, 불신자의 사후 상태는 고정된 것이며(눅 16:19-31 참조),

요 8:21-24 : "다시 이르시되 내가 가리니 너희가 나를 찾다가 너희 죄 가운데서 죽겠고 나의 가는 곳에는 너희가 오지 못하리라 유대인들이 가로되 저가 나의 가는 곳에는 너희가 오지 못하리라 하니 저가 자결하려는가 예수께서 가라사대 너희는 아래서 났고 나는 위에서 났으며 너희는 이 세상에 속하였고 나는 이 세상에 속하지 아니하였느니라 이러므로 내가 너희에게 말하기를 너희가 너희 죄 가운데서 죽으리라 하였노라 너희가 만일 내가 그인 줄 믿지 아니하면 너희 죄 가운데서 죽으리라"
벧후 2:4, 9 : "하나님이 범죄한 천사들을 용서치 아니하시고 지옥에 던져 어두운 구덩이에 두어 심판때까지 지키게 하셨으며…주께서 경건한 자는 시험에서 건지시고 불의한 자는 형벌 아래 두어 심판날까지 지키시며"

둘째, 최후 심판은 지상에서의 행위에 따라 결정되는 것이지 중간기 상태에서 다른 사람의 선행으로 좌우되지 않고(마 7:22-23, 눅 12:47-48, 갈 6:7-8, 히 9:27), 셋째, 모든 인간은 예수님 이전에도 이미 정죄 아래 있으며(롬 1-3장), 넷째, 이방 민족들은 지금도 멸망받고 있으며(롬

1:32, 2:12, 계 21:8), 다섯째, 중간 기간에도 구원이 가능하다면 오늘 현세에 선교해야 할 의미가 없어지게 된다. 따라서 이런 설은 성경과 위배되는 주장이다.

질문 20

사람은 죽으면 그 영혼이 부활할 때까지 수면 상태에 들어간다는 주장은 어떤 것인가?

답 :

이 영혼 수면설은 초대 교회에서부터 중세, 현세에 이르기까지 일부 교파에 의해 주장되어 왔다. 그들은 영혼 수면설의 근거로, 성경은 첫째, '죽음' 을 '잔다' 라고 표현하고 있으며(마 9:24), 둘째, 죽은 자는 의식이 없다고 말하며(시 6:5, 30:9, 115:17, 146:4, 전 9:10, 사 38:18-19), 아무도 사망에서 살아났다는 기록이 없다고 주장한다.

그러나 사도행전 7장 59-60절의 "저희가 돌로 스데반을 치니 스데반이 부르짖어 가로되 주 예수여 내 영혼을 받으시옵소서 하고 무릎을 꿇고 크게 불러 가로되 주여 이 죄를 저들에게 돌리지 마옵소서 이 말을 하고 자니라" 에서 '자니라' 라고 한 것은 스데반의 육신이 잔다는 뜻이지 영혼이 잔다는 뜻은 아니며, 성경에서 성도의 죽음을 잠자는 것으로 표현한 것은 육신의 부활을 설명하기 위한 말일 뿐 영혼이 잠

잔다는 말씀은 없다. 오히려 성경은, 성도는 사후에 그 영혼이 그리스도와 더불어 의식적 생활을 한다고 말한다(눅 16:19-31 참조).

눅 23:43 : "예수께서 이르시되 내가 진실로 네게 이르노니 오늘 네가 나와 함께 낙원에 있으리라 하시니라"

고후 5:8 : "우리가 담대하여 원하는 바는 차라리 몸을 떠나 주와 함께 거하는 그것이라"

빌 1:23 : "내가 그 두 사이에 끼였으니 떠나서 그리스도와 함께 있을 욕망을 가진 이것이 더욱 좋으나"

계 6:9-11 : "다섯째 인을 떼실 때에 내가 보니 하나님의 말씀과 저희의 가진 증거를 인하여 죽임을 당한 영혼들이 제단 아래 있어 큰 소리로 불러 가로되 거룩하고 참되신 대주재여 땅에 거하는 자들을 심판하여 우리 피를 신원하여 주지 아니하시기를 어느 때까지 하시려나이까 하니 각각 저희에게 흰 두루마기를 주시며 가라사대 아직 잠시 동안 쉬되 저희 동무 종들과 형제들도 자기처럼 죽임을 받아 그 수가 차기까지 하라 하시더라"

계 7:9-12 : "이 일 후에 내가 보니 각 나라와 족속과 백성과 방언에서 아무라도 능히 셀 수 없는 큰 무리가 흰 옷을 입고 손에 종려 가지를 들고 보좌 앞과 어린 양 앞에 서서 큰 소리로 외쳐 가로되 구원하심이 보좌에 앉으신 우리 하나님과 어린 양에게 있도다 하니 모든 천사가 보좌와 장로들과 네 생물의 주위에 섰다가 보좌 앞에 엎드려 얼굴을 대고 하나님께 경배하여 가로되 아멘 찬송과 영광과 지혜와 감사와 존귀와 능력과 힘이 우리 하나님께 세세토록 있을지로다 아멘 하더라"

계 20:4 : "또 내가 보좌들을 보니 거기 앉은 자들이 있어 심판하는 권세를 받았더라 또 내가 보니 예수의 증거와 하나님의 말씀을 인하여 목 베임을 받은 자의 영혼들과 또 짐승과 그의 우상에게 경배하지도 아니하고 이마와 손에 그의 표를 받지도 아니한 자들이 살아서 그리스도로 더불어 천년 동안 왕 노릇하니"

성경은 몸과 영혼의 죽음을 분리하여 말한다. 육신은 죽은 상태로 잠자지만 그 영혼은 육신과 함께 잠자지도, 죽지도 않는다.

마 10:28 : "몸은 죽여도 영혼은 능히 죽이지 못하는 자들을 두려워하지 말고 오직 몸과 영혼을 능히 지옥에 멸하시는 자를 두려워하라"
눅 8:55-56 : "그 영이 돌아와 아이가 곧 일어나거늘 예수께서 먹을 것을 주라 명하신대 그 부모가 놀라는지라 예수께서 경계하사 이 일을 아무에게도 말하지 말라 하시니라"

그리고 저들은 아무도 사망에서 살아난 기록이 없다고 하나 육적으로 잠자다가(죽었다가) 살아난 기록이 많이 있고(나사로, 야이로의 딸), 다만 저들이 죽었다가 살아올 동안까지의 자신의 경험을 이야기한 것이 없는 것은 고린도후서 12장 4절의 싸움의 경우를 보면 인간의 말로 그것을 설명하기가 힘든 것이기 때문이다. 따라서 영혼 수면설은 성경의 주장과는 거리가 멀다.

질문 21

불신자가 죽으면 그 영혼과 육신이 다 죽어 없어지는가?

답 :

불신자가 죽으면 영혼과 육신이 소멸된다는 주장을 영혼 멸절설이라고 한다. 영혼 멸절설을 주장하는 사람들은 그 증거로 첫째, 하나님만이 불멸이라고 말하고 있으며(딤후 6:16), 둘째, 영혼 불멸은 성도만이 받는 은혜이고(롬 2:7, 갈 6:8, 요 10:27-28, 요 3:16, 롬 6:23, 8:13), 셋째, 죄인들은 온전히 멸망한다는 것이다(살후 1:9, 마 7:13, 10:28, 요 3:16, 롬 6:23, 8:13).

그러나 첫째, 성경은 불신자도 그 영혼이 심판 아래 영생한다고 가르치고 있으며(전 12:7, 마 25:46, 롬 3:8, 계 14:11, 20:10), 둘째, 죄인이 멸망한다는 것은 영혼의 멸절을 말하는 것이 아니라 죄인의 영혼이 심판받는 것을 뜻하고(막 9:43, 48, 유 1:13, 계 14:10-11, 20:10), 지옥의 불은 영원하다는 것이다. 만일 악인의 영혼이 죽음으로 멸절된다면 심판도 있을 수 없고, 그것은 오히려 악인에게 축복이 되는 것이다. 따라서 영혼 멸절설은 성경의 가르침과 전혀 다른 주장이다.

죽음 이후의 상태를 도표로 그리면 아래와 같다.

죽음 이후의 일 도표

죽음	그리스도의 공중재림	그리스도의 지상재림	천년왕국 건설	심판	새 하늘 새 땅
↓	↓	↓	↓	↓	↓
성도 (육: 흙이 됨, 영혼: 낙원 간다)	부활(영혼과 육) (첫째 부활) → 천국 참여/대환난 참여	함께 구원/천년왕국 참여 (대환난 참여 성도 천년왕국 참여함)		없음 없음	새 하늘 새 땅(영원천국)에서 영원천국 생활
비성도 (육: 흙이 됨, 영 혼: 음부로 감)	→ →	→ →	→	심판받음 (둘째 부활)	영원지옥으로 감 (제이의 사망)

질문 22

예수님 믿고 구원받아 교회에 충성하다가 완전히 세상에 돌아간 사람, 다른 종교로 돌아간 사람은 구원받은 사람인가? 그들은 어떻게 되는가?

답 :

예수님을 믿는 사람들에게는 영생이 주어진다. 이 영생은 하나님이 주신 것이기 때문에 누구도 빼앗아 갈 수 없다.

> **요 10:28-29** : "내가 저희에게 영생을 주노니 영원히 멸망치 아니할 터이요 또 저희를 내 손에서 빼앗을 자가 없느니라 저희를 주신 내 아버지는 만유보다 크시매 아무도 아버지 손에서 빼앗을 수 없느니라"

'영생' 은 '영원한 생명' 이라는 말이다. 영생은 교회에 다니느냐 안 다니느냐, 선하게 사느냐 악하게 사느냐에 관계되어 유지되는 그런 생명이 아니다. 예수님을 믿고 구원받았지만 세상에 돌아갔거나 다른 종교로 간 사람들도 영생이 없어지거나 구원이 없어지지는 않는다. 그러나 이들은 성화에 실패한 사람으로, 대환난을 통해 부끄럽게 구원될 사람들이다. 이들은 주님의 공중 재림 시 공중에 이루어질 천국(kingdom of heaven)에는 들어가지 못한다. 그러나 이들도 천년왕국, 영원천국에는 다 들어간다.

질문 23

성도가 자살하면 지옥에 가는가?

답 :

믿음으로 구원받은 사람은 결단코 어떤 죄를 지어도 멸망치 않고 심판받지 않는다. 하나님은 이렇게 말씀하신다.

> **요 5:24** : "내가 진실로 진실로 너희에게 이르노니 내 말을 듣고 또 나 보내신 이를 믿는 자는 영생을 얻었고 심판에 이르지 아니하나니 사망에서 생명으로 옮겼느니라"
> **요 10:28-29** : "내가 저희에게 영생을 주노니 영원히 멸망치 아니할 터이요 또 저희를 내 손에서 빼앗을 자가 없느니라 저희를 주신 내 아버지는 만유보다 크시매 아무도 아버지 손에서 빼앗을 수 없느니라"
> **롬 8:1-2** : "그러므로 이제 그리스도 예수 안에 있는 자에게는 결코 정죄함이 없나니 이는 그리스도 예수 안에 있는 생명의 성령의 법이 죄와 사망의 법에서 너를 해방하였음이라"

지옥은 구원 밖에 있던 사람들이 예수께서 지상에 재림하신 후 생명책에 이름이 없는 자들을 그 행위대로 심판하여 영원한 불못에 마귀와 함께 던져 넣는 곳으로, 믿음으로 구원받은 성도는 이 심판을 받지 않고 지옥에 들어가지 않는다.

생명은 하나님만이 주관하시는 것이요, 모든 사람의 생사는 하나님께 속해 있다. 사람이 억울하게 죽는 수가 없고, 너무 빨리 죽는 수도 없으며, 강도에게 죽든 병으로 죽든 모든 사람은 하나님 안에서 정해진 그 시간에 죽는 것이다.

이와 같이 누가 자살로 죽어도 그 사람의 생명의 기간이 거기까지일 뿐 하나님이 허락하시지 않으면 자살하려고 해도 죽지 않는다. 우리 주위에는 몇 번씩 자살을 시도했지만 살아난 사람이 얼마든지 있다.

성경은 하나님이 인류의 조상 아담에게 생명을 주신 후 개인과 여러 족속의 생명을 주관하시는 분이요, 이스라엘 백성뿐 아니라 열방과 그 왕들과 그 백성들을 죽게도 하시고 살게도 하시는 생명의 주관자이심을 가르쳐 준다.

생명은 하나님만 주관하시는 것이다. 참새 한 마리의 생명도 하나님이 허락하시지 않으면 죽지 않는다("참새 두 마리가 한 앗사리온에 팔리는 것이 아니냐 그러나 너희 아버지께서 허락지 아니하시면 그 하나라도 땅에 떨어지지 아니하리라", 마 10:29). 하나님은 히스기야 왕의 생명을 취하실 수도 있고, 그 생명을 15년 더하실 수도 있으셨다. 성경은 사람의 생명을 이렇게 말씀한다.

행 17:26-27 : "인류의 모든 족속을 한 혈통으로 만드사 온 땅에 거하게 하시고 저희의 연대를 정하시며 거주의 경계를 한하셨으니 이는 사람으로 하나님을 혹 더듬어 찾아 발견케 하려 하심이로되 그는 우리 각 사람에게서 멀리 떠나 계시지 아니하도다"

구약성경에는 삼손이 자살한 것으로 기록되어 있다. 그러나 삼손의 자살은 자살이라기보다 블레셋 백성을 징벌하기 위한 순교인 것이다. 또 사울 왕은 블레셋과의 전쟁에서 적군의 활에 중상을 입고 할례 없는 이방인에게 조롱당할 수 없어서 자기 칼에 엎드려 죽는다(삼상 31:4). 사울은 자살이라기보다 명예로운 죽음을 택한 것이다.

신약성경에는 가룟 유다가 예수님이 죽으신 후 목을 매달아 자살한 것으로 기록되어 있다. 가룟 유다는 차라리 이 세상에 나지 말았어야 할 사람이었다.

마 26:24 : "인자는 자기에게 대하여 기록된 대로 가거니와 인자를 파는 그 사람에게는 화가 있으리로다 그 사람은 차라리 나지 아니하였더면 제게 좋을 뻔하였느니라"

가룟 유다는 마지막까지 예수님을 주님이라 부르지 않고 '랍비', 곧 '선생'이라 부른다. 예수님을 선생으로 생각하는 것은 믿음이 아니다. 예수님은 가장 위대한 선생이지만 우리의 '주'가 되신 분이다. 가룟 유다는 끝까지 믿음 밖의 사람, 곧 구원 밖의 사람이었다.

마 26:48-49 : "예수를 파는 자가 그들에게 군호를 짜 가로되 내가 입맞추는 자가 그이니 그를 잡으라 하였는지라 곧 예수께 나아와 랍비여 안녕하시옵니까 하고 입을 맞추니"

성도가 자살하는 것은 옳지 못하다. 하나님은 사랑이시고 어떤 고난과 아픔 속에서도 함께하여 주신다. 성도는 어떤 경우에도 전능하신 사랑의 하나님을 믿고 고난과 자살의 충동을 이겨야 한다. 욥이 받은 지옥 같은 고난도 결국 축복과 찬송으로 변하였다.

질문 24

죄 없는 어린아이가 죽으면 지옥에 가는가, 천국에 가는가?

답 :

죄 없는 어린아이는 없다. 아담 이후의 사람들은 모두 날 때부터 죄인으로 태어난다. 자범죄가 없는 어린아이가 죽으면 구원을 얻는가 못 얻는가 하는 질문에 대답하기 위해 가톨릭 교회에서는 유아림보라는 연옥설을 주장한다["내세에 관한(종말론적인) 질문" 19항의 "연옥설" 설명 참조].

이 질문에 대한 답을 멀리서 찾아보면, 하나님은 아브라함을 택하실 때 그 후손을 함께 택하셨고, 아브라함의 복이 그 후손에게 넘겨져 저들이 이스라엘 백성이 되고, 이 이스라엘 백성에게서 예수 그리스도가 나오게 하셨다. 성경은 노아 한 사람이 의인이었지만 노아를 통해 그 가족이 모두 홍수 심판에서 구원받았다고 기록한다. 그래서 예수님을 믿어 구원받은 사람의 자녀는 자범죄를 범하기 전에 죽으면 구원받는다고 말할 수 있을 것이라고 생각할 수 있다. 그러나 이런 생각은 믿음으로만 구원을 얻는다는 성경의 교훈에 어긋난다("구원에 관한 질문" 14항의 "예수님 이전 사람들은 어떻게 구원을 받는가" 하는 질문 참조).

질문 25

왜 이 땅에는 화산 폭발과 쓰나미, 지진, 태풍, 전쟁이 발발하여 죄 없는 많은 사람들이 죽어야 하는가? 하나님이 이런 것들을 막으실 수는 없는가?

답 :

에덴 동산에서 아담이 범죄한 후 사람에게 흙으로 돌아가는 육체의 죽음이 왔고, 땅이 저주를 받아 가시덤불이 생기고, 미움과 살인과 약육강식의 비극이 왔다.

창 3:17-19 : "아담에게 이르시되 네가 네 아내의 말을 듣고 내가 너더러 먹지 말라 한 나무 실과를 먹었은즉 땅은 너로 인하여 저주를 받고 너는 종신토록 수고하여야 그 소산을 먹으리라 땅이 네게 가시덤불과 엉겅퀴를 낼 것이라 너의 먹을 것은 밭의 채소인즉 네가 얼굴에 땀이 흘러야 식물을 먹고 필경은 흙으로 돌아가리니 그 속에서 네가 취함을 입었음이라 너는 흙이니 흙으로 돌아갈 것이니라 하시니라"

사람들이 화산 폭발로 죽든, 지진으로 죽든, 쓰나미로 죽든, 전쟁으로 죽든 죽음의 원천은 원죄이다. 이 땅에서 어떤 모양의 죽음이든 죄 없는 죽음은 없다. 모두 죄의 값으로 죽는 것이다.

롬 6:23 : "죄의 삯은 사망이요 하나님의 은사는 그리스도 예수 우리 주 안에 있는 영생이니라"

하나님의 시간으로 보면 이 땅에서 일찍 죽는 것이나 오래 장수하다 죽는 것이나 다 같은 것이다. 인간의 생각으로 누가 어떤 사고로 빨리 죽고 누구는 아주 오래 살았다 하지만 영생하는 하늘나라에 비하면 다 같은 것이다. 하나님 나라의 하루가 이 땅에서의 천 년과 같을 수 있다.

벧후 3:8 : "사랑하는 자들아 주께는 하루가 천년 같고 천년이 하루 같은 이 한 가지를 잊지 말라"

그래서 우리에게 구원이 필요하고, 그래서 예수님이 이런 모순을 해결하기 위해 구세주로 오셨으며, 구원을 완성하신 것이다. 구원만이 모든 죽음의 해결인 것이다. 구원받은 사람에게는 언제 어떻게 죽어도 그것은 죽음이 아닌 영생의 새로운 시작이다.

고전 15:53-58 : "이 썩을 것이 불가불 썩지 아니할 것을 입겠고 이 죽을 것이 죽지 아니함을 입으리로다 이 썩을 것이 썩지 아니함을 입고 이 죽을 것이 죽지 아니함을 입을 때에는 사망이 이김의 삼킨바 되리라고 기록된 말씀이 응하리라 사망아 너의 이기는 것이 어디 있느냐 사망아 너의 쏘는 것이 어디 있느냐 사망의 쏘는 것은 죄요 죄의 권능은 율법이라 우리 주 예수 그리스도로 말미암아 우리에게 이김을 주시는 하나님께 감사하노니 그러므로 내 사랑하는 형제들아 견고하며 흔들리지 말며 항상 주의 일에 더욱 힘쓰는 자들이 되라 이는 너희 수고가 주 안에서 헛되지 않은 줄을 앎이니라"

예수님 안에 있는 구원은 모든 사망 권세를 이긴다. 할렐루야.

5
신앙 생활에 관한 질문

질문 1

왜 꼭 교회에서 예배를 드려야 하는가? 집에서 예배를 드리면 안 되는가?

답 :

하나님은 어디에나 계시고, 하나님은 어디서나 예배를 받으신다. 그러므로 우리는 어디서나 예배드릴 수 있다. 그러나 참 예배는 성전에서 제사장, 곧 목사가(목사는 제사장이 아니다. 그러나 제사장 직분을 행하는 사람이다.) 드리는 예배다.

이스라엘 백성은 안식일과 유월절, 오순절, 초막절에 성막(성전)에서만 제사를 드릴 수 있었다. 제물은 거룩한 곳에서 씻어야 하고, 제물은 제단에서 피를 흘려야 하고, 제물의 피는 번제단과 그 주위에 뿌리고 쏟아야 했다. 대속죄제사물의 피는 지성소 안 법궤와 그 주변에 뿌려야 했다.

하나님께 드리는 제단에는 법궤가 있어야 했다. 하나님께 드리는 제사는 반드시 제사장이 드려야 했다(레위기 참고). 엘리야가 갈멜 산에서 제단을 쌓고 제사드렸고, 사무엘도 미스바에 제단을 쌓고 번제를 드렸다.

하나님은 이렇게 말씀하신다.

> **출 20:24** : "내게 토단을 쌓고 그 위에 너의 양과 소로 너의 번제와 화목제를 드리라 내가 무릇 내 이름을 기념하게 하는 곳에서 네게 강림하여 복을 주리라"

하나님은 어디에나 계신 분이지만 번제와 화목제를 드리는 제단, 하나님의 이름을 거룩하게 기념하는 제단—오늘 우리가 드리는 주일예배—에 강림하시고, 거기서 복을 주신다.

> **출 25:8** : "내가 그들 중에 거할 성소를 그들을 시켜 나를 위하여 짓되"

하나님은 어디에나 계시지만 성소에 거하신다.

> **출 25:21-22** : "속죄소를 궤 위에 얹고 내가 네게 줄 증거판을 궤 속에 넣으라 거기서 내가 너와 만나고 속죄소 위 곧 증거궤 위에 있는 두 그룹 사이에서 내가 이스라엘 자손을 위하여 네게 명할 모든 일을 네게 이르리라"
> **출 29:42-46** : "이는 너희가 대대로 여호와 앞 회막문에서 늘 드릴 번제라 내가 거기서 너희와 만나고 네게 말하리라 내가 거기서 이스라엘 자손을 만나리니 내 영광을 인하여 회막이 거룩하게 될지라 내가 그 회막과 단을 거룩하게 하며 아론과 그 아들들도 거룩하게 하여 내게 제사장 직분을 행하게 하며 내가 이스라엘 자손 중에 거하여 그들의 하나님이 되리니 그들은 내가 그들의 하나님 여호와로서 그들 중에 거하려고 그들을 애굽 땅에서 인도하여 낸 줄을 알리라 나는 그들의 하나님 여호와니라"

하나님은 어디서나 이스라엘 백성을 만나실 수 있는 분이다. 그러나 특별하게 증거궤, 곧 법궤(구별한 하나님의 말씀이 있는 예배 처소)가 있는 곳에서 이스라엘 백성에게 말씀하시고, 거기서 이스라엘 백성이 그들을 구원해 내신 하나님을 알게 된다고 말씀하신다.

예배는 거룩한 것이다. 예배는 믿음으로 거룩해진 성도들이 거룩한 날, 주님의 날(주님을 위해 구별된 날)에 구별된 장소, 주님의 몸인 교회에 함께 모여 드릴 때 거룩해진다.

고전 1:1-2 : "하나님의 뜻을 따라 그리스도 예수의 사도로 부르심을 입은 바울과 및 형제 소스데네는 고린도에 있는 하나님의 교회 곧 그리스도 예수 안에서 거룩하여지고 성도라 부르심을 입은 자들과 또 각처에서 우리의 주 곧 저희와 우리의 주 되신 예수 그리스도의 이름을 부르는 모든 자들에게"
엡 5:25-27 : "남편들아 아내 사랑하기를 그리스도께서 교회를 사랑하시고 위하여 자신을 주심 같이 하라 이는 곧 물로 씻어 말씀으로 깨끗하게 하사 거룩하게 하시고 자기 앞에 영광스러운 교회로 세우사 티나 주름잡힌 것이나 이런 것들이 없이 거룩하고 흠이 없게 하려 하심이니라"
살전 4:7-8 : "하나님이 우리를 부르심은 부정케 하심이 아니요 거룩케 하심이니 그러므로 저버리는 자는 사람을 저버림이 아니요 너희에게 그의 성령을 주신 하나님을 저버림이니라"

성도에게 교회 예배는 믿음의 근간이 된다. 성도에게 주일에 교회에서 드리는 예배와 이 예배를 통해 주시는 하나님의 말씀은 가정에서의 식탁과 같다. 우리는 가정에서 식탁에 앉아 매일 매 시간에 비슷한 음식을 먹는다. 이 식사와 이 식탁을 통해 우리의 생명이 유지된다. 우리는 교회에서 늘 비슷한 예배를 드리고 비슷한 설교를 듣는다. 그리고 이 예배가 나의 신앙 생활의 생명을 이어 가게 한다. 레위기에서 제사장은 7일에 한 번 성소의 떡을 새 떡으로 바꾸어 놓아야 하고, 제사장은 성소의 떡 상에 있는 새 떡을 먹어야 한다고 말씀한다.

> **레 24:5-9** : "너는 고운 가루를 취하여 떡 열둘을 굽되 매 덩이를 에바 십분 이로 하여 여호와 앞 순결한 상 위에 두 줄로 한 줄에 여섯씩 진설하고 너는 또 정결한 유향을 그 매 줄 위에 두어 기념물로 여호와께 화제를 삼을 것이며 항상 매 안식일에 이 떡을 여호와 앞에 진설할지니 이는 이스라엘 자손을 위한 것이요 영원한 언약이니라 이 떡은 아론과 그 자손에게 돌리고 그들은 그것을 거룩한 곳에서 먹을지니 이는 여호와의 화제 중 그에게 돌리는 것으로서 지극히 거룩함이니라 이는 영원한 규례니라"

구원받은 후 제단 중심으로 성수 주일하는 것은 성화의 생활에 필수적인 요소이다. 성도는 주일에 교회 예배를 꼭 드려야 한다.

질문 2

세상 교회가 다 하나님의 거룩한 교회인가? 어느 목사님의 설교라도 그것이 다 하나님의 말씀인가?

답:

이 질문에 대한 바른 답은 두 가지이다. 즉 '그렇다'와 '아니다'이다. 종교개혁자들은 가톨릭 교회의 외형적 교회관에서 벗어나 교회를 성경이 말한 대로 성도의 거룩한 교제에서 찾고 있다. 그래서 루터는 교회를 "그리스도를 믿어 성화되고 머리 되신 그리스도에게 연합된 무리"로 보았고, 칼빈은 교회를 "선택받은 무리"라 보았다. 칼빈은 교회의 교회 됨을 말씀 선포와 성례전의 바른 시행에서 찾았다(『기독교 강요』 IV. 1.9). 루터도 이와 똑같은 교회론을 가지고 있었다. 종교개혁자들의 사상을 기초로 하여 제정된 신앙 고백서에서는 이렇게 말한다.

"교회란 예수 그리스도 안에서 자신의 구원을 기대하며 그의 피로 씻음을 받고 성령에 의하여 성화되고, 인침 받은 참된 기독교 신앙의 거룩한 공동체이다"[「벨직 신앙고백서」, 1561년 벨직(Belgic)과 네덜란드에서 제작된 37개조의 고백서].

"교회란 세상으로부터 말씀에 의해서 불러 냄을 입고 모인 신실한 자들의 모임체요, 모든 성도, 즉 성령의 말씀에 의해서 구세주 예수 안에서 참 하나님을 알고 올바르게 예배하며 섬기는 자들과, 신앙에 의해 그리스도를 통해서 값없이 주신 선한 은혜에 참여한 성도들의 공동체이다"(「제2 스위스 신앙고백서」, 1562, Helvetic Confession).

"계획 속에서 영생을 얻도록 부르심을 받은 선택된 자들의 총체이다"(「웨스트민스터 신앙고백서」).

여기서 '부르심을 받은 선택된 자들' 이란 말이 갖는 뜻은 첫째, 교회가 성령님에 의해 이루어짐을 뜻한다. 교회를 교회 되게 하시는 분이 성령님이시다. 성령님은 성도에게 믿음을 통해 칭의, 사죄, 하나님의 사랑 안에 거하게 하시고, 하나님 안에서 하나 된 공동체를 이루게 하신다.

요 3:5 : "예수께서 대답하시되 진실로 진실로 네게 이르노니 사람이 물과 성령으로 나지 아니하면 하나님 나라에 들어갈 수 없느니라"
요 20:22-23 : "이 말씀을 하시고 저희를 향하사 숨을 내쉬며 가라사대 성령을 받으라 너희가 뉘 죄든지 사하면 사하여질 것이요 뉘 죄든지 그대로 두면 그대로 있으리라 하시니라"
롬 5:5 : "소망이 부끄럽게 아니함은 우리에게 주신 성령으로 말미암아 하나님의 사랑이 우리 마음에 부은 바 됨이니"

고전 3:16 : "너희가 하나님의 성전인 것과 하나님의 성령이 너희 안에 거하시는 것을 알지 못하느뇨"
고전 16:19 : "아시아의 교회들이 너희에게 문안하고 아굴라와 브리스가와 및 그 집에 있는 교회가 주 안에서 너희에게 간절히 문안하고"
엡 2:18-19 : "이는 저로 말미암아 우리 둘이 한 성령 안에서 아버지께 나아감을 얻게 하려 하심이라 그러므로 이제부터 너희가 외인도 아니요 손도 아니요 오직 성도들과 동일한 시민이요 하나님의 권속이라"

둘째, 부르심을 받은 선택된 자들이 갖는 뜻은 교회가 본질적으로 그리스도와의 교제를 바탕으로 성도와의 교제를 이룸으로 그리스도 안에서 일치를 이루게 되는 것을 가르쳐 주는 것이다.

롬 12:5 : "이와 같이 우리 많은 사람이 그리스도 안에서 한 몸이 되어 서로 지체가 되었느니라"

셋째, 부르심을 받은 선택된 자들이 갖는 뜻은 교회의 구성원인 성도의 의미를 가르쳐 주는 것으로, 성도가 되는 것은 개인의 수양이나 도덕적 생활로 되는 것이 아니고 성령에 의한 믿음으로 하나님의 주권적 선택에 의해 되는 것임을 가르쳐 준다.

이렇게 볼 때 교회는 그 규모나 어느 목회자가 목회를 하느냐와 상관없이 성경 말씀이 바로 설교되고 성례전이 바로 이루어지면 그 모임이 교회이다.

여기서 문제는 성경 말씀이 바르게 선포되느냐 하는 것으로, 성경 말씀을 틀리게 가르치면 이단이 된다. 그리고 성경 말씀을 틀리게 가르치지는 않아도 성경 말씀에 기초하지 않고 목회자의 개인 철학이나 지식에 기초한 설교는 위험하다. 그러므로 성도는 교회를 잘 선택하여 섬겨야 한다. 성경 말씀에 기초한 설교는 모두 하나님의 말씀이다.

질문 3

왜 선하게 사는 성도 혹은 그 자녀들은 큰 어려움을 겪고, 세상에서 악하게 사는 사람들은 잘되고 잘사는가?

답 :

하박국에서 하박국 선지자가 왜 악인이 흥왕하는데 하나님이 못 본 것처럼 가만히 계시냐고 질문을 한다. 이에 대해 하나님은 갈대아 인을 불러 그들을 징벌하시겠다고 말씀하신다. 그러자 하박국 선지자는 그것은 악인(갈대아 인)이 의인(이스라엘 백성)을 삼키는 일이라고 하면서 어찌 그럴 수 있느냐고 하나님께 다시 묻는다. 그리고 하나님의 답을 기다린다.

하나님은 이렇게 말씀하신다.

"그러나 의인은 그 믿음으로 말미암아 살리라" (합 2:4).

하박국 선지자는 믿음으로 사는 것이 어떤 것인지를 깨닫고, 공의로 심판하시는 하나님을 성전에서 만나고 이렇게 찬양한다.

합 3:17-19 : "비록 무화과나무가 무성치 못하며 포도나무에 열매가 없으며 감람나무에 소출이 없으며 밭에 식물이 없으며 우리에 양이 없으며 외양간에 소가 없을지라도 나는 여호와를 인하여 즐거워하며 나의 구원의 하나님을 인하여 기뻐하리로다 주 여호와는 나의 힘이시라 나의 발을 사슴과 같게 하사 나로 나의 높은 곳에 다니게 하시리로다 이 노래는 영장을 위하여 내 수금에 맞춘 것이니라"

시편 73편에도 같은 질문, 같은 고민이 나온다.

시 73:2-16 : "나는 거의 실족할 뻔하였고 내 걸음이 미끄러질 뻔하였으니 이는 내가 악인의 형통함을 보고 오만한 자를 질시하였음이로다 저희는 죽는 때에도 고통이 없고 그 힘이 건강하며 타인과 같은 고난이 없고 타인과 같은 재앙도 없나니 그러므로 교만이 저희 목걸이요 강포가 저희의 입는 옷이며 살찜으로 저희 눈이 솟아나며 저희 소득은 마음의 소원보다 지나며 저희는 능욕하며 악하게 압제하여 말하며 거만히 말하며 저희 입은 하늘에 두고 저희 혀는 땅에 두루 다니도다 그러므로 그 백성이 이리로 돌아와서 잔에 가득한 물을 다 마시며 말하기를 하나님이 어찌 알랴 지극히 높은 자에게 지식이 있으랴 하도다 볼지어다 이들은 악인이라 항상 평안하고 재물은 더 하도다 내가 내 마음을 정히 하며 내 손을 씻어 무죄하다 한 것이 실로 헛되도다 나는 종일 재앙을 당하며 아침마다 징책을 보았도다 내가 만일 스스로 이르기를 내가 이렇게 말하리라 하였더면 주의 아들들의 시대를 대하여 궤휼을 행하였으리이다 내가 어찌면 이를 알까 하여 생각한즉 내게 심히 곤란하더니"

시편 저자는, 악인은 죽을 때까지도 교만하며, 고난을 당하지 않고 잘 살아가는데 의인으로 깨끗하게 살아가는 것이 헛되다고 생각하며 어찌 된 일인지를 깊이 고민한다. 그러다가 그는 성소에 들어가서 심판 주 되신 하나님을 만나고 악인들의 종말을 본 후에 악인들의 흥왕함과 의인의 고난에 대하여 의문을 가졌던 자신이 너무 부끄러워 짐승

같다고 고백한다. 그리고 그는 이 세상의 참 복은 악인들의 흥왕이 아니라 하나님을 가까이하는 것임을 깨닫고 이 진리를 전파하겠다고 다짐한다.

> **시 73:17-28 :** "하나님의 성소에 들어갈 때에야 저희 결국을 내가 깨달았나이다 주께서 참으로 저희를 미끄러운 곳에 두시며 파멸에 던지시니 저희가 어찌 그리 졸지에 황폐되었는가 놀람으로 전멸하였나이다 주여 사람이 깬 후에는 꿈을 무시함같이 주께서 깨신 후에 저희 형상을 멸시하시리이다 내 마음이 산란하며 내 심장이 찔렸나이다 내가 이같이 우매 무지하니 주의 앞에 짐승이오나 내가 항상 주와 함께하니 주께서 내 오른손을 붙드셨나이다 주의 교훈으로 나를 인도하시고 후에는 영광으로 나를 영접하시리니 하늘에서는 주 외에 누가 내게 있으리요 땅에서는 주 밖에 나의 사모할 자 없나이다 내 육체와 마음은 쇠잔하나 하나님은 내 마음의 반석이시요 영원한 분깃이시라 대저 주를 멀리하는 자는 망하리니 음녀같이 주를 떠난 자를 주께서 다 멸하셨나이다 하나님께 가까이함이 내게 복이라 내가 주 여호와를 나의 피난처로 삼아 주의 모든 행사를 전파하리이다"

세상에서 받는 물질과 명예와 승리와 성공의 복은 귀하고 좋은 것이다. 이 부귀영화도 하나님의 손에 있고 하나님이 주시는 것이다. 그러나 영원한 하나님 앞에 서면 이런 것은 아무것도 아니다. 이 땅에서 하나님을 가까이하며 정결하게 살아가면서 받는 고난은 억울하고 모순같아 보인다. 그러나 영원하신 하나님 앞에서 참 복은 하나님 뜻대로 살아가는 것이다.

세상에서 착한 사람이 빨리 죽기도 하고, 선한 사람이 큰 사고를 당하고, 큰병에 걸리기도 한다. 그리고 남에게 못된 짓을 다 해 가며 살아가는 사람이 건강하게 살고, 그 하는 일이 형통할 수도 있다. 이것은 모순 같고 억울하지만 아직 끝이 아니다. 죽는 것도 그 끝이 아니다. 하나님 앞에 반드시 그 행한 대로 심판받는다.

계 20:11-15 : "또 내가 크고 흰 보좌와 그 위에 앉으신 자를 보니 땅과 하늘이 그 앞에서 피하여 간데 없더라 또 내가 보니 죽은 자들이 무론대소하고 그 보좌 앞에 섰는데 책들이 펴 있고 또 다른 책이 펴졌으니 곧 생명책이라 죽은 자들이 자기 행위를 따라 책들에 기록된 대로 심판을 받으니 바다가 그 가운데서 죽은 자들을 내어주고 또 사망과 음부도 그 가운데서 죽은 자들을 내어주매 각 사람이 자기의 행위대로 심판을 받고 사망과 음부도 불못에 던지우니 이것은 둘째 사망 곧 불못이라 누구든지 생명책에 기록되지 못한 자는 불못에 던지우더라"

선한 사람이 잠시(어떤 경우에는 그 사람의 일생일 수도 있다.) 이 세상에서 고난 받는 것, 악한 사람이 잠시 이 세상에서 부귀영화를 누리는 것으로 선한 일에 용기를 잃거나 하나님의 선하심을 의심해서는 안 된다. 이 모든 것은 잠시요, 꿈을 꾸는 것에 불과하다.

시 73:20-25 : "주여 사람이 깬 후에는 꿈을 무시함같이 주께서 깨신 후에 저희 형상을 멸시하시리이다 내 마음이 산란하며 내 심장이 찔렸나이다 내가 이같이 우매 무지하니 주의 앞에 짐승이오나 내가 항상 주와 함께하니 주께서 내 오른손을 붙드셨나이다 주의 교훈으로 나를 인도하시고 후에는 영광으로 나를 영접하시리니 하늘에서는 주 외에 누가 내게 있으리요 땅에서는 주 밖에 나의 사모할 자 없나이다"

모든 사람에게 영원한 나라, 영원한 보상, 영원한 심판이 있는 것이다.

히 9:27 : "한번 죽는 것은 사람에게 정하신 것이요 그 후에는 심판이 있으리니"

질문 4

악한 사람이 땅에서 하나님이 주시는 복을 받는다면 하나님이 불공평하신 것이 아닌가?

답 :

모든 복은 하나님께 달려 있다. 하나님이 복의 근원이시다. 성경은 계속해서 하나님이 복을 주시는 분이요, 사람은 이 복을 받는 대상으로 기록하고 있다.

창 1:27-28 : "하나님이 자기 형상 곧 하나님의 형상대로 사람을 창조하시되 남자와 여자를 창조하시고 하나님이 그들에게 복을 주시며 그들에게 이르시되 생육하고 번성하여 땅에 충만하라, 땅을 정복하라, 바다의 고기와 공중의 새와 땅에 움직이는 모든 생물을 다스리라 하시니라"
창 2:3 : "하나님이 일곱째 날을 복 주사 거룩하게 하셨으니 이는 하나님이 그 창조하시며 만드시던 모든 일을 마치시고 이 날에 안식하셨음이더라"

하나님은 노아에게, 아브라함과 그 후손에게, 이삭과 야곱에게 복을 내리신다. 모든 복의 근원이 하나님께 있다. 그리고 하나님에게서 저주와 화도 나온다. 하나님은 하나님의 명을 어긴 아담과 하와에게 화를 내리셨고, 뱀을 저주하셨으며, 노아 시대에는 타락한 백성들을 홍수로 심판하셨고, 바벨 탑 사건에서는 언어와 민족을 혼잡케 하시는 화를 내리셨다. 하나님의 손에 애굽과 바벨론과 앗수르와 모든 민족, 모든 족속, 모든 나라의 흥망성쇠가 달려 있다.

하나님에게 모든 개인과 모든 국가와 민족, 가문의 생사화복이 달려 있다. 그래서 문제가 된다.

"하나님, 아무개는 정말 복 받아야 할 사람입니다. 얼마나 성실하고 얼마나 착합니까? 그런데 그가 왜 복을 받지 못하고 가난하고 곤란합니까?" "하나님, 아무개는 복 받아선 안 됩니다. 얼마나 악합니까?"

우리는 생사화복이 하나님께 속하였기 때문에 하나님께 이런 질문을 하게 된다.

그러나 성경에는 하나님이 사람에게 복과 화를 내리시는 몇 가지 원칙이 있다.

첫째, 구원의 복, 영혼의 복은 믿음으로 받고, 이 복은 하나님의 주권적 역사에서 나온다. 이 이론이 예정론으로, 로마서 9장의 토기장이 비유에서 창조주 하나님은 어떤 사람은 선택하시고 어떤 사람은 버리실 수 있다고 말씀한다.

둘째, 하나님의 말씀과 법도에 순종하는 사람은 육신의 복을 받고, 하나님의 말씀과 법에 순종하지 않으면 저주와 화를 받는다.

신 12:28 : "내가 네게 명하는 이 모든 말을 너는 듣고 지키라 네 하나님 여호와의 목전에 선과 의를 행하면 너와 네 후손에게 영영히 복이 있으리라"

신 27:26-28:6 : "이 율법의 모든 말씀을 실행치 아니하는 자는 저주를 받을 것이라 할 것이요 모든 백성은 아멘 할지니라 네가 네 하나님 여호와의 말씀을 삼가 듣고 내가 오늘날 네게 명하는 그 모든 명령을 지켜 행하면 네 하나님 여호와께서 너를 세계 모든 민족 위에 뛰어나게 하실 것이라 네가 네 하나님 여호와의 말씀을 순종하면 이 모든 복이 네게 임하며 네게 미치리니 성읍에서도 복을 받고 들에서도 복을 받을 것이며 네 몸의 소생과 네 토지의 소산과 네 짐승의 새끼와 우양의 새끼가 복을 받을 것이며 네 광주리와 떡반죽 그릇이 복을 받을 것이며 네가 들어와도 복을 받고 나가도 복을 받을 것이니라"

수 1:8-9 : "이 율법책을 네 입에서 떠나지 말게 하며 주야로 그것을 묵상하여 그 가운데 기록한 대로 다 지켜 행하라 그리하면 네 길이 평탄하게 될 것이라 네가 형통하리라 내가 네게 명한 것이 아니냐 마음을 강하게 하고 담대히 하라 두려워 말며 놀라지 말라 네가 어디로 가든지 네 하나님 여호와가 너와 함께 하느니라 하시니라"

성경은 여러 선지자를 통해, 여러 책에 걸쳐 이스라엘 백성이 하나님의 명을 지켜 행하면 복과 형통이 따를 것과 하나님의 명과 법도에 불순종하면 화를 받고 멸망할 것을 말씀한다. 성경에 많은 분량으로 기록된 이스라엘 백성의 역사는 하나님 말씀에 순종하여 승리한 이야기와 불순종하여 패망하고 포로가 되어 고난당한 이야기로 채워져 있다.

셋째, 하나님이 주시는 복과 화는 그 부모가 자식에게 물려주기도 한다.

사람이 보기에 악을 행하면서도 복을 받고, 선하게 사는데도 어려움을 당하는 것은 그 부모, 그 조상의 행위로 인한 것일 수도 있다.

출 20:3-7 : "너는 나 외에는 다른 신들을 네게 있게 말지니라 너를 위하여 새긴 우상을 만들지 말고 또 위로 하늘에 있는 것이나 아래로 땅에 있는 것이나 땅 아래 물속에 있는 것의 아무 형상이든지 만들지 말며 그것들에게 절하지 말며 그것들을 섬기지 말라 나 여호와 너의 하나님은 질투하는 하나님인즉 나를 미워하는 자의 죄를 갚되 아비로부터 아들에게로 삼사대까지 이르게 하거니와 나를 사랑하고 내 계명을 지키는 자에게는 천대까지 은혜를 베푸느니라 너는 너의 하나님 여호와의 이름을 망령되이 일컫지 말라 나 여호와는 나의 이름을 망령되이 일컫는 자를 죄 없다 하지 아니하리라"

민 14:18 : "여호와는 노하기를 더디하고 인자가 많아 죄악과 과실을 사하나 형벌 받을 자는 결단코 사하지 아니하고 아비의 죄악을 자식에게 갚아 삼사대까지 이르게 하리라 하셨나이다"

부모와 조상의 선행이 천대(아주 오랜 기간)까지 그 자손에게 복을 주게도 되고, 부모와 조상이 행한 죄의 벌이 자손 삼사 대까지 이르기도 한다. 솔로몬 왕은 그 범죄로 하나님 앞에 형벌을 받아야 했지만 그 아버지 다윗의 선행으로 형벌을 면한다.

왕상 11:9-13 : "솔로몬이 마음을 돌이켜 이스라엘 하나님 여호와를 떠나므로 여호와께서 저에게 진노하시니라 여호와께서 일찌기 두 번이나 저에게 나타나시고 이 일에 대하여 명하사 다른 신을 좇지 말라 하셨으나 저가 여호와의 명령을 지키지 않았으므로 여호와께서 솔로몬에게 말씀하시되 네게 이러한 일이 있었고 또 네가 나의 언약과 내가 네게 명한 법도를 지키지 아니하였으니 내가 결단코 이 나라를 네게서 빼앗아 네 신복에게 주리라 그러나 네 아비 다윗을 위하여 네 세대에는 이 일을 행치 아니하고 네 아들의 손에서 빼앗으려니와 오직 내가 이 나라를 다 빼앗지 아니하고 나의 종 다윗과 나의 뺀 예루살렘을 위하여 한 지파를 네 아들에게 주리라 하셨더라"

솔로몬 왕의 범죄로 솔로몬의 아들 르호보암 때에 통일 왕국이 분열되어 유다와 이스라엘로 나눠지고 이스라엘 왕국의 불행이 계속된다.

아버지의 선행이 자손에게, 아버지의 잘못이 후손에게 이렇게 영향을 미친다.

오늘 우리 주위에 복 받지 못할 것 같아 보이는 사람이 복을 받는다면 그 부모와 조상의 덕일 수 있고, 복 받아야 할 것 같은 사람이 복을 받지 못한다면 그 부모나 조상이 물려놓은 벌일 수도 있다.

넷째, 이 땅에서 눈에 보이는 복과 환난은 영원에 비해 잠시에 불과하다.

하나님은 결코 불공평하시지 않다. 누구에게나 영원한 심판과 상급이 있다.

벧전 4:12-19 : "사랑하는 자들아 너희를 시련하려고 오는 불시험을 이상한 일 당하는 것 같이 이상히 여기지 말고 오직 너희가 그리스도의 고난에 참예하는 것으로 즐거워하라 이는 그의 영광을 나타내실 때에 너희로 즐거워하고 기뻐하게 하려 함이라 너희가 그리스도의 이름으로 욕을 받으면 복 있는 자로다 영광의 영 곧 하나님의 영이 너희 위에 계심이라 너희 중에 누구든지 살인이나 도적질이나 악행이나 남의 일을 간섭하는 자로 고난을 받지 말려니와 만일 그리스도인으로 고난을 받은즉 부끄러워 말고 도리어 그 이름으로 하나님께 영광을 돌리라 하나님 집에서 심판을 시작할 때가 되었나니 만일 우리에게 먼저 하면 하나님의 복음을 순종치 아니하는 자들의 그 마지막이 어떠하며 또 의인이 겨우 구원을 얻으면 경건치 아니한 자와 죄인이 어디 서리요 그러므로 하나님의 뜻대로 고난을 받는 자들은 또한 선을 행하는 가운데 그 영혼을 미쁘신 조물주께 부탁할지어다"

질문 5

성도가 하나님에게 계속 무엇을 달라고 하는 것은 잘못된 기도인가?

답:

잘못이 아니다. 기도의 근본은 절대자이신 하나님, 전지전능하신 하나님께 피조물인 사람이 무엇을 구하는 것이다. 기도는 찬양과 감사와 죄의 고백과 내 형편과 사정을 하나님께 말씀드리는 것이다. 그럼에도 불구하고 성경 전체에서 응답된 기도들은 모두 하나님께 구하고 하나님이 허락해 주신 것들이다. 이들 중에는 내가 구한 것과 다른 것으로 응답해 주신 기도, 그래서 거절된 기도가 있지만 그래도 기도의 근본은 절대 연약한 사람이 절대자이신 하나님께 구하는 것이다.

우리는 하나님께 무엇이나 달라고 기도할 수 있고, 우리 하나님은 무엇이나 허락하시고 해결하시고 응답하실 수 있는 전능하신 하나님이요, 우리를 사랑해 주시는 아버지이시다. 우리는 하나님께 달라고 기도해야 한다. 그것은 잘못이 아니다.

질문 6

안식일을 지켜야 하는가? 주일은 안식일이 아닌가?

답 :

예수님도 이 땅에 살아 계실 때 안식일을 지키셨다. 그 안식일은 토요일이다. 성경은 여러 곳에서 안식일을 거룩하게 지키라고 명하고 있다. 그러니까 안식일을 지켜야 한다는 것은 어느 교파의 주장이다. 그러면 주일은 어떤 날인가?

마 12:1-8 : "그 때에 예수께서 안식일에 밀밭 사이로 가실새 제자들이 시장하여 이삭을 잘라 먹으니 바리새인들이 보고 예수께 고하되 보시오 당신의 제자들이 안식일에 하지 못할 일을 하나이다 예수께서 가라사대 다윗이 자기와 그 함께한 자들이 시장할 때에 한 일을 읽지 못하였느냐 그가 하나님의 전에 들어가서 제사장 외에는 자기나 그 함께한 자들이 먹지 못하는 진설병을 먹지 아니하였느냐 또 안식일에 제사장들이 성전 안에서 안식을 범하여도 죄가 없음을 너희가 율법에서 읽지 못하였느냐 내가 너희에게 이르노니 성전보다 더 큰 이가 여기 있느니라 나는 자비를 원하고 제사를 원치 아니하노라 하신 뜻을 너희가 알았더면 무죄한 자를 죄로 정치 아니하였으리라 인자는 안식일의 주인이니라 하시니라"

마 28:1-6 : "안식일이 다하여가고 안식 후 첫날이 되려는 미명에 막달라 마리아와 다른 마리아가 무덤을 보려고 왔더니 큰 지진이 나며 주의 천사가 하늘로서 내려와 돌을 굴려 내고 그 위에 앉았는데 그 형상이 번개 같고 그 옷은 눈같이 희거늘 수직하던 자들이 저를 무서워하여 떨며 죽은 사람과 같이 되었더라 천사가 여자들에게 일러 가로되 너희는 무서워 말라 십자가에 못 박히신 예수를 너희가 찾는 줄을 내가 아노라 그가 여기 계시지 않고 그의 말씀하시던 대로 살아나셨느니라 와서 그의 누우셨던 곳을 보라"

요 20:19-22 : "이날 곧 안식 후 첫날 저녁 때에 제자들이 유대인들을 두려워하여 모인 곳에 문들을 닫았더니 예수께서 오사 가운데 서서 가라사대 너희에게 평강이 있을지어다 이 말씀을 하시고 손과 옆구리를 보이시니 제자들이 주를 보고 기뻐하더라 예수께서 또 가라사대 너희에게 평강이 있을지어다 아버지께서 나를 보내신 것 같이 나도 너희를 보내노라 이 말씀을 하시고 저희를 향하사 숨을 내쉬며 가라사대 성령을 받으라"

행 20:7 : "안식 후 첫날에 우리가 떡을 떼려 하여 모였더니 바울이 이튿날 떠나고자 하여 저희에게 강론할새 말을 밤중까지 계속하매"

골 2:16-17 : "그러므로 먹고 마시는 것과 절기나 월삭이나 안식일을 인하여 누구든지 너희를 폄론하지 못하게 하라 이것들은 장래 일의 그림자이나 몸은 그리스도의 것이니라"

주일은 주님이 부활하신 날이다. 제자들이 주님이 부활하신 후 주님께 직접 성령을 받은 날이다. 바울 사도가 전도할 때 초대 교회가 안식 후 첫날, 곧 주일에 모여 떡을 떼며 주님의 말씀을 강론하였다. 예수님은 바리새인들로부터 안식일을 거룩하게 지키지 않고 병 고치는 일을 행했다고 여러 번 비난을 받았고, 그럴 때마다 예수님은 안식일에 선을 행하는 것이 옳다고 대답하셨다. 예수님은 안식일의 주인이시다.

첫째, 주일을 안식일로 지켜야 한다. 이것이 성수 주일이다. 성도는 주일에 반드시 거룩한 교회에 나와 거룩한 심령으로 주님께 예배해야 한다.

둘째, 안식일을 지켜야 하느냐, 주일을 지켜야 하느냐는 펌론의 대상이 아니다(골 2:16-17).

질문 7

교회를 사랑하고 충성하는 길이 주님을 사랑하고 충성하는 길인가?

답 :

구원받은 성도가 주님을 사랑하는 길은 몇 가지가 있다.

첫째, 사람을 사랑하는 길이 주님을 사랑하는 길이다. 주님은 이렇게 말씀하셨다.

마 10:42 : "또 누구든지 제자의 이름으로 이 소자 중 하나에게 냉수 한 그릇이라도 주는 자는 내가 진실로 너희에게 이르노니 그 사람이 결단코 상을 잃지 아니하리라 하시니라"
마 25:31-40 : "인자가 자기 영광으로 모든 천사와 함께 올 때에 자기 영광의 보좌에 앉으리니 모든 민족을 그 앞에 모으고 각각 분별하기를 목자가 양과 염소를 분별하는 것 같이 하여 양은 그 오른편에, 염소는 왼편에 두리라 그 때에 임금이 그 오른편에 있는 자들에게 이르시되 내 아버지께 복 받을 자들이여 나아와 창세로부터 너희를 위하여 예비된 나라를 상속하라 내가 주릴 때에 너희가 먹을 것을 주었고 목마를 때에 마시게 하였고 나그네 되었을 때에 영접하였고 벗었을 때에 옷을 입혔고 병들었을 때에 돌아보았고 옥에 갇혔을 때에 와서 보았느니라 이에 의인들이 대답하여 가로되 주여 우리가 어느 때에 주의 주리신 것을 보고 공궤하였으며 목마르신 것을 보고 마시게 하였나이까 어느 때에 나그네 되신 것을 보고 영접하였으며 벗으신 것을 보고 옷 입혔나이까 어느 때에 병드신 것이나 옥에 갇히신 것을 보고 가서 뵈었나이까 하리니 임금이 대답하여 가라사대 내가 진실로 너희에게 이르노니 너희가 여기 내 형제 중에 지극히 작은 자 하나에게 한 것이 곧 내게 한 것이니라 하시고"

둘째, 교회를 사랑하는 길이다. 사울은 예루살렘에서 예수님을 믿는 성도들을 핍박하였고, 스데반을 돌로 쳐 죽이는 일에 앞장섰다. 그리고 그는 다메섹에 있는 성도들을 핍박하려고 다메섹으로 올라가던 중 다메섹 가까이 이르러 부활하신 주님을 만난다. 그때 주님은 사울에게 이렇게 말씀하셨다.

행 9:3-5 : "사울이 행하여 다메섹에 가까이 가더니 홀연히 하늘로서 빛이 저를 둘러 비추는지라 땅에 엎드러져 들으매 소리 있어 가라사대 사울아 사울아 네가 어찌하여 나를 핍박하느냐 하시거늘 대답하되 주여 뉘시오니이까 가라사대 나는 네가 핍박하는 예수라"

사울이 핍박한 것은 예루살렘 교회였다. 그런데 주님은 사울에게 "네가 어찌하여 나를 핍박하느냐"라고 말씀하신다. 주님은 교회와 자신을 동일시하신다. 그래서 사울이 예루살렘 교회를 핍박한 것이 예수님을 핍박한 것이다. 교회를 사랑하는 것이 주님을 사랑하는 것이요, 교회에 충성하는 것이 주님께 충성하는 것이다. 교회를 멸시하고 핍박하는 것이 주님을 멸시하고 핍박하는 것이다. 교회는 주님의 몸이요, 교회의 머리는 주님이시다.

엡 1:19-23 : "그의 힘의 강력으로 역사하심을 따라 믿는 우리에게 베푸신 능력의 지극히 크심이 어떤 것을 너희로 알게 하시기를 구하노라 그 능력이 그리스도 안에서 역사하사 죽은 자들 가운데서 다시 살리시고 하늘에서 자기의 오른편에 앉히사 모든 정사와 권세와 능력과 주관하는 자와 이 세상뿐 아니라 오는 세상에 일컫는 모든 이름 위에 뛰어나게 하시고 또 만물을 그 발 아래 복종하게 하시고 그를 만물 위에 교회의 머리로 주셨느니라 교회는 그의 몸이니 만물 안에서 만물을 충만케 하시는 자의 충만이니라"

질문 8

교회에 분열이 생길 때 성도가 교회를 옮기는 것은 죄인가?

답 :

아니다. 교회를 옮기는 것은 이사하는 것과 같고, 전학하는 것과 같은 것이다. 어느 교회든 교회는 모두 하나님의 교회이다. 그리고 교회를 옮기는 것은 나무가 다른 곳으로 옮겨 심겨지는 것과 같다. 그래서 교회를 옮기는 것은 죄가 아니지만 나무를 자주 옮겨 심으면 그 나무가 새 토양과 환경에 적응하여 뿌리를 뻗고 자라나는 데 상당한 시간이 필요하고, 자주 옮겨 심다 보면 그 나무가 죽게 되는 것처럼 성도가 교회를 자주 옮기는 것은 자신의 신앙 성장에 해로울 수 있다.

세상 교회는 어느 교회나 완성된 교회가 아니기 때문에 늘 문제가 있다. 세상 교회는 지어져 가는 집과 같다.

엡 2:20-22 : "너희는 사도들과 선지자들의 터 위에 세우심을 입은 자라 그리스도 예수께서 친히 모퉁이 돌이 되셨느니라 그의 안에서 건물마다 서로 연결하여 주 안에서 성전이 되어가고 너희도 성령 안에서 하나님의 거하실 처소가 되기 위하여 예수 안에서 함께 지어져 가느니라"

교회는 완성된 성전이 아니라 지어져 가는 성전, 건축 과정에 있는 성전이다. 때로는 창문이 완성이 안 되어 세상 바람도 들어오고, 때로는 지붕이 완성되지 않아 공중권세 잡은 사탄의 시험도 들어온다. 그래도 교회는 계속 완전을 향해 지어져 간다. 문제가 있다고 교회를 옮기면 자리잡을 교회가 없다. 세상 교회가 미완성된 교회, 지어져 가는 성전이기 때문이다.

질문 9

교회의 헌금이 사회를 위해서 사용되어야 하는가? 신학자와 목회자들 가운데 여러 사람이 헌금이 교회만을 위해 사용되는 것에 반대하고 사회를 위해 많은 부분이 사용되어야 한다고 말한다. 꼭 그래야 하는가?

답 :

이런 질문, 이런 반대는 몇몇 교회가 지나치게 부유해졌기 때문에 나온 것이다. 교회가 부유해지는 것은 부끄러운 일이다. 주님이 언제 한 번이라도 부유하신 적이 있었는가? 성도들이 귀한 재물로 하나님께 최선을 다해 헌금을 하는 것은 참으로 귀한 일이다. 그런데 이런 하나님의 돈이 하나님의 영광을 내걸고 사람의 뜻대로 잘못 사용되는 것은 하나님께 벌 받을 일이다. 하나님이 꾸짖는 소리는 오래전에 시작되었다.

헌금은 선교를 위해 사용되어야 한다. 이 선교비에는 사역자들의 생활비를 포함한다. 선교비는 해외선교비만이 아니고 이 땅에 주님이 원하시는 일을 추진하고 돕는 모든 비용이다.

또 교회당이 필요해서 증축할 수 있다. 주차장도 마련해야 한다. 그러나 이런 일만 하다가 정말 죽어 가는 가난한 교회, 가난한 이웃 사람들이 죽게 된다면 이 교회가 바로 주님이 주리실 때 먹을 것을 주지 않았다고 꾸지람을 받을 교회이다. 주차장이 작아서 내 교회에 올 사람이 다른 교회에 가게 해야 한다. 교회당이 비좁아서 다른 교회가 더 성장하게 해야 한다. 이것이 선교다.

헌금으로 교회 행사를 할 때에는 가능한 한 아껴 써야 하고—교회 행사를 하면서 기름진 음식을 먹지 말고—이웃을 위해 쓸 때는 가능한 한 풍성하게 해야 한다.

교회가 왜 헌금으로 사회에 기여하지 않느냐 하는 질문은 질문 자체가 잘못된 것이다. 대학교가 학기마다 많은 돈을 받아서 사회를 위해 돈을 쓰지 않아도 당연한 것은, 학교의 사명은 그 돈으로 훌륭한 교수를 모셔서 학생들에게 질 높은 교육을 하여야 하기 때문이다. 마찬가지로 교회의 사명은 예배, 교육, 전도를 통해 성도를 성도 되게 하여 사회에서 주님 모습대로 선교하고 봉사하는 인생을 살도록 양육 파송하는 것이기 때문이다.

질문 10

하나님이 창세전에 구원받을 사람을 예정하셨고, 예정된 사람이 구원된다면 전도할 필요가 없지 않은가?

답 :

전도해야 한다. 왜냐하면 전도는 하나님의 지상 명령이기 때문이요, 하나님이 구원받도록 예정된 사람을 구원으로 부르시는 과정으로 우리를 사용하시기 때문이다. 모든 성도는 많은 순교자와 전도자의 피와 눈물과 기도로 하나님 앞에 부름 받아 구원받은 것이다. 이것은 엄청난 생명의 빚으로, 갚지 아니하면 앙화가 내게 미친다는 빚진 자의 사명을 가지고 우리는 전도해야 한다.

질문 11

우리는 왜, 무엇을 위해 살아야 하는가?

답 :

사람은 모두 살아도 주를 위해 살고, 죽어도 주를 위해 죽는 존재이다. 성경은 이렇게 말씀한다.

사 43:7 : "무릇 내 이름으로 일컫는 자 곧 내가 내 영광을 위하여 창조한 자를 오게 하라 그들을 내가 지었고 만들었느니라"
롬 14:7-8 : "우리 중에 누구든지 자기를 위하여 사는 자가 없고 자기를 위하여 죽는 자도 없도다 우리가 살아도 주를 위하여 살고 죽어도 주를 위하여 죽나니 그러므로 사나 죽으나 우리가 주의 것이로라"
골 1:16 : "만물이 그에게 창조되되 하늘과 땅에서 보이는 것들과 보이지 않는 것들과 혹은 보좌들이나 주관들이나 정사들이나 권세들이나 만물이 다 그로 말미암고 그를 위하여 창조되었고"

하나님은 하나님의 영광을 위하여 사람과 모든 피조물을 창조하셨다.

사람이 살아야 하는 이유는 하나님의 영광을 위해서다. 하나님의 기쁨은 성도에게 있다.

시 16:3 : "땅에 있는 성도는 존귀한 자니 나의 모든 즐거움이 저희에게 있도다"
빌 4:1 : "그러므로 나의 사랑하고 사모하는 형제들, 나의 기쁨이요 면류관인 사랑하는 자들아 이와 같이 주 안에 서라"
살전 2:19-20 : "우리의 소망이나 기쁨이나 자랑의 면류관이 무엇이냐 그의 강림하실 때 우리 주 예수 앞에 너희가 아니냐 너희는 우리의 영광이요 기쁨이니라"

성도는 이 땅에서 주의 말씀에 순종하고 주의 뜻을 좇아 살아가며 하나님께 영광을 돌려야 한다. 우리가 살아야 할 이유는 하나님께 영광을 돌리기 위해서다.

빌립보서에서 바울 사도는 자신의 육신적인 죽음의 문제를 심각하게 생각하여 보고 결국 어려워도 살아야 할 것을 결단한다. 바울은 살아야 할 이유가 자신에게 있는 것이 아니라 자신을 필요로 하는 다른 사람들, 곧 빌립보 교인들 때문이라고 말한다.

빌 1:20-26 : "나의 간절한 기대와 소망을 따라 아무 일에든지 부끄럽지 아니하고 오직 전과 같이 이제도 온전히 담대하여 살든지 죽든지 내 몸에서 그리스도가 존귀히 되게 하려 하나니 이는 내게 사는 것이 그리스도니 죽는 것도 유익함이니라 그러나 만일 육신으로 사는 이것이 내 일의 열매일진대 무엇을 가릴는지 나는 알지 못하노라 내가 그 두 사이에 끼였으니 떠나서 그리스도와 함께 있을 욕망을 가진 이것이 더욱 좋으나 그러나 내가 육신에 거하는 것이 너희를 위하여 더 유익하리라 내가 살 것과 너희 믿음의 진보와 기쁨을 위하여 너희 무리와 함께 거할 이것을 확실히 아노니 내가 다시 너희와 같이 있음으로 그리스도 예수 안에서 너희 자랑이 나를 인하여 풍성하게 하려 함이라"

바울 사도는 죽는 것과 사는 것을 자로 재듯이 아주 심각하게 생각한다. 그리고 죽으면 그리스도와 함께 있게 될 것이기 때문에 더욱 좋다고 말하고, 육신 안에 사는 것이 열매 맺을 일이라면 무엇을 택해야 할지 알지 못한다고 고백한다. 바울은 빌립보 교인들과 함께 살기를 결단하는데, 바울이 살아 있는 것이 빌립보 교인들에게 더 유익하기 때문이다. 바울은 더 살아서 빌립보 교인들에게 믿음의 진보를 주고, 빌립보 교인들에게 기쁨을 주고, 그리스도 예수 안에서 빌립보 교인들의 자랑거리가 풍성하게 하기 위해 살아야 한다고 결론을 내린다.

성도는 나와 관계된 사람들에게 믿음을 주고 기쁨을 주고 자랑거리가 풍성케 되도록 살아야 한다. 이것이 성도가 이 세상에서 살아야 할 이유다.

사람은 누구든지 세월이 흐를수록 늙고, 병들고, 결국은 죽게 된다. 사람이 육신만을 위해서 산다는 것은 '무엇을 가릴는지 알지 못하는' 일이다. 어느 누구도 자기 자신의 육신에서 살아야 할 이유를 찾을 수 없다. 우리는 우리가 어떤 경우에도 살아야 할 이유를 나를 필요로 하는 다른 사람에게서 찾을 수 있다. 나를 필요로 하는 가족, 나를 필요로 하는 사회, 나를 필요로 하는 국가, 바로 나 외의 다른 사람에게 내가 살아야 할 이유가 있다. 우리는 다른 사람을 위해 살아야 한다. 이 길이 주님을 위해 사는 길이다.

아무리 가난하고 아무리 어려워도, 내게 가족이 없고 나를 좋아하는 사람도 없고, 아무것도 할 일이 없어도, 내가 살아 있는 한 하나님이 나를 필요로 하시는 것이다. 하나님이 나를 필요로 하시는 한 나는 살아야 할 이유가 있는 사람이다.

사람은 누구라도 죽을 때까지 사랑할 수 있다. 감사할 수 있다. 위로

할 수 있다. 격려할 수 있다. 이야기를 들어줄 수 있다. 기도할 수 있다. 찬송할 수 있다. 회개할 수 있다. 용서할 수 있다. 살아야 할 이유가 왜 없는가.